D0842028

Cette auteure semble nous interpeller, nous inviter à dîner et s'empresser de nous faire part de cette fascinante méthode, garantie par une puissance cosmique, qui matérialise tout ce dont nous rêvons. Au-delà de la pensée positive, au-delà de la visualisation et de l'imagination, nous apprenons ici à faire fi de nos paramètres par défaut dits « normaux », à ressentir et à vibrer en hautes fréquences en perfectionnant la loi de l'attraction qui jalonne notre chemin de bontés.

— *NAPRA Review*

Méfiez-vous ! L'inquiétude et la peur risquent d'attirer exactement le genre d'expériences que vous cherchez à éviter et, comme nous le rappelle l'auteure Lynn Grabhorn, il n'est que trop facile de retomber dans des schèmes de pensées négatifs et inconscients. Toutefois, Mme Grabhorn ne permettra pas que cela vous arrive ! Elle ne vous laissera pas succomber à la victimisation ou traverser en zombie une existence fastidieuse. Avec des théories, des trucs et des conseils fort stimulants, elle décrit la populaire loi de l'attraction vibratoire de façon étonnante et vous convie à devenir créateur de votre propre félicité.

— *Bodhi Tree*

Cet ouvrage est excellent. L'énoncé peut paraître simpliste, pourtant *Excusez-moi, mais votre vie attend* est l'un des trois textes fondamentaux de ma vie ! Lynn

Grabhorn a rédigé un excellent bouquin de psychologie et d'auto-assistance. Les vraies gens comme vous et moi peuvent immédiatement saisir les notions abordées dans ces pages et en tirer d'importantes leçons. *Excusez-moi mais votre vie attend* compte deux stratégies. La première vise à vous doter d'un système de pensées souple pour vous sentir véritablement bien dans votre peau; la seconde consiste à vous placer dans un état d'âme qui invite l'énergie positive à se loger dans chaque recoin de votre existence. Le système de Mme Grabhorn est d'une simplicité et d'une efficacité désarmantes.

— *Mélange Magique*

Père Roy
Roxton, février 2006

EXCUSEZ-MOI, MAIS VOTRE VIE ATTEND

Le prodigieux pouvoir des sentiments

Lynn Grabhorn

Traduit de l'américain par
Nathalie Tremblay

Copyright ©2000 Lynn Grabhorn
Titre original anglais : Excuse me, your life is waiting
Copyright ©2004 Éditions AdA Inc. pour la traduction française
Cette publication est publiée en accord avec Hampton Roads Publishing Company, Inc.,
Charlottesville, VA

Traduction : Nathalie Tremblay
Révision linguistique : Nicole Demers, André St-Hilaire
Révision : Nancy Coulombe
Typographie et mise en page : Sébastien Rougeau
Illustration de la couverture : Craig Frazier
Photographie de l'auteure : Ed Fitzgerald
Graphisme de la page couverture : Sébastien Rougeau
ISBN 2-89565-188-4
Première impression : 2004
Dépôt légal : quatrième trimestre 2004
Bibliothèque Nationale du Québec
Bibliothèque Nationale du Canada

Éditions AdA Inc.
1385, boul. Lionel-Boulet
Varennes, Québec, Canada, J3X 1P7
Téléphone : 450-929-0296
Télécopieur : 450-929-0220
www.ada-inc.com
info@ada-inc.com

Diffusion
Canada :   Éditions AdA Inc.
France :   D.G. Diffusion
            Rue Max Planck, B. P. 734
            31683 Labege Cedex
            Téléphone : 05-61-00-09-99
Suisse :   Transat - 23.42.77.40
Belgique : D.G. Diffusion - 05-61-00-09-99

Imprimé au Canada

Participation de la SODEC.
Nous reconnaissons l'aide financière du gouvernement du Canada par l'entremise du
Programme d'aide au développement de l'industrie de l'édition (PADIÉ) pour nos activités
d'édition.
Gouvernement du Québec - Programme de crédit d'impôt pour l'édition de livres - Gestion
SODEC.

Catalogage avant publication de la Bibliothèque nationale du Canada

Grabhorn, Lynn, 1931-
    Excusez-moi mais votre vie attend : le prodigieux pouvoir des sentiments
    Traduction de : Excuse me, your life is waiting.
    ISBN 2-89565-188-4

1. Sentiments. 2. Réalisation de soi. 3. Succès - Aspect psychologique. I. Titre.

BF521.G7214 2004   152.4   C2004-941243-4

Dédicace

À chacun de nous qui croyons
enfin… peut-être… probablement…
avoir droit au bonheur perpétuel,
dès maintenant.

TABLE DES MATIÈRES

Introduction

Depuis plus d'une décennie, ma passion est un véritable pèlerinage au cœur de la physique de la pensée. Je suis persuadée qu'une meilleure compréhension de cet extravagant sujet permettrait à tous et chacun – et à moi tout particulièrement – de vivre pleinement. Mes études m'ont entraînée dans diverses directions. J'ai consulté des professeurs émérites en physique et sondé les abysses de l'ésotérisme, en passant par la médecine traditionnelle et toutes les avenues intermédiaires. Je suis devenue une experte quoique novice de la question. Pourtant, un problème subsistait. Malgré toutes ces connaissances, je n'arrivais pas à « vivre pleinement » et cette constatation minait sérieusement mon moral. Une pièce maîtresse manquait à mon casse-tête.

Naturellement, étant versée en la matière, quand je me suis retrouvée devant de nouveaux enseignements provenant d'une famille profane, mon réflexe a été de tout balayer du revers de la main. La simplification à outrance de ce sujet fascinant tenait du sacrilège. À contrecœur, j'ai pourtant accepté de jeter un œil à cette facétie que m'avait remise un ami bien intentionné.

J'ai été renversée, moi, l'érudite des questions de la pensée, de son magnétisme, de son mécanisme, de ses fréquences, de son rapport émotionnel et de ses effets dans notre vie ! Ces gens nous proposent, sans prétention et dans sa plus simple expression, le chaînon manquant permettant de surmonter les obstacles de la vie, celui-là même dont je commençais à douter de l'existence. Je me sentais interpellée : « Pardon, Madame, est-ce ce que vous cherchiez ? »

Ainsi, j'ai examiné cette révélation (ultimement, cela représentait des centaines d'heures de boulot) et en deux semaines j'étais stupéfaite, en un mois j'étais complètement renversée et en quatre-vingt-dix jours ma vie avait pris un nouveau virage. Je me suis dit : « Ça y est ! Je dois transmettre ce savoir afin que le reste du monde tombe également des nues. »

Évidemment, je vous l'accorde, il existe environ huit millions et demi de livres sur le sujet surexploité d'une vie épanouie. Pourtant, ce qui est extraordinairement singulier avec ce principe-ci, c'est qu'il est d'une grande simplicité, qu'il donne rapidement des résultats et qu'il est garanti.

Dans mes propres mots et dans un style bien personnel, voici les enseignements fondamentaux de la famille Hicks du Texas*, agrémentés à ma façon, présentés dans mon jargon, accompagnés d'observations personnelles et greffés de mes propres expériences. Je propose ici, sans gêne, le produit fini à titre de chaînon manquant à l'existence de l'homme… J'ai mis, je mets et je mettrai toujours en pratique ces principes infaillibles !

Lynn Grabhorn

---

* C. P. 690070, San Antonio, TX 78269

Premier chapitre

Que diable faisons-nous dans ce bourbier ?

Pourquoi notre vie est-elle ainsi ? Pourquoi certaines personnes sont-elles si fortunées tandis que d'autres souffrent tant ? Pourquoi cet énergumène a-t-il embouti votre voiture sur l'autoroute ? Pourquoi cet enfant est-il mort prématurément ? Cet employé a été promu, pourquoi pas vous ? Pourquoi tout le monde ne peut-il pas connaître la prospérité, la joie et la sécurité ?

Dans notre incessante quête d'une vie meilleure, nous dévorons des millions de bouquins sur la pensée positive. Si ces ouvrages détiennent le secret d'une vie d'abondance et de bonheur, pourquoi en achetons-nous constamment ? Bien sûr, certains abordent le secret de cet insaisissable épanouissement, mais sans plus. Notre existence n'en est pas pour autant bonifiée. Nous tentons une explication : « Peut-être n'était-ce tout simplement pas le bon bouquin. Essayons-en un autre. » Sans quoi, nous nous tournons vers une nouvelle religion, une forme particulière de méditation, un professeur différent, un médium singulier, un autre médecin ou encore une nouvelle relation amoureuse.

Partout et nulle part, nous cherchons un remède à notre lot quotidien de tracas et de conflits. Seulement, la plupart d'entre nous sommes toujours en quête. Pourquoi n'avons-nous jamais découvert le secret d'une vie idéale, quelle qu'en soit la définition ? Pourquoi nous débattons-nous encore comme des diables dans l'eau bénite pour réaliser nos désirs quand la clé de cette réussite est aussi élémentaire que la vie elle-même ?

Si vous êtes persuadé que les choses se produisent par chance ou par malchance, par accident, par coïncidence ou encore en vous frappant la tête contre un mur, cramponnez-vous ! Ce livre pourrait avoir un effet néfaste sur votre morosité.

Jessie le cogneur

Il y a bien des années, bien avant que je découvre la loi de l'attraction, mon amie Mindy a insisté pour que je l'accompagne à une partie de jeunes joueurs de baseball. Son fils couvrait le champ gauche, mais ce n'était pas la raison de son invitation.

La taille de l'assistance m'a étonnée. On aurait cru que Babe Ruth s'était réincarné pour l'occasion. J'ai questionné autant comme autant ; il n'y avait pas moyen de résoudre cette énigme. Et puis tant pis, j'ai plongé.

Son fils s'est présenté au bâton et a été retiré sur trois prises. Notre équipe a frappé deux coups sûrs, sans marquer de points. C'était ensuite le tour de l'équipe adverse. L'excitation du public était à son comble. Deux jeunes joueurs se sont présentés au marbre. Ils ont été rapidement retirés par notre talentueux lanceur. Puis, c'était le tour de Jessie. Les applaudissements fusaient de toutes parts.

Jessie était petit de taille, très petit en fait. Son bâton semblait plus long que lui. Sans cérémonie, il s'est approché du marbre avec assurance et s'est élancé dès le premier lancer. La balle a filé si loin par-delà les buissons qu'elle n'a jamais été retrouvée. C'était à couper le souffle ! La foule était en liesse tandis que Mindy m'offrait un clin d'œil complice.

Cet incroyable scénario s'est reproduit quatre fois. Jessie le cogneur était sensationnel, phénoménal ! Passionnée par la physique des manifestations, je me devais de découvrir ce qui animait ce petit bout d'homme... C'est justement ce que Mindy avait prévu.

Une fois les félicitations d'usage réglées, je me suis faufilée vers Jessie pour lui demander s'il avait une minute à m'accorder. Lorsque nous avons atteint le haut des gradins, je lui ai demandé :

– Jessie, comment fais-tu ? Comment réussis-tu à frapper tant de coups de circuit ?

– J'sais pas trop, m'a-t-il répondu candidement en saluant ses coéquipiers de la main. Chaque fois que je me présente au bâton, je pressens le contact avec la balle, et ça y est.

Je l'ignorais à l'époque, mais Jessie venait de décrire le principe fondamental de la loi de l'attraction, de la physique à l'origine de chaque instant de notre journée. Aujourd'hui, Jessie vit confortablement avec sa charmante épouse et ses deux adorables enfants dans une maison peuplée de souvenirs de voyage. Son ordinateur personnel lui permet de gagner beaucoup d'argent en gérant ses investissements. En matière de carrière, il a abandonné le baseball, préférant être son propre patron et contrôler lui-même son emploi du temps. Quel est le secret de sa réussite professionnelle ? Le même qu'au baseball, c'est une question de *sentir* les choses plutôt que de simplement y réfléchir.

La condition humaine, mon œil !

Ne trouvez-vous pas étrange que notre existence soit si ardue bien que nous soyons si doués ? Comment expliquer qu'une espèce dotée d'une intelligence supérieure, capable de diviser des atomes, de voler vers la lune et de créer les Pierreafeu puisse guerroyer, être terrassée par des crises cardiaques et mourir de faim ? Tout cela est illogique. Que diable faisons-nous dans ce bourbier ? Est-ce cela que nous appelons la « condition humaine » ?

Le tout a débuté il y a belle lurette avec la première fausse déclaration de quelques assoiffés de pouvoir. Ces derniers ont proclamé que notre vie dépendait, et résultait, de circonstances échappant à notre contrôle, incluant le fait d'être dominés par les autres. Puisque c'est ce que nous croyons depuis toujours, nous perpétuons cette certitude.

Ainsi, à l'instar de nos parents et de nos grands-parents, en remontant jusqu'à l'origine des temps, nous sommes bagarreurs, éreintés, tendus, inquiets et nous mourrons prématurément à cause de toutes ces contraintes. Selon nous, c'est ça la condition humaine, une prédilection affligeante que nous qualifions de « réalité ».

Pourtant, la condition humaine tient du mythe. C'est pourquoi, justement, la réalité est tout aussi chimérique.

En vérité, nous avons la capacité de façonner à notre guise chaque situation du quotidien. Tout est possible, absolument tout, qu'il soit question d'une vie familiale harmonieuse ou du rapiéçage de la couche d'ozone.

En conséquence, pourquoi ces tonnes de bouquins écrits pour nous permettre de vivre pleinement, de devenir riches en réfléchissant, de visualiser le chemin de la réussite ou d'acquérir les pouvoirs de la pensée positive ne nous ont-ils pas sortis de ce bourbier ? C'est pourtant simple ! Chacun de ces ouvrages a négligé l'essentiel d'une vie heureuse :

Les sentiments sont créateurs, pas la pensée.

C'est la vérité. Ce que nous obtenons résulte des sentiments que nous ressentons, pas de notre façon d'assembler les faits ou de contrôler notre esprit. Chaque accident de voiture, chaque promotion, chaque amant (doué ou malhabile), chaque compte bancaire (garni ou famélique) procèdent de la loi de la physique la plus élémentaire : « Qui se ressemble s'assemble. » Et puisque nous ne sommes généralement pas très satisfaits de notre vie, nous sommes passés maîtres dans l'art d'attirer une quantité incroyable de circonstances indésirables.

Vous désirez une nouvelle voiture ? Vous l'avez ! Vous voulez réussir professionnellement ? Ça y est ! Vous voulez conclure cet accord, gagner plus d'argent, vivre une relation harmonieuse, avoir une vie spirituelle satisfaisante, être en santé, libre et indépendant ? C'est fait, *si* vous savez comment *ressentir*.

La loi de l'attraction – « Qui se ressemble s'assemble » – est absolue et indépendante de votre personnalité. Personne n'y échappe, c'est une loi universelle. Seulement, jusqu'à tout récemment, nous n'étions pas conscients de son impact. Cette loi détermine la réussite ou l'échec de tout projet, cause des inconvénients ou des catastrophes, voire règle chaque instant d'éveil de notre vie.

Donc, si nous désirons transformer notre vie ou attirer l'abondance, la santé, la sécurité et le bonheur, nous devons apprendre à manipuler nos sentiments. Ainsi, tout un monde de plénitude se profile.

Apprendre à l'envers

Nombre d'entre nous n'avons aucune idée du pourquoi ni du comment de ce qui nous arrive. D'une part, il y a toute une liste de désirs inassouvis, voire inespérés. D'autre part, il y a cette interminable liste de circonstances indésirables qui nous renversent avec une désarmante régularité. Personne n'est responsable de cette incessante désillusion puisque nous avons appris à l'envers.

La notion la plus néfaste qui nous ait été inculquée veut que la vie soit une suite de circonstances communément appelée « chance » ou « destin », le tout débutant par nos parents et l'environnement dans lequel nous avons grandi. Naître riche est un signe favorable, tandis que la pauvreté entraîne invariablement une vie semée d'embûches. Connaître le bonheur devient une question de chance. Lorsqu'un imbécile ivre emboutit notre voiture sur l'autoroute, c'est évidemment une attrape du destin.

On nous a enseigné que seul le travail rapporte et que le terme « action » est en fait une notion magique. Avec un peu de chance, par l'action, le travail, l'effort, la sueur et les embûches, nous réussirons peut-être à nous en sortir.

Les anciens, bienveillants mais malavisés, nous ont enseigné à être prudents et alertes. « Ne grimpe pas à l'arbre, chéri, tu pourrais tomber. » « Ne porte pas ce vêtement excentrique, les gens vont se moquer de toi. » « N'oublie pas de verrouiller la porte, les voleurs rôdent. » Notre société est devenue bien précautionneuse. Nos vies évoluent autour de devises alarmistes : « Fais attention ! », « Sois prudent ! », « Ne prends pas de risques », « Reste à l'abri », etc. Il est strictement interdit de manquer de vigilance !

Néanmoins, le principal obstacle à l'exploitation maximale de notre potentiel remonte à notre tendre enfance. À cette époque, on nous enseignait à trouver le bobo de tout ce qui clochait, absolument tout : nos emplois, nos voitures, nos relations amoureuses, nos vêtements, notre forme physique, notre santé, les autoroutes, la planète, notre foi, nos passe-temps, nos enfants, le gouvernement, même nos amis... Cependant, personne ne s'entend sur la définition du bien et du mal. C'est pourquoi nous guerroyons, nous faisons la grève, nous manifestons, nous édictons des lois et nous consultons des psychiatres.

« C'est la vie, dites-vous. Il faut accepter à la fois le bon et le mauvais, les hauts et les bas. Il faut être vigilant, travailler avec acharnement, faire ce qui est convenable, être attentif et espérer avoir de la chance. Eh oui, c'est la vie ! »

Non, non, non et non, la vie ne peut se limiter à ça ! Il est grand temps de saisir notre pouvoir créateur quant à la richesse de l'existence, au foisonnement de notre compte bancaire, à l'agrément de nos emplois et à tout ce qui touche à ce que nous appelons nonchalamment la « réalité ».

Comment y parvenir ? Ne vous moquez pas, car tout cela dépend de votre *état vibratoire* !

Maman, je vibre !

Dans cet univers qui est le nôtre, tout est énergie : vous et moi, le rocher, la table, le brin d'herbe... tout ! Puisque l'énergie est faite de vibrations, tout ce qui existe vibre, même vous et moi !

Les physiciens d'aujourd'hui ont conclu que l'énergie et la matière ne faisaient qu'un. Nous voilà donc de retour au constat d'origine : tout vibre puisque, visible ou non, tout est énergie... brute, vibrante et fluide. Bien qu'il n'y ait qu'une seule énergie, celle-ci vibre à fréquences variables. À l'instar des notes d'un instrument de musique, elle oscille parfois rapidement en hautes fréquences (comme les notes aiguës) et d'autres fois lentement en basses fréquences (comme les notes graves). À la différence des sonorités musicales, toutefois, l'énergie dégagée émane de l'intensité de nos émotions et crée une onde électromagnétique particulière chargée à bloc qui nous transforme, quoique temporairement, en aimant ambulant.

Fascinant, n'est-ce pas, mais qui s'en préoccupe ? En fait, si vous cherchez à comprendre la complexité de votre vie, vous devriez vous y intéresser. Pour transformer votre vie à votre guise, vous devez vous en préoccuper, puisque les vibrations électromagnétiques dégagées à chaque milliseconde de chaque jour ont entraîné, et continuent de le faire, tout ce qui vous arrive d'important ou d'anodin, d'agréable ou de regrettable... tout, *absolument tout* !

Éternellement sans commission

Le centre de la Californie est la Mecque des négociants de terrains. On y vend de tout : des fermes d'élevage, des vignobles, des hôtels de villégiature, des ensembles résidentiels, des fermes laitières, des communautés organisées, etc. Si vous possédez le savoir-faire et la patience de négocier tandis que tous les partis sont pressés de conclure, vous pourrez gagner une petite fortune en généreuses commissions.

Tom, une de mes connaissances, accomplissait ce petit miracle sur une base outrageusement régulière. Agent immobilier dans la quarantaine (nous étions plus ou moins du même âge), il était passé maître en l'art de vendre des terrains commerciaux.

Je venais tout juste de vendre mon entreprise de Los Angeles pour déménager plus au centre, sur la côte, sans plan d'avenir précis... jusqu'à ce que je rencontre Tom. En quelques mois, j'avais obtenu ma licence d'agent immobilier et je commençais mon apprentissage auprès de Tom au sein de son cabinet de courtage immobilier de renom. Puisque mes ventes rempliraient autant son compte bancaire que le mien, il m'a montré les rouages du métier. Nous passions des heures à comparer les récoltes, les analyses de sol et le rendement potentiel de différents terrains aptes à nourrir un nombre donné de têtes de bétail. Compte tenu que mon contact le plus direct avec une vache n'était autre qu'un litre de lait ou un kilo de bœuf haché acheté à l'épicerie et que, malgré le fait que j'eusse déjà levé allègrement le coude, ma connaissance vinicole était plutôt limitée, cet apprentissage me captivait.

Pendant des mois, j'ai approfondi mes connaissances avant de voler de mes propres ailes. Tout en découvrant cet univers, je projetais de promouvoir le centre de la Californie auprès d'acheteurs étrangers. Dès la fin de la première étape de mon apprentissage, j'avais mis sur pied un cabinet de courtage immobilier spécialisé, la Western Lands, USA, doté d'un concept de commercialisation à toute épreuve. Je m'étonnais que personne n'y ait songé avant moi !

C'est alors que j'ai commis ma première erreur. Mon plan était si simple, si parfait, si mûr pour la récolte de bénéfices considérables qu'il devait y avoir un pépin. Il était si remarquable qu'à coup sûr quelqu'un m'en volerait l'idée. En fait, mon projet était si génial que cela me donnait les jetons.

Finalement, le jour est arrivé où je proposais mon premier terrain, une vaste ferme d'élevage surplombant le magnifique littoral de Big Sur en Californie, à un acheteur potentiel. Non seulement le prix se chiffrait-il dans les millions de dollars, mais aussi la commission serait-elle bien plus élevée que tous mes revenus professionnels à ce jour. En quelques semaines, le vendeur et l'acheteur ont conclu une entente. Documents de vente en main, je suis entrée illico en état de panique.

Tom était ravi ; tout le monde était enchanté ; j'étais terrifiée. L'heure de vérité approchant, la paranoïa s'est emparée de moi. C'était trop beau pour être vrai, trop facile, trop incroyable ; mon estomac se nouait horriblement.

Tom a rejeté mes craintes du revers de la main en me confiant avec fierté qu'il n'avait jamais vu un pacte si simple et si soigné. Pourtant, j'étais dans tous mes états. C'était trop irréel pour réussir. Et l'entente a effectivement avorté ! Le jour même de la signature, l'acheteur s'est rétracté en raison d'une erreur légale. Mes pires craintes s'étaient réalisées.

Cette situation s'est reproduite à deux reprises avant que je ne réussisse à avouer à Tom que je n'arrivais pas à soutenir le stress et la pression de ces importantes signatures de contrat à forte commission qui n'aboutissent jamais. Il m'a simplement dit : « Ma chère, tu a chassé les gens par tes craintes. Tu dois sentir la proximité des personnes impliquées, te voir conclure par une poignée de main et ressentir l'émotion de la célébration. Tu dois être persuadée que tout ira bien, chérie. Sinon, crois-moi, l'échec est certain. Si tu ne peux sentir les choses venir, c'est foutu. »

Je ne comprenais rien à son propos. Après l'échec de la première vente, je me suis lancée à corps perdu dans des bouquins sur la pensée positive et sur comment s'enrichir rapidement. Toutefois, quand deux autres contrats se sont envolés à quelques jours, voire quelques heures, de la signature, j'en ai conclu que ce monde de possibilités m'était inaccessible. J'ai donc ouvert une société de prêts hypothécaires, l'angoisse n'y étant pas omniprésente.

Ce n'est que plusieurs années plus tard, tandis que je me familiarisais avec la loi de l'attraction, que j'ai compris le sens des paroles de Tom. Sans s'en rendre compte, Tom savait faire jouer l'énergie en sa faveur. Instinctivement, il savait qu'un accord conclu allait bien au-delà des idées de grandeur, de la pensée positive ou d'un contrat rédigé en bonne et due forme. Tom, à l'instar de Jessie, savait d'une certaine manière comment sentir ses désirs devenir réalité.

Vibrer à l'unisson

Dans les années trente, quelque part en Orient, des personnes ont tenté de prouver la tangibilité de la pensée et les vibrations engendrées par cette dernière. Elles cherchaient entre autres à photographier ces vibrations. Et elles y sont parvenu... même à travers des murs d'acier ! Depuis, cette expérience a été reproduite à plusieurs reprises[1].

Du coup, ces personnes ont fait une découverte capitale en concluant que plus le penseur/émetteur chargeait émotionnellement sa pensée, plus l'image captée était claire ! Elles ont probablement été les premières à démontrer que l'énergie magnétique de la pensée existe et que la pensée est le produit de nos émotions. Toutefois, elles ont négligé de noter que, puisque les ondes vibratoires (les émotions) émises sont magnétiquement chargées, nous sommes, à proprement parler, des aimants ambulants, attirant vers nous tout ce qui oscille à la même fréquence, qui est sur la même longueur d'onde que nous.

Par exemple, lorsque nous sommes de bonne humeur, gais et complaisants, nos émotions émettent des vibrations à hautes fréquences qui n'attirent en retour que de bonnes choses, c'est-à-dire tout ce qui oscille à la même fréquence. Qui se ressemble s'assemble !

Par ailleurs, lorsque nous sommes à l'antipode du bonheur, que nous ressentons de la peur, de l'inquiétude, de la culpabilité, voire de la préoccupation, ces émotions

---

1. George W. Meek, *From Enigma to Science*, York Beach, Maine, Samuel Weiser, Inc., 1977.

émettent des vibrations à basses fréquences. Puisque ces dernières sont tout aussi magnétiques que les hautes, ce qui converge vers nous, ce sont les événements désagréables, c'est-à-dire tout ce qui oscille à la même fréquence et qui nous fera nous sentir (et vibrer) aussi malheureux que ce que nous émettons. Lorsque l'émission est négative, la réception l'est tout autant. Il est alors question de couple vibratoire.

En conséquence, qu'il s'agisse de hautes vibrations de bonheur ou de basses vibrations d'inquiétude, ce que nous émettons chaque instant correspond à ce que nous attirons. Nous sommes les instigateurs des vibrations et, du coup, nous en sommes les aimants, la cause. Que cela vous plaise ou non, nous avons créé, et façonnons toujours, ce qui nous arrive. Nous sommes faits de chair et de sang, mais avant tout d'énergie… d'énergie magnétique de surcroît ! Nous sommes donc de véritables aimants ambulants ! (C'est génial, non ? Vous pensez être le président d'une importante entreprise, une mère et épouse, le meilleur élève de votre classe ou un mécanicien de ligne, mais vous n'êtes essentiellement qu'un aimant ambulant ! Ah, vous l'ignoriez ?)

Aussi étrange que cela puisse paraître, il est grand temps de nous rendre à l'évidence que nous sommes des êtres électromagnétiques se baladant avec cette étonnante capacité d'attirer tout ce que nous désirons par le simple contrôle des émotions nées de notre pensée.

Par contre, puisque nous existons sur cette planète dans un champ magnétique principalement composé de basses fréquences émanant de plus de six milliards d'êtres humains qui émettent davantage de sentiments de stress et d'inquiétude que de bonheur, nous absorbons involontairement ces vibrations et y réagissons systématiquement. Donc, tant que nous n'apprendrons pas à nous prévaloir contre ces basses fréquences envahissantes, nous continuerons à recycler leurs impacts désagréables, jour après jour. À l'instar d'une baignade à la mer, si vous ne rincez pas le résidu salin, les démangeaisons deviendront éventuellement intolérables.

Un fait est incontournable : nous récoltons ce que nous semons. Plus souvent qu'autrement, ces émotions surgissent de nos pensées et enclenchent instantanément des réactions électromagnétiques en chaîne qui, en définitive, entraînent l'avènement, la création, le retard ou la disparition d'événements (par exemple, mes généreuses commissions).

Réitérons de nouveau que nos sentiments sont projetés hors de nous sous forme d'ondes électromagnétiques. La fréquence émise attire des fréquences sœurs, causant ainsi des événements, agréables ou désagréables, appareillés sur le plan vibratoire.

Les hautes vibrations de bonheur attirent de hautes circonstances de bonheur. Les basses et désagréables vibrations attirent de basses et désagréables circonstances. Dans les deux cas, ce qui nous revient influe sur les sentiments qui sont à l'image de nos émissions (émotions), puisqu'il s'agit d'un couplage vibratoire.

C'est le principe du diapason. Faites-en vibrer un dans une pièce remplie de diapasons calibrés différemment. Ceux qui sont de la même hauteur de son vibreront en même temps que le vôtre, même s'ils sont situés à bonne distance les uns des autres. Qui se ressemble s'assemble. C'est une règle classique de physique.

Par contre, contrairement au diapason qui maintient une même hauteur de son, les humains, avec leurs émotions changeantes, font culbuter les fréquences et les intensités magnétiques comme des boules numérotées à l'intérieur d'un boulier. Un instant nous planons aussi haut qu'un cerf-volant et nous sommes aussi puissants que le soleil, l'instant d'après nous sommes aussi chargés énergétiquement qu'une vieille carpette. Ce qui nous fait basculer ainsi dépend du type et de l'intensité des émotions qui nous submergent : de « gai » à « aux anges » ou de « morose » à « déprimé ».

Donc, plutôt que d'être un diapason régulier et bien accordé, nous ressemblons davantage à un amalgame serré de diapasons à différentes hauteurs de son ou de fréquence cliquetant au hasard à tout moment en fonction de nos émotions aléatoires. Puisque d'un instant à l'autre nous vibrons de hautes à basses fréquences, les pulsations se neutralisent et nos vies réglées ne changent qu'à petits pas.

Cependant, nous ne sommes pas des diapasons. Ce qui nous revient de ce méli-mélo d'énergie émotionnelle composite (les vibrations) que nous émettons inlassablement est rarement agréable. Plus souvent qu'autrement, il s'agit d'un incessant cortège d'événements imprévus, de circonstances désordonnées et de tentatives réussies ou ratées.

Il va sans dire que nous avons créé par ce flux d'énergie au pire un tohu-bohu général, au mieux une vie de qualité inférieure attirant quotidiennement chaque expérience, chaque personne, chaque jeu, chaque événement, chaque rencontre, chaque incident, chaque épreuve, chaque hasard, chaque occasion et chaque épisode par l'émission de nos vibrations, de nos sentiments.

Les sempiternelles factures

Prenons, par exemple, une activité que nous détestons : le paiement des factures. À moins de vivre une situation financière aisée, comment vous sentez-vous quand vient le temps de régler les comptes : ravi, transporté de joie ou euphorique ? Pas vraiment, n'est-ce pas ? Peut-être êtes-vous davantage inquiet, anxieux ou tout simplement déprimé. Bienvenue parmi nous !

Bien, voilà qui va vous surprendre. C'est justement en raison de ces sentiments d'abattement que nous avons tant de difficulté à joindre les deux bouts ! Pourquoi ? *Parce que les émotions que nous ressentons entraînent les vibrations que nous émettons qui à leur tour attirent ce qui nous échoit.* C'est une loi universelle, un point c'est tout !

Tony, sa femme Ginger et moi nous rencontrons régulièrement pour discuter de la loi de l'attraction. Heureusement qu'ils sont là, parce que ce sont les seules personnes qui habitent à proximité avec qui je peux sans gêne comparer mes notes.

Chez moi, un soir que le souper tirait à sa fin, nous nous remémorions l'époque qui a précédé notre prise de contrôle de l'énergie. La conversation était anodine et amusante jusqu'à ce que Tony raconte combien le fait d'avoir manqué d'argent lui avait fait détester le règlement des factures. La compagnie du couple m'était toujours agréable, bien que les émotions émanant de cette conversation me mettaient mal à l'aise puisque je commençais à peine à m'extirper d'interminables difficultés financières. J'espérais en vain que la conversation prenne une nouvelle tangente.

Tony avait toujours bien gagné sa vie. À cette époque, puisque leurs enfants étaient grands et qu'ils avaient quitté le nid familial, ils pouvaient donc vivre confortablement avec le salaire de Tony. Pourtant, Ginger désirait retourner sur le marché du travail. Elle s'était donc lancée de nouveau dans l'immobilier, un domaine qu'elle avait quitté quelques années auparavant. C'était bien avant l'époque de la loi de l'attraction, mais elle réussissait très bien. « Pourquoi donc, se demandaient-ils tandis que je servais le café, n'avions-nous jamais assez d'argent pour payer les factures ? »

– J'imagine que vous vous gâtiez quand Ginger effectuait un bon coup, dis-je, en espérant éviter le discours émotif imminent sur les difficultés à joindre les deux bouts.

– Évidemment que nous en avons profité, s'est esclaffé Tony. Nous vivions grassement jusqu'à ce que nous ayons constaté l'ampleur du bourbier dans lequel nous nous enfoncions. Nous avions déjà hypothéqué la maison à deux reprises ; ce n'était donc pas une option. Nous n'avions jamais amassé beaucoup d'économies ; nous n'avions donc aucun filet protecteur. Malgré un gagne-pain supplémentaire, notre situation financière était plus précaire qu'avant. Quand Ginger concluait une bonne vente, ça allait à peu près. Autrement, en période creuse, nous nous enlisions davantage et cela nous prenait des mois pour refaire surface.

– Hum, je connais bien la situation. N'est-ce pas fabuleux que tout cela soit dorénavant derrière nous ? ai-je tenté de conclure pour dévier la conversation.

Cependant, Ginger ne voulait rien entendre. Pour une raison ou une autre, elle avant besoin d'évoquer cette époque pénible.

– Je vous jure, dit-elle, en quelques mois à peine, nous sommes tombés si bas que, lorsque venait le temps de régler nos dépenses extravagantes (ce que j'avais retardé aussi longtemps que possible), j'en étais physiquement malade. Pendant un jour ou deux, je contemplais la pile de factures posée sur le coin du bureau. Mon estomac se nouait à la simple pensée de nos minces avoirs et de l'étendue de nos dettes. Je prenais alors une facture à la fois et j'évaluais le montant minimal à payer pour éviter les ennuis. C'était horrible. Tu me comprends, Lynn. Tu as aussi connu cette situation.

– Plus souvent que je ne l'aurais voulu, ai-je ajouté.

– Dieu merci, c'est de l'histoire ancienne, soupira Tony, en regardant tendrement Ginger. Une année de disette supplémentaire et tu aurais encaissé mes primes d'assurance-vie.

Tandis qu'il tendait la main pour saisir celle de Ginger, le spectacle de leur bonheur était émouvant. Depuis qu'ils ont appris à contrôler l'énergie, leurs finances sont à flots et leur vie est devenue source d'abondance et de bonheur sublime. Une telle félicité émanait d'eux depuis qu'ils avaient effectué cet extraordinaire parcours !

Tony, Ginger et moi avons connu quelques années de carence financière car nous ignorions tout du contrôle des énergies. Chacun de nous devenait plus tendu quand venait le temps de payer les factures et que les ressources n'étaient pas suffisantes. Plus nous insistions sur ce manque, plus notre énergie négative prédominait, attirant du coup plus de dettes et moins de revenus.

L'attention que nous portions au manque à gagner s'obstinait à creuser davantage le déficit. Notre situation s'en trouvait ainsi habituellement plus laborieuse, plus désastreuse et plus précaire qu'auparavant.

Le processus est similaire au lancer d'un boomerang. Vous connaissez ces trucs jetés à bout de bras qui reviennent invariablement vers le lanceur (ou qui l'assomme s'il n'est pas vigilant). Sur une base vibratoire, vous récoltez ce que vous semez. Donc, tant que vos vibrations seront les mêmes, vous attirerez ce que vous émettez.

En d'autres mots, si vous ne cessez pas de ressentir et de diffuser des émotions déprimantes, vous attirerez des circonstances du même acabit !

Nous obtenons ce vers quoi nous convergeons émotionnellement ! Concentrons-nous de préférence sur nos passions et nos désirs, et le tour est joué ! Canalisons cette même ardeur vers ce que nous tentons d'éviter (les inquiétudes, les soucis, etc.) et voilà ce qui se produira à coup sûr !

L'univers ne se préoccupe pas de ce que nous désirons ou détestons ; il fonctionne essentiellement selon ce principe de physique qu'est la loi de l'attraction. Nous transmettons des émotions magnétiques et l'univers, obéissant, y répond. Il ne réagit qu'aux vibrations de nos émotions, pas à nos prières.

L'origine de ces émotions importe-t-elle ? Pas du tout. Elles peuvent résulter d'une pensée, d'un événement ou tout simplement d'un état d'âme. Peu importe où naissent ces émotions, les événements de notre vie émanent exclusivement de ce déversement émotionnel de tout instant.

L'optimisation de la concentration

Soyons réalistes pour un instant. Personne ne nous suggère de bondir de joie à cœur de jour et de nous réjouir d'une mise à pied, d'un train manqué ou de clés égarées.

Toutefois, les faits sont révélateurs. Puisque nous récoltons ce que nous semons, il nous incombe de faire gaffe à notre réflexion *et aux sentiments qui en découlent*.

Concentrons-nous sur nos désirs et ils se réaliseront, mais évitons l'autosabotage. À l'inverse, une attention accrue portée à nos appréhensions entraînera inévitablement leur décuplement !

Revenons à nos moutons. Admettons que vous ayez cogité à outrance sur la désagréable tâche du paiement des factures. Chaque pensée (très vive en soi), porteuse d'une vibration émotionnelle (sa signature), part en quête de sœurs vibratoires. Lorsque deux pensées de même intensité se rencontrent, elles vibrent à l'unisson à une fréquence plus élevée et plus rapide qu'individuellement. Ainsi, plutôt que de n'avoir qu'une pauvre petite pensée à propos des comptes en souffrance, vous voyez la situation s'envenimer puisque, chaque fois que vous vous attardez sur le sujet, les pensées se soudent les unes aux autres. Et ce n'est pas tout...

Non seulement avez-vous votre propre masse de pensées sombres qui grossit et s'intensifie avec chaque nouvelle émission négative, mais aussi cet amas se soude-t-il aux masses négatives des autres. J'appelle ces masses des « bombes-détritus ». Elles se regroupent selon leurs fréquences de crainte et d'anxiété et peuvent facilement rejaillir vers vous, à moins d'un revirement de votre situation émotionnelle. Cela signifie que, tôt ou tard, au moins une de ces bombes de désagrément reviendra vous démolir le moral si vous vibrez toujours également et que vous émettez la même fréquence de longueurs d'onde.

Vous vous enfoncez alors dans un véritable bourbier. Vous avez maintenant davantage de comptes à régler et beaucoup plus de circonstances déplaisantes concernant, entre autres, le paiement des factures. Votre voiture tombe en panne et vous n'avez pas les moyens de la faire réparer, votre laveuse fait des siennes, vos enfants fracassent la fenêtre d'un voisin et votre chien attaque un passant. Pis encore, en ce dimanche du *Super Bowl*, tandis que vos amis sont réunis à la maison pour l'occasion, votre téléviseur rend l'âme.

Votre aimant magnétique est émotionnellement chargé à bloc de vibrations négatives et attirera inlassablement plus de détritus qu'une balise électromagnétique tant que vous ne changerez pas de fréquence. Non seulement le boomerang ne reviendra plus ; quelqu'un d'autre l'aura attrapé. Tant pis pour lui, mais vous vous en êtes débarrassé... pour l'instant.

Prenons maintenant l'exemple d'un objet de convoitise : une nouvelle voiture. Si vous canalisez votre attention sur la voiture de vos rêves et que vous maintenez ce degré de concentration, cette voiture sera vôtre. Par contre, si votre pensée vacille à l'idée que vous ne l'avez pas encore, si vous songez à cette absence ou au fait que vous n'ayez pas les moyens de l'acheter, c'est exactement ce que vous obtiendrez... beaucoup de « pas de voiture de rêve ».

Vous constatez donc : « Voici justement ce qui infirme la théorie. Je pense à l'objet de mes désirs, c'est-à-dire plus d'argent, depuis des années et je n'en ai toujours pas. »

Évidemment, puisqu'il y a d'abord l'idée de l'argent et ensuite celle du *manque* d'argent ! Devinez un peu sur quoi se penchent 99,9 % d'entre nous ? Vous avez encore raison.

Nous récoltons ce que nous semons. Concentrez-vous sur l'absence de l'objet de vos désirs et je vous garantis que c'est exactement ce que vous obtiendrez puisque tel est votre pôle attractif. La loi de l'attraction, c'est si simple.

La délivrance en quatre étapes

Réitérons notre postulat de départ. Plus nous songeons à quelque chose, aussi faibles soient les émotions associées, plus l'objet de nos réflexions prend de l'ampleur et de la vigueur, que ce soit l'objet de convoitise lui-même ou son absence.

Si nous affirmons « Je veux une santé de fer » et que nous réfléchissons émotionnellement à cette santé idéale en tout temps, elle se concrétisera, immédiatement ou prochainement. Formulons notre pensée autrement : « Je ne veux pas être malade. » Si nous y réfléchissons émotionnellement sans cesse, nous nous dirigerons vers une santé chancelante puisque notre énergie sera canalisée vers la maladie.

Si vous pensez constamment à une nouvelle maison et que vous vous y sentez bien, elle sera vôtre sous peu. Par contre, si vous vous répétez que vous ne voulez plus habiter où vous êtes présentement, vous y vivrez encore longtemps.

Si nous pensons émotionnellement à quelque chose assez longtemps, que ce soit l'objet de nos désirs ou de nos hantises, il entrera dans notre univers, que cela nous plaise ou non. Ce que nous attirons ne dépend en rien de nos faits et gestes, de notre valeur, de notre gentillesse ou encore du destin. Tout ce qui importe, c'est notre état vibratoire, c'est-à-dire nos sentiments, notre attraction, un point c'est tout !

C'est donc ce que maman et papa ne nous ont jamais appris puisqu'ils l'ignoraient. Voici également ce vers quoi tous les ouvrages sur la pensée positive et les motivateurs tendent, sans jamais y parvenir puisqu'ils l'ignorent également.

Voici les quatre étapes de la création délibérée. À coup sûr, je vous le *garantis*, ces quatre étapes attireront vers vous ce qui vous passionne, et plus encore. Elles sont garanties puisqu'il s'agit d'une loi universelle, de principes fondateurs desquels découle toute création. Maintenant elles sont vôtres... si vous le désirez.

1re étape – L'identification de l'appréhension
2e étape – L'identification, par le fait même, du désir
3e étape – L'immersion dans l'émotion du désir
4e étape – La revendication, l'écoute et
l'aboutissement du désir

C'est tout. C'est aussi simple que cela. Au fur et à mesure que vous prendrez l'habitude de cette nouvelle disposition, chaque zone de votre vie se transformera comme par magie ; les inquiétudes, les soucis, les doutes et les peurs deviendront des occurrences rares en quelques semaines. De plus, vous remarquerez et ressentirez cette transformation au quotidien.

Votre santé s'améliore, votre compte bancaire se regarnit, vos relations interpersonnelles vous satisfont, des ententes sont conclues, des promotions sont accordées et la vie devient une partie de plaisir. C'est possible puisque vous en percevez l'évolution. C'est alors que vous sentez, ressentez intimement que vous êtes la seule personne à la barre de votre navire. Le capitaine, c'est réellement et exclusivement vous !

Plus jamais victime

En sautant à pieds joints dans cette aventure qu'est la loi de l'attraction, nous arrivons rapidement à la troublante conclusion que le statut de victime n'existe pas et que d'être victime de qui ou de quoi que ce soit ne garantit que la poursuite d'un implacable mécontentement né de l'émission de basses vibrations.

Bien sûr, la majorité des gens persévèrent dans cette voie, blâmant autrui plutôt que leurs propres sentiments pour ce qui leur arrive ; blâmant les circonstances plutôt que leurs propres sentiments pour leurs malheurs ; blâmant l'ivrogne sur l'autoroute, leur patron pourri, l'économie, ou encore Dieu, plutôt que leurs propres sentiments pour s'être retrouvés dans ce bourbier.

Nous avons sûrement appris et croyons toujours que nous sommes à la merci des autres, du destin, de la chance ou du hasard. C'est certainement ce que présume la majorité de la population. Pourtant, en étudiant la loi de l'attraction en action, on se rend à l'évidence qu'il n'y a pas de victimes, qu'il n'y en a jamais eu et qu'il n'y en aura jamais. Il n'y a pas de chance ou de malchance, de bonne ou de mauvaise fortune, ni même de coïncidence. Pas plus qu'il n'y a de destin, de sort ou de divine providence. Il n'y a pas non plus de juge céleste qui tient les comptes du bien et du mal accomplis, ni de karma de vies antérieures ou de pénitence. Tout cela n'est que discours de victime. Et il n'y a pas de victimes parmi nous, uniquement des cocréateurs en pensée et en sentiment, de puissants aimants qui attirent, tel le miel les abeilles, les fréquences sœurs de notre incessant flux vibratoire.

Jamais plus vous ne croirez que des circonstances externes gouvernent votre vie. Jamais plus vous ne croirez qu'il est malsain d'avoir des désirs. Jamais plus vous ne croirez qu'une quelconque puissance extérieure tire les ficelles de votre vie ou que quelqu'un ou quelque chose vous contrôle. Jamais plus vous ne craindrez cette entité, sauf par choix.

Comment alors sommes-nous atterris dans ce bourbier ? Vous l'aurez deviné ! Plus de six millions de personnes (en plus de toutes celles des siècles passés), nées de vibrations vulnérables, défaillantes et effroyables, se concentrent sur ce qu'elles ne veulent pas et en obtiennent davantage.

Ce n'était pas prévu ainsi. Toutefois, dans un besoin tourmenté de découvrir pourquoi les choses ne tournent jamais rondement, nous avons supposé que ce devait être la faute d'un facteur externe : notre gouvernement, notre économie, notre patron, notre mariage, notre environnement, notre éducation, notre malchance, voire Dieu.

Peut-être ne le méritions-nous pas, n'étions-nous pas à la hauteur, avions-nous péché ou avions-nous échoué à un quelconque examen. Bref, peut-être avions-nous d'une manière ou d'une autre à en payer le prix.

En fait, nous le méritons, il n'y a aucun examen à passer et le péché est une création humaine abominable octroyant l'autorité aux autres.

En vérité, nous sommes ici pour croître, prospérer et vivre d'extraordinaires expériences humaines dans la joie et l'allégresse, plutôt que dans les peines et les difficultés. Nous sommes ici pour apprendre dans le plaisir, pour grandir sans souffrir et pour récolter nos désirs en sachant pertinemment que tout est possible dès la prise de contrôle de nos énergies, c'est-à-dire de nos émotions.

Par la nature même de notre existence, notre liberté de choix est garantie. Le temps est venu d'exercer notre droit d'aînesse. Aucune toile ne nous retient prisonniers, aucune circonstance ne nous limite, ni aucune condition ne nous relègue au statut de victime. Au contraire, nous sommes des être dotés d'une capacité sacrée à réaliser les rêves les plus fous que notre esprit insondable imagine puisque notre liberté de choix n'est pas réglementée, est sans restriction et est incontestée, peu importe la nature de nos choix.

Il est temps de passer à l'acte, de savoir comment réaliser ces choix, de se sortir la tête du sable et d'accepter qu'il n'y a pas d'accidents de parcours dans notre vie. Il est grand temps d'arrêter de créer à partir de paramètres par défaut et de se remémorer cette sagesse ancienne qui est intimement nôtre depuis la nuit des temps et qui nous autorise à créer nos passions par la simple force de notre volonté. Il est grand temps…

Vous le méritez bien ! Vous méritez que toutes vos aspirations se concrétisent, quelles qu'elles soient. Vous n'avez qu'à le vouloir et à le sentir, et une nouvelle vie de bonheur incroyable s'ouvrira à vous. Ce n'est pas une possibilité, c'est une réalité ! C'est une garantie cosmique.

Deuxième chapitre

Notre
bon
génie

Le processus créatif est constant, qu'il s'agisse de vedettariat ou de vêtements griffés. Réfléchissez aux sentiments provoqués par vos aspirations... qui créent en retour des vibrations appropriées... et voilà, le tour est joué !

Malgré ce violent désir d'accomplir nos vieux rêves, toutes les pensées positives du monde n'y pourront rien, ni le fait d'être quelqu'un de bien, d'avoir du cœur, de prier, de visualiser ou de méditer jusqu'à l'aurore, ni même de se fracasser le crâne contre un mur... Rien de tout cela ne concourra à la création tant que nous n'émettrons pas les pulsations magnétiques nécessaires pour attirer l'objet de notre convoitise par la force émotionnelle, notre bon génie, cette autorité magnétique qui façonne les rêves.

De deux choses l'une

Prenez tous les livres jamais écrits sur les sentiments et les émotions, chaque cours enseigné sur les mystères freudiens de l'esprit, chaque groupe de rencontre abordant notre enfant intérieur et chaque personne capable de nous affranchir de cet effroyable truc surnommé « les sentiments ». Il est possible de réduire toutes ces admirables techniques en une simple prescription d'une vie épanouie et satisfaisante :

Apprendre à distinguer le bon sentiment du mauvais.

C'est tout. Mettez cette technique en pratique et vous serez sur la bonne voie. Tous vos désirs deviendront réalité.

Ce procédé nous métamorphose en créateurs délibérés plutôt qu'accidentels. Ce pouvoir, l'art de distinguer un bon sentiment d'un mauvais, matérialise nos aspirations. Voilà tout, fin de la leçon !

Soyez sans crainte, ce type de sentiment ne sonde pas les ruines anciennes et ne fera pas sortir les démons qui hantent peut-être votre placard émotionnel. Il fait partie de notre quotidien. Par contre, dès que vous saurez distinguer les sentiments agréables de ceux qui le sont moins, vous aurez gagné.

C'est la réalité pure et simple. C'est ce que l'on qualifie couramment de « chance », ce qui conclut les ententes importantes, ce qui bâtit la maison sur la plage, ce qui garantit la santé, ce qui galvanise l'accomplissement spirituel et ce qui garnit le compte bancaire ! Apprenez à discerner l'émotion parfaite des sentiments déplaisants du quotidien et voyez la magie à l'œuvre.

Le fakir en vous

Les sentiments, qui nous terrifient quand ils sont négatifs, ne sont ni plus ni moins que des charges électromagnétiques d'énergie émanant de notre corps et engendrées par nos pensées. La seule raison qui nous pousse désespérément à éviter les émotions négatives tient au fait que certaines d'entre elles provoquent des sensations désagréables. Du coup, nous les refoulons profondément pour mieux les ignorer, mais elles bousillent complètement notre champ magnétique.

Pour l'instant, examinons uniquement les émotions négatives qui ne sont pas bloquées, en commençant par nos vieilles habitudes de mauvaise humeur, qui peuvent s'exprimer de différentes façons : de la monotonie quotidienne (sans éclat, ni émoi) aux rugissements de rage, en passant par la morosité.

Nous sommes de *mauvaise humeur* dès que nos pensées se situent à l'opposé de la joie : la culpabilité, la solitude, la colère, le ressentiment, l'inquiétude, le doute, la frustration, le stress, voire le plus petit des soucis. Toutes ces idées fondées sur la peur vibrent à une très basse fréquence et sont la cause de notre tempérament bourru. Elles vont à l'encontre de notre naturel à haute fréquence.

Par ailleurs, nous sommes de *bonne humeur* quand nos pensées sont joyeuses : l'appréciation, le plaisir, l'agrément, l'allégresse, l'enthousiasme, la déférence, l'admiration, la reconnaissance, l'amour, bref tous ces sentiments qui font chaud au cœur. Ces idées vibrent à une très haute fréquence, ce qui correspond résolument à notre nature. Mis à part les fakirs, personne ne peut ingérer des éclats de verres et y trouver plaisir. Pourtant, c'est exactement ce que nous faisons à cœur de jour en ravalant nos pensées sombres et nos sentiments tristes. Nous baignons littéralement dans une mer d'énergie négative inconsciente issue de nos propres pensées, ainsi que de celles des autres, ce qui est absolument contraire à notre bienheureuse nature. Voilà exactement pourquoi nous sommes rarement gonflés à bloc ! Nous n'y parviendrons jamais tant que nous serons submergés par cette énergie à basse fréquence que nous considérons comme notre lot quotidien.

Voici donc le cercle vicieux : nos émotions quotidiennes, conscientes et inconscientes, que nous considérons normales, propagent des vibrations négatives contre-nature qui entraînent un sentiment de découragement, voire d'abattement, une impression d'exister sans vivre ou encore de ne rien ressentir du tout. Puisque toutes ces émotions se situent à différents degrés du flux énergétique à basse fréquence, et puisque nous diffusons des pulsations du même acabit, nous n'attirons que des événements de qualité inférieure oscillant à semblable fréquence. Ce qui en retour cause un sentiment de lassitude, propage davantage de vibrations à basse fréquence, attire principalement des circonstances du même type et entraîne une mauvaise humeur évidente. Et la boucle est bouclée, une fois de plus.

Le sourire de Pat

Il y a quelques années, alors que je donnais un séminaire de fin de semaine sur la loi de l'attraction, il y avait une jolie jeune femme (appelons-la Pat), dans la mi-trentaine, qui n'avait de cesse d'être gentille. Elle était en fait d'une affabilité extrême !

Elle me complimentait sur mon habillement tandis que je portais un chandail et des jeans troués ; elle encensait littéralement le cuisinier et elle louangeait allégrement les participants pour leur candeur sincère tandis qu'ils mettaient en corrélation les événements désagréables de leur passé et cette contrariété qui semble être leur lot quotidien. Pour quelqu'un de si manifestement comblée, elle me tombait sur les nerfs à basse fréquence.

En quittant la salle à manger à la fin de la première soirée, après la collation du soir, Pat a trébuché contre le lourd cendrier situé juste à l'entrée. Elle est tombée tête première dans une flaque de boue, mais s'est relevée le sourire aux lèvres. Il y avait décidément quelque chose d'anormal chez elle.

Le lendemain, on retrouvait Pat à son habitude, complimentant, louangeant et étant tout sourire... et les incidents se multipliaient. Dans la salle à manger, elle s'est heurtée contre une chaise, renversant du coup son café dans l'assiette d'un pair. Au cours du récit bouleversant d'un condisciple, elle s'est étouffée avec un bonbon, au point de nécessiter la manœuvre de Heimlich afin d'expulser la friandise. Par la suite, elle n'avait de cesse de faire des signes de tête reconnaissants à celui qui lui avait sauvé la vie. Pat n'était pas un accident imminent... mais ambulant !

En fin de compte, encouragée par les autres participants, Pat a déballé son histoire. Elle était issue d'une famille profondément religieuse où « être aimable » est un code d'honneur. Le dictateur de ce sévère mode de vie n'était nul autre que son père, pasteur de père en fils depuis trois générations ! Ainsi, cette doctrine de « présenter au monde une attitude aimable aux dépens de ses émotions » était si profondément enracinée en Pat qu'elle représentait le seul comportement convenable. Et tout aurait pu continuer ainsi, sans ce profond et vigoureux sentiment d'animosité accompagnant chaque sourire.

« J'ai toujours détesté l'obligation incessante de bienséance et de flatterie, surtout en regard des aînés », a-t-elle discrètement ajouté en cours de séance. « Complimenter les adultes m'a toujours terrifiée, mais je devais le faire... invariablement. »

L'existence de Pat tenait donc du gâchis. Bien qu'elle ait un diplôme universitaire, elle n'avait jamais gravi d'échelons professionnels. Elle avait déjà été mariée trois fois et avait fait tant de réclamations que son assurance-automobile avait été révoquée. Dans sa vie, elle avait connu plus d'extrêmes que la plupart d'entre nous, mais chacun se reconnaissait dans son histoire. Avec son accord, nous avons entrepris de disséquer son existence à la lumière de ses émotions.

Le résultat était stupéfiant. Nous avons rapidement conclu que ces vieilles émotions de confusion, d'hostilité et d'indignité, bien que refoulées, avaient créé un déversement continuel de basses vibrations accompagnant chaque compliment et chaque sourire. Pat a saisi l'ampleur de la situation et, en peu de temps, elle a été en mesure d'établir la corrélation directe entre ce déversement et les conséquences qu'il provoquait dans sa propre vie. « Beurk à l'aller et beurk au retour ! » expliqua quelqu'un, ce qu'elle comprenait maintenant clairement.

Par la suite, Pat est restée en contact avec moi. Elle m'a éventuellement fait part d'une nouvelle fébrilité qui la récompensait au-delà de ses rêves les plus fous. Elle a cessé de tenter de plaire à tous, sauf à elle-même, et risque même parfois quelques critiques. Selon ses dires, elle n'offre maintenant que des sourires mérités et des compliments sincères.

Aujourd'hui, Pat dirige sa propre maison de convalescence pour toxicomanes. Depuis deux ans, elle fréquente le même homme et n'a pas même effleuré une autre voiture.

Le flot qui jaillit hors de nous nous éclabousse au retour. Pat a travaillé d'arrache-pied pour transformer son débit négatif et, bien que les émotions désagréables ne soient pas complètement disparues (personne ne s'en débarrasse entièrement), des sentiments prédominants d'appréciation et de reconnaissance (contrairement à d'anciens sentiments de désespoir et de malchance) ont transformé sa vie.

Les émotions que nous semons deviennent ces objets palpables que nous récoltons. C'est aussi simple que cela !

De la nature des émotions

La majorité d'entre nous ont cette étrange impression d'être arrivés ici par hasard. Ce n'est pas tout à fait exact. Nous sommes tous appareillés à un partenaire, à un chaperon exclusif et aimant que nous choisissons généralement d'ignorer. Que ce soit votre « moi intérieur », votre « surmoi » (je déteste ce terme), votre « moi ultime », votre « Dieu intérieur » ou encore « Mickey la souris », c'est cette part magnifiée de chacun de nous qui accompagne l'enveloppe charnelle. Nous ne pouvons respirer sans elle puisqu'elle nous maintient en vie (pas « vivant », mais « survivant »). C'est l'énergie positive à l'état pur du TOUT, de ce dont nous sommes partie intégrante ; c'est l'énergie positive brute de la VIE.

N'avez-vous jamais éprouvé cette étrange impression qu'une part de vous avait la connaissance infuse mais refusait de la partager ? Cette part existe vraiment. Elle est plus épanouie, plus ancienne, plus sage ; c'est ce prolongement de nous-mêmes qui communique par la seule façon qui lui soit donnée, les émotions !

Cette excroissance qui nous est échue vibre essentiellement dans nos entrailles et provoque un sentiment divin (c'est un euphémisme), au sommet de l'échelle de fréquences. En fait, cette part de nous ne saurait reconnaître une vibration d'absence ou de stress même si cette dernière lui tombait sur la tête. Par contre, si *nous* vibrions à sa vitesse, nous n'existerions plus sur le plan physique. De ce fait, nous tentons de nous en approcher au maximum par de hautes vibrations de joie, d'allégresse, de reconnaissance, d'exultation, bref de toutes ces émotions riches de bonheur et de bien-être. Voilà pourquoi il est si agréable de se sentir bien. *Vous vibrez plus près de votre moi authentique.* Vous et votre moi métaphysique êtes en synchronie, rivés l'un à l'autre par cette merveilleuse haute fréquence.

Ainsi, quand nous nous sentons bien, nous vibrons de la façon dont nous sommes programmés, c'est-à-dire plus rapidement. Nous ne recyclons plus les trucs inquiétants faiblement vibratoires qui nous sont si étrangers. C'est là que nous trouvons des réponses et profitons de conseils puisque, sur le plan des vibrations, nous évoluons main dans la main avec notre moi authentique.

En émettant des vibrations d'absence ou d'inquiétude, de type désagréable, nous nous déconnectons de cette part invisible et notre existence devient plus laborieuse. C'est comme offrir à un enfant un nouvel ourson en peluche pour le lui reprendre aussitôt. L'enfant ne sera pas très heureux d'être séparé de l'objet qui lui procure tant de joie.

Ainsi, quand nous nous sentons bien, nous sommes connectés et nous vibrons plus près de la fréquence ultime de notre moi authentique. Quand nous nous sentons mal, ou triste, ou *que nous ne ressentons rien du tout*, le contact est mauvais et nous diffusons des pulsations étrangères et négatives à basse fréquence. En d'autres mots, s'il n'est pas question de bonheur, c'est *nécessairement* négatif. Dans ce cas, le fakir en nous a ingéré des éclats de verre.

Il est réconfortant de savoir qu'afin de remettre notre vie sur les rails nous n'avons pas à nous préoccuper de nos pensées chaque seconde de chaque jour. Mon Dieu, nous deviendrions fous ! Il faut simplement être conscients de nos sentiments, qu'ils soient agréables ou non.

Le fruit de vos entrailles

Un exemple quelque peu extrême mais cocasse de pistage des sentiments nous vient d'une choriste dont j'ai oublié le nom, mais qui semblait connaître les rouages du métier après avoir suffisamment roulé sa bosse.

Nous enregistrions une chanson de groupe qu'un ami avait écrite pour un programme éducatif élémentaire produit par mon entreprise. Je n'avais jamais enregistré en studio auparavant ; tout était donc inusité et impressionnant. Je m'amusais ferme.

Notre arrangeur a suggéré d'engager des choristes de studio. Puisque j'ignorais tout de ce processus, il m'a expliqué qu'il s'agissait d'un petit groupe de chanteurs rompu dans l'art de créer des ambiances musicales pour accompagner quasiment n'importe quelle chanson et donner ainsi à une œuvre plus de nuance et de puissance.

Fascinant ! Comment ces personnes qui ne connaissent ni la musique ni le programme auquel elle est destinée peuvent-elles créer une sonorité intégrant à la fois le thème et la musique ? C'est ce que je m'apprêtais à découvrir...

Lorsque le trio est arrivé, j'avais des doutes. Toutefois, tout s'est produit très rapidement... Après avoir consulté individuellement la partition, les choristes ont brièvement discuté entre elles, avant de hocher la tête et de clamer : « C'est bon, on y va quand vous voulez. »

Pardon ? Était-ce possible ? Sans répétition et sans avoir consulté l'arrangeur ? Sans me consulter, moi, la patronne ?

Les premières notes de l'intro ont résonné ; la soliste était au micro et les choristes, derrière elle, attendaient avec une assurance désinvolte.

Après que notre soliste eut entonné la chanson, les choristes ont immédiatement enchaîné avec la strophe suivante. Nous étions un peu inquiets mais, nom de Dieu, le résultat était impeccable. Puis, elles se sont mises à fredonner doucement avant de se remettre subitement à chanter en cœur pour accompagner la soliste.

J'étais abasourdie ; notre arrangeur était tout sourire ; mon ami le compositeur était estomaqué ; notre soliste était transportée de joie ; les techniciens souriaient d'aise et la choriste, celle qui semblait avoir bourlingué toute sa vie, avait rajeuni de vingt ans. D'une seule prise, l'enregistrement était réglé. Impossible mais vrai !

Avant le départ des choristes, je me suis approchée de la plus âgée, celle qui de toute évidence menait le bal, pour lui demander comment cette magie opérait, comment elles avaient réussi, à pied levé et sans connaître la mélodie, à créer une atmosphère transcendant celle que nous avions imaginée ? Et d'une seule prise, de surcroît !

– Oh, c'est normal, chérie, m'a-t-elle répondu d'une voix grave. Ça fait si longtemps qu'on fait ça, nous savons où placer les « hmmm… » et l'harmonie va de soi. Le seul problème vient parfois des entrailles.

– Pardon ?

– Bien, si tout va comme prévu, j'ai un sentiment d'allégresse, mes tripes s'agitent comme si j'étais dans des montagnes russes. Sans ce sentiment, même après des centaines de prises, le résultat ne sera pas génial, même si le producteur est satisfait. Pour nous, ça n'y est pas. Le charme doit opérer, un point c'est tout. Il me faut ressentir cette jubilation de l'intérieur. Alors seulement je sais que c'est bon. Cette fois-ci, c'est venu du premier coup et je savais que c'était dans la poche. Les autres aussi le sentaient. Un bonheur à l'état pur me possédait entièrement. C'est comme ça chaque fois. Tu saisis ?

Non, je n'y comprenais rien, mais maintenant je comprends. Cette dure à cuire ne savait pas que ce qu'elle éprouvait correspondait précisément au transfert d'énergie de basse en haute fréquence émergeant de son for intérieur, pas plus qu'elle ne le contrôlait à volonté comme nous avons appris à le faire. Par contre, elle savait qu'elle ressentait quelque chose de particulier lorsque la synergie opérait au sein du groupe, une émotion de « joie pure ».

Toutefois, je vous l'accorde, le type de conscience émotionnelle dont il est question dans cet ouvrage est un peu plus complexe. Nous apprendrons à ressentir la joie sur demande, plutôt que d'attendre que les circonstances extérieures soient réunies.

L'intention originelle

Aussi intéressant que cela puisse paraître, nous sommes sur cette planète armés d'une seule intention :

trouver un moyen d'être heureux en tout temps, pas seulement à l'occasion.

Cette intention unique est inhérente à chacun de nous. Si nous y portons attention, nous trouverons notre propre carte au trésor du bonheur. Je vous explique :

Ressentir des émotions agréables signifie que nous sommes sur la piste de notre intention originelle de se sentir bien, d'être heureux et de vibrer à très haute fréquence. Cela implique que nous sommes en voie de réaliser nos désirs, anciens ou récents. D'une manière ou d'une autre, cette attraction nous rend heureux. C'est une valeur ajoutée à notre existence qui nous permet de nous sentir mieux, d'élever nos fréquences vibratoires et de nous rapprocher de notre vraie nature... Voilà donc notre défi sur terre.

Et en voici la clé : l'intention originale se manifeste toujours par un désir qui déclenchera nos passions, que ce soit une nouvelle Ferrari rouge ; la volonté de vivre en harmonie avec notre environnement ; l'envie d'avoir un garage propre, d'apprendre les danses sociales ou de gérer une quincaillerie à l'ancienne en pleine campagne ; un vieux rêve de vivre à proximité de la plage ou d'apprendre à jouer du piano… Autrement dit, ce désir est un objet de convoitise.

Cependant, nous avons tendance à nous déconnecter de nos désirs puisque, dépendamment de la nature de ces derniers, la société tend à nous taxer d'égoïsme lorsque nous poursuivons nos rêves. En agissant de la sorte, nous nous créons des difficultés. Pourtant, si nous écoutons nos impulsions intimes, qui nous rendront heureux du seul fait d'y croire, nous respecterons notre intention originelle de nous amuser et de découvrir notre raison d'être en vibrant de bonheur plutôt que de misère, ce qui n'a rien de cupide. Pourtant, la pression de la société est implacable et nous pousse généralement à succomber à la notion de devoir en nous aiguillant dans la direction opposée à nos désirs créateurs de bonne fortune. Ainsi, nous nous égarons hors des sentiers battus, et c'est là justement que la majorité d'entre nous vivotent. Nous avons dévié de notre intention originelle en vibrant à la basse fréquence de la conscience sociale fondée sur la peur. Bien que cette fréquence n'induise pas nécessairement la mauvaise humeur, nous n'exploserons sûrement pas de joie. C'est impossible puisque l'une des fréquences est décourageante (la conscience sociale), tandis que l'autre est stimulante (l'intention originelle). Les deux ne feront jamais bon ménage.

Donc, si nous continuons à dériver, refusant le bonheur, exigeant l'altruisme de nous-mêmes et nous privant de notre intention originelle, nous joindons la multitude de vertueux fidèles aux détestées basses fréquences de la responsabilité plutôt qu'aux hautes fréquences de bien-être. Il va sans dire que les résultats de cet impitoyable déversement d'énergie sur la planète n'ont rien de bien enviable.

Drapeau rouge contre drapeau vert

Revenons à votre rêve de voiture neuve. Admettons que votre voiture actuelle soit en bon état et que vous n'ayez donc aucun besoin d'un véhicule neuf, seulement de ce désir profond. En fait, d'aussi loin que remonte votre mémoire, vous avez toujours eu la piqûre pour cette épatante petite décapotable rouge aux roues à rayons. (Si vous vivez en Alaska et que vous détestez le rouge, prêtez-vous tout de même au jeu.)

Mais où diable se trouve-t-elle ? Vous la désirez pourtant depuis la nuit des temps. Elle revient régulièrement vous hanter. Pourquoi n'est-elle donc pas garée devant chez vous ? En voici la raison. Un jour que vous roulez à vive allure sur l'autoroute, vous remarquez, droit devant vous, la voiture de vos rêves. Vous gémissez d'envie tout en pensant à son prix exorbitant ; le désir vous embrase ; vous admirez avidement la voiture en secouant la tête de découragement ; « Dieu que ce serait agréable », pensez-vous, plutôt que de vous délecter à sa vue. Et votre humeur sombre s'accompagne du vieux réflexe : « Tant pis, oublions-la. »

Voilà justement pourquoi elle n'est pas garée devant chez vous.

Vous mettez l'accent sur l'absence de la voiture, plutôt que sur le plaisir de la conduire. Vous émettez tant de vibrations négatives que votre moi ultime agite un drapeau rouge en s'époumonant : « Hé, l'ami, vous êtes grognon car vous canalisez votre énergie sur l'absence de la voiture. Conservez cet état d'esprit et tout ce que vous vous attirerez, c'est ' pas de voiture du tout '. Si elle vous tient réellement à cœur, réjouissez-vous à sa vue et provoquez la conjoncture... »

Vous avez reçu une semonce sous forme d'accablement, une émotion négative. L'avertissement vous signale que vous concentrez votre énergie sur votre appréhension, sur l'absence de cette voiture apparemment inaccessible. Ce sentiment affligeant est un drapeau rouge indiquant que votre canalisation d'énergie (cette réflexion négative) éloignera à coup sûr la voiture. Donc, vous n'avez qu'à changer votre façon de penser à votre désir et de le ressentir pour que cette voiture vienne à vous.

Nous propageons quotidiennement ce genre d'énergie déplaisante. Voilà pourquoi nous n'obtenons que peu de contentement. En croisant un vieux rêve (que ce soit une voiture rouge de luxe ou une meilleure compréhension de la physique quantique), nous fixons nos sentiments sur l'absence (ne pas posséder l'objet de nos désirs et douter de l'obtenir un jour). Voici donc ce que nous attirons magnétiquement : le manque. La loi de la physique est immuable : nous récoltons ce que nous semons.

Brûler d'envie, souhaiter, désirer ardemment et même espérer ne sont pas des activités concentrées sur ce que nous voulons. Ce ne sont que des pensées négatives qui vibrent de découragement, de ce manque né d'une conviction pessimiste de ne jamais pouvoir obtenir l'objet de convoitise. Si nous pensons ainsi, nous rendrons impossible la réalisation de notre désir.

Nous obtenons ce sur quoi nous canalisons nos énergies. Fixer nos pensées sur le manque l'attire à coup sûr puisque ce que l'univers nous octroie chaque instant de chaque jour reflète nos pulsations.

Bref, si nous ne nous réjouissons pas en pensant à quelque chose, nous diffusons des émotions négatives. Dès lors, un drapeau rouge nous avertit de faire attention à nos émissions. Dans l'exemple de la voiture rouge, si vous ne prenez pas votre pied à y penser, si vous n'avez pas de frissons, si vous ne trépidez pas, si cela ne vous fait pas chaud au cœur ni ne vous donne cet agréable sentiment d'urgence ou de délice sous quelque forme que ce soit, vous ressentez et transmettez justement l'inverse, soit des vibrations négatives de frustration face à l'absence de la voiture.

En tendant vers ce manque, il nous est impossible d'obtenir son contraire. Afin d'attirer ce que nous désirons, nous devons changer de point focal, ce qui modifiera nos sentiments et qui affectera en retour nos pulsations.

Cette voiture est vôtre !

Bon, mettons de l'ordre dans ce chaos afin que cette voiture rouge soit vôtre. Revenons à notre formule d'origine :

1) L'identification de l'appréhension. (Vous ne voulez plus ne pas avoir cette voiture.)
2) L'identification, par le fait même, du désir. (Voilà qui est évident !)
3) L immersion dans l'émotion du désir. (Voilà où nous en sommes.)
4) La revendication, l'écoute et l'aboutissement du désir.

Maintenant, plutôt que de désirer cette voiture ou d'en avoir envie chaque fois que vous la croisez ou y pensez, ce qui n'entraînerait que de la déception, apprenez à l'apprécier. Notez son style, ses roues, son habitacle, sa vitesse et son allure. Sans aucun doute, vous vous sentirez mieux et vous vibrerez à plus haute fréquence que si vous insistez sur son absence. Seules les vibrations hautes l'attireront, pas les basses.

Poursuivons.

Tandis que vous rayonnez de fierté en songeant à votre future acquisition, que vous humez cette riche odeur de voiture neuve, que vous admirez sa carrosserie miroitante, que vous savourez la sonorité du système de son, vos pulsations, de plus en plus magnétiques, sont entièrement positives et vous émettez un puissant signal autorisant la matérialisation de vos désirs.

En fait, avec toutes ces vibrations élevées, vous êtes un véritable aimant ambulant à haute fréquence, vous êtes d'excellente humeur et vous agitez allégrement des drapeaux verts de bien-être. Vos sentiments sont en concordance avec votre intention originelle de vous amuser. Vous avez cessé d'attirer ce que vous ne désirez pas et appâtez maintenant l'objet de vos désirs (dont le mode de paiement est sans importance ; ce n'est pas à vous de vous en inquiéter). Aussi longtemps que vous rejetterez l'absence de cette voiture de rêve dans votre garage, votre Ferrari sera en route.

Les sentiments négatifs, qui accompagnent les impressions de manque, d'impossibilité et de découra-gement, ne sont tout simplement pas conformes à votre intention originelle (pas plus que les obligations). C'est pourtant simple : propagez la morosité, elle reviendra au galop.

Par ailleurs, si vous vous enthousiasmez en pensant à votre voiture de rêve et que vous vous convainquez que les choses prennent un nouveau virage, *peu importe les indices du contraire*, ces pensées positives finiront par concrétiser vos désirs. Elles le doivent ; c'est une loi de physique universelle.

Souvenez-vous que ce sont les sentiments qui importent, pas seulement les pensées. Les émotions déclenchent le magnétisme et attirent des vibrations à l'égal de celles que nous diffusons. Les sentiments, qui sont essentiels, proviennent de nos pensées !

Les bons vieux médias

Il y a quelques jours, tandis que je préparais le repas du soir, j'écoutais le bulletin de nouvelles télévisé... et j'ai failli vomir avant même d'ingurgiter quoi que ce soit.

Tout a commencé par un reportage sur la découverte d'une quelconque grippe si exotique qu'il était peu probable que les plus puissants vaccins connus puissent l'enrayer.

« Dans la ville Machin-Chouette, à plus de 2 400 km, on a enregistré que trois résidents sur cinq étaient sévèrement atteints de ce nouveau virus incontrôlable. »

Génial ! Près de quatre téléspectateurs sur cinq craindront d'attraper ce satané microbe, garantissant du coup une explosion du virus en quête de pulsations d'inquiétude. Ce qui, sans ce reportage, aurait pu n'être qu'un petit rhume localisé risque de se transformer en épidémie.

Et ce n'était que le début des infos ! Le reportage suivant (je vous le jure !) traitait d'un nouvel épisode de la maladie du hamburger juste aux limites de la ville. On s'inquiétait pour les enfants hospitalisés, puisque certains jeunes avaient été victimes de la dernière contagion. Bravo ! Voici que des milliers de parents agitent le drapeau rouge chargé de vibrations négatives de peur, voire de terreur, à cette pauvre petite bactérie jusqu'à ce qu'elle, ainsi que tous les événements tristes qui l'accompagnent (ceux-là mêmes que nous cherchons tant à éviter), nous explosent à la figure. C'est exactement ce qui s'est produit. En moins d'un mois, plus d'une demi-douzaine de personnes auraient succombé à la bactérie.

Dès lors, j'étais en colère et je commençais à me rendre compte que mes propres sentiments étaient loin d'être enjoués. Je me suis exclamée : « Bon, bon, moi ultime, je t'entends. Tout ceci ne me rend pas heureuse. J'éteins tout de suite cette foutue télé. » Par contre, j'ai vu le dernier sujet à l'ordre du jour, cette pauvre dame âgée qu'on venait de retrouver violée et assassinée. J'étais carrément furieuse, je me sentais mal et je me demandais combien de petites dames y passeraient dans les prochains jours à cause de tous ces événements magnétisés par ignorance, tétanisées par cette peur titanesque de ce qu'elles craignent plus que tout au monde.

Les médias nous rabattent sans cesse les oreilles : un autre bombardement, un autre incendie criminel, une autre éruption d'une quelconque bactérie, etc. Toutes les pensées convergent donc vers le caractère épouvantable de l'événement qui, en définitive, n'attire évidemment que davantage d'horreur.

En 1865, y avait-il des armes dans les écoles, des viols collectifs, des édifices volant en éclats et des incendies criminels en série ? Non, car il n'y avait pas de médias soulignant ces événements et canalisant des vibrations négatives. Par contre, les journaux et les affiches traitaient des attaques de train et des vols de banque... Il y avait ainsi davantage d'attaques de train et de vols de banque.

Croyez-moi, la loi de l'attraction était tout aussi active à l'époque de Billy le Kid qu'aujourd'hui puisque c'est une loi fondamentale de création de l'univers. Concentrons-nous à répétition et avec intensité sur ce que nous craignons (ou ce que nous désirons) et, tôt ou tard, cela se produira.

Le syndrome de la semi-remorque

Évidemment, il n'y a pas deux types d'énergie : celle qui nous réjouit et celle qui nous décourage. Par contre, pour chaque pensée manifeste, il existe différents degrés de pulsation de bonheur et de vibration de découragement. Nous les qualifierons d'énergie positive et d'énergie négative, bien que les deux en constituent une seule qui vibre différemment.

Chaque fois que jaillit une pensée, nous déversons une quelconque énergie (un sentiment) dans sa direction et la litanie reprend : les émotions entraînent les vibrations qui exercent en retour un pouvoir d'attraction dont nous subissons les conséquences.

Comment ces résultats viennent-ils à nous ? Quelle routine nous pousse vers une pensée particulière ?

À l'époque de votre insouciante jeunesse, ne vous êtes-vous jamais laissé prendre au jeu absurde de conduire trop près de l'arrière d'une semi-remorque ? Sinon, nichez-vous directement derrière une et vous comprendrez le principe. Vous pourrez retirer votre pied de l'accélérateur, bien vous caler dans votre siège et vous relaxer ; vous serez aspiré par son allant. Loin de moi l'idée de vous suggérer ce comportement risqué, mais ce dernier illustre parfaitement la théorie de l'attraction.

Lorsque nous réfléchissons sérieusement à quelque chose, il se produit deux trucs. D'abord, cette pensée évoque des sentiments (de bonheur, de tristesse, etc.) qui engendrent des vibrations. Ensuite, les émotions activent de petits germes de pensée appelés « particules ». Une fois ces germes magnétiques activés, ils sont automatiquement programmés pour capter des pulsations conformes aux leurs.

Donc, nous réfléchissons de plus en plus à quelque chose et en parlons plaisamment. Le lendemain et les jours suivants, nous ressassons notre idée... jusqu'à ce qu'il y ait suffisamment de pensées oscillant à la même fréquence et s'agglutinant les unes aux autres. Plus nous diffusons d'ondes similaires, plus ces masses prendront de l'ampleur

jusqu'à devenir un agglomérat d'extraordinaire magnétisme formant un tourbillon extrêmement puissant
d'énergie positive de bonheur ou négative de malheur.

Ces noyaux de puissance, ces tourbillons monumen-
taux d'énergie magnétique attirent maintenant dans leurs
centres tout ce qui vibre à la même fréquence (dont
vous !), ce qui déclenchera inévitablement des incidents.
Avant même de vous en rendre compte, vous serez aspiré
au cœur d'un événement enfanté par vos pensées et vos
sentiments itératifs, que ce soit l'objet de vos désirs ou
quelque chose d'entièrement différent dont l'état
vibratoire est le même. Quoique nous puissions sûrement
déverser des sentiments sans réfléchir, dans notre exemple
c'est la répétition de la pensée qui entraîne des sentiments
récurrents à l'origine d'un mouvement magnétique.

Il est important de noter que plus nous réfléchissons à
quelque chose, par convoitise ou par hantise, plus
rapidement nous l'attirons au cœur de notre expérience. Et
ça, en quelques mots, c'est la loi de l'attraction universelle : « Qui se ressemble s'assemble. »

Que la force soit avec vous

Nous avons grandi dans une société qui disperse de
l'énergie aux quatre vents depuis des siècles et qui traîne
inconsciemment derrière d'innombrables semi-remorques
n'allant nullement dans la direction souhaitée.

Il n'y a pas de victimes, seulement des émetteurs
d'énergie s'écoulant directement dans l'oubli de ce

pouvoir que nous avons de créer notre existence et notre univers à notre goût. Faute de bien saisir la notion de flux énergétique, nous sommes devenus experts de la création par défaut.

Bien que le processus de devenir un créateur délibéré soit extraordinairement simple, ce n'est pas toujours facile puisque le concept nous est souvent étranger. L'idée de créer notre univers par le simple contrôle des émotions, issues de la pensée ou autonomes, semble a priori fort douteuse. Comprendre que nous avons toujours eu ce pouvoir pourrait s'avérer décourageant, malgré toute notre bonne volonté.

Néanmoins, la physique et le magnétisme affirment de concert que nous récoltons ce que nous semons. Que ce soit une nébuleuse, un trou noir ou un être humain traversant l'existence physique, tout fonctionne pareillement.

Toutefois, nous n'avons pas à absorber seuls toute cette nouveauté puisque nous n'empruntons pas ce sentier en solitaire. Nous avons tous un compagnon aimant doté de sagesse, de beauté et de pouvoir, un moi ultime, un moi intérieur à qui nous sommes irrévocablement liés dans cette aventure physique, un moi dont le dévoué soutien ne nous quitte jamais et dont les conseils sont aussi tangibles que la dernière émotion ressentie, ce précieux joyau que nous nommons « sentiment », ce bon génie de la création.

Troisième chapitre

Non et non, pas ça !

(première étape)

Un jour que je roulais insouciamment sur l'autoroute en écoutant ma cassette préférée de Neil Diamond, j'ai senti mon estomac se nouer et mes entrailles être traversées par un blizzard déchaîné. Quelque chose clochait… Mon bon vieux surmoi me signalait de porter une attention accrue à mes émotions. Puisque aucun pépin ne me venait à l'esprit, j'ai décidé d'ignorer cet avertissement.

Quelle erreur !

Mon esprit divaguait allègrement sans remarquer ce drapeau rouge pourtant vigoureusement agité. Évidemment, mes pensées vagabondes penchaient en direction d'un prêt que je m'apprêtais à conclure. À l'époque, je gérais ma propre société de prêts hypothécaires, une entreprise qui déniche les meilleurs taux d'intérêt pour les gens désirant acheter ou hypothéquer une maison et qui s'occupe du financement et des conditions de l'entente.

Nous nous apprêtions à conclure le prêt d'un jeune couple lorsque des problèmes épineux sont survenus. Si près du but, c'était bien ennuyeux ! Pourtant, le plus fâcheux était que ces jeunes comptaient sur ce prêt pour mettre un terme à la situation financière précaire dans laquelle ils se trouvaient. J'étais donc à ruminer mes craintes (que l'entente échoue) et à ignorer les drapeaux rouges d'émotions négatives s'agitant violemment d'appréhension, de culpabilité et de mélancolie ! Les résultats de ce déversement d'énergie négative n'ont pas tardé à débouler.

Un kilomètre et demi plus loin, le lecteur de cassettes a englouti la musique de Jonathan Livingston Seagull. Trois kilomètres plus loin, je me suis retrouvée coincée dans un embouteillage monstre en raison de travaux de réfection de la chaussée. Trente minutes et un autre kilomètre et demi plus tard, un conducteur plus lunatique que moi a embouti ma voiture (en fait, ce n'était qu'un simple accrochage). Dix minutes plus tard, j'ai renversé mon café sur un dossier de prêt bourré de documents originaux. Quand j'ai finalement réussi à m'extirper de ce chaos et à repérer une cabine téléphonique, le prêteur m'annonçait que le prêt était tombé à l'eau.

Considérant le type d'énergie déversé, cela n'avait rien de surprenant. J'étais pleinement consciente de ce qui venait de se produire. Quelle idiote j'avais été ! Je devais immédiatement remédier à la situation.

Que s'était-il passé au juste ? Qu'est-ce qui avait déclenché cette réaction en chaîne d'événements désastreux ? Était-ce une simple coïncidence ou une série de circonstances malheureuses et indésirables ? Rien de tout cela ! Depuis notre tendre enfance, nous déterminons chacune de nos journées en songeant au déplaisir ambiant et à notre impuissance face aux événements. Nous vivons une existence soi-disant largement à la merci de forces extérieures échappant à notre contrôle. Permettez-moi de vous expliquer. Combien d'entre nous s'imputeraient la désobligeance d'un patron, un larcin dont ils auraient été victimes, leurs propres mises à pied ou le fait d'attraper la grippe ? Combien d'autres ne blâmeraient-ils pas le gouvernement, l'économie, leur famille ou le « système » pour ces désagréments ? Bien sûr, nous acceptons une certaine part de responsabilité pour les projets entrepris… et réalisés. Toutefois, honnêtement, serions-nous prêts à être garants de chaque petit incident ? Cela serait étonnant !

L'ennui, c'est ce qui cloche !

Des légions de martyrs silencieux déambulant sur cette planète sont prêts à jurer sur leur toute nouvelle Toyota qu'ils ont rarement des pensées négatives.

Ils affirment que leur existence est agréable, qu'ils sont heureux. Pourtant, ces mêmes personnes clament que la vie est injuste, qu'elle est jalonnée d'épreuves et qu'il faut apprendre à encaisser notre lot de coups. Malgré tout, elles certifient également être très heureuses, point à la ligne ! Elles n'ont jamais obtenu tout ce dont elles rêvaient, mais la vie est ainsi faite et elles sont tout de même comblées.

À cela, je réponds : « Foutaise ! »

Personne ne peut dégager tant d'énergie négative, que ce soit de l'exaspération, de la simple monotonie ou de l'inquiétude, et être heureux. Être à la fois enchanté et déverser ce type d'énergie est une impossibilité physiologique puisque cela engendrerait deux types de vibrations entraînant des conséquences externes (et internes) divergentes.

Les martyrs silencieux sont des victimes, purement et simplement, au même titre que tous ceux qui considèrent l'univers comme le contrecoup d'incalculables conjonctures échappant à leur maîtrise. Chacun de nous y a cru un jour ou y croit toujours. Cela dépend uniquement de la foi accordée au mythe de la victime et de l'influence que nous lui avons octroyée dans notre vie.

Il est possible de ne plus en être dupe. En fait, en observant le magnétisme en action, nous devons nous rendre à l'évidence que notre vie est pétrie à même ce déversement quotidien d'énergie et qu'elle ne dépend ni de la chance, ni du destin, ni de circonstances, ni même d'un quelconque oncle richissime.

En réfléchissant aux décennies gâchées à chercher ce qui cloche, nous concentrant davantage sur toutes ces choses inopportunes, non désirées ou à changer, ne soyons pas surpris de provoquer épreuve après épreuve. Aucun être humain ne peut être à l'opposé de son énergie source et obtenir l'objet de ses désirs.

Vivre en victimes des circonstances, nous concentrant a priori sur les difficultés, ne fera jamais place à une vie rêvée. Cela ne fera qu'entraîner davantage ce que nous tentons d'esquiver.

Une recette créative

La recette de la création est plutôt simple. D'abord prendre des sentiments, bons ou mauvais (c'est-à-dire des vibrations positives ou négatives). Ensuite les cuire à différents degrés d'émotion pour stimuler le magnétisme. Finalement, déguster le produit, qu'il soit délicieux ou non. La concentration de nos énergies et de nos vibrations donne toujours ses fruits.

Ainsi, en étant constamment en quête de solutions aux pépins, ou simplement en laissant les choses vivoter, nous voyons l'appréhension demeurer au cœur de nos préoccupations !

Sur le plan vibratoire, il ne faut que seize secondes pour nous connecter à notre point focal. C'est exact, seulement seize secondes de pensée pure et polarisée, qu'elle soit bonne ou mauvaise, positive ou négative. Dans ce court laps de temps, nous enclenchons des vibrations de même fréquence que celles de nos pensées émotionnelles. Ainsi, à force de persévérance, nous matérialisons l'objet de notre réflexion. Il va sans dire que chacun de nous a en banque une grande quantité de pensées répétitives de plus de seize secondes : toutes ces frustrations, ces tensions et ces préoccupations indésirables, exécrables, intolérables, inexploitables et inutiles. Voilà pourquoi nous attirons généralement ce type d'ennui. Charmant, n'est-ce pas ?

De surcroît, nous avons fondamentalement façonné notre existence ainsi, par une attention de tout instant portée à ces futiles pensées produisant un reflux persistant de tension négative.

N'oubliez pas qu'il ne s'agit pas ici de rage, mais bien de ce perpétuel murmure nous incitant à régler ceci ou cela, à être meilleurs, à nous améliorer, à trouver une solution, cet état communément appelé « l'inquiétude silencieuse » ou le « nœud de vos entrailles ».

L'autre côté de la médaille vous chuchote d'accepter la situation, de faire de votre mieux, que vous n'y pouvez rien et que c'est ainsi. Sur le plan vibratoire, c'est kif-kif.

Il est donc crucial de bien saisir l'émotion négative, son fonctionnement, sa nature, son mode itératif et la nécessité de la maîtriser.

Ainsi, ne considérez pas d'un mauvais œil ce chapitre sur la négativité. C'est le procédé qui nous permet d'arriver à bon port.

Votre coffre à jouets

Imaginez-vous être un enfant en liberté dans le plus vaste magasin de jouets qui soit au monde et pouvoir choisir tout ce que votre cœur désire. Génial, n'est-ce pas ? C'est trop beau pour être vrai ; toutefois, ainsi va notre univers. C'est un gigantesque magasin de jouets où tout ce dont nous avons toujours rêvé est sur les tablettes ou attend d'être fabriqué. Tout ce qu'il nous reste à faire, c'est de ressentir les émotions pour matérialiser nos aspirations.

Imaginez, par exemple, que vous puissiez y dénicher un nouvel emploi excitant ou encore votre prochaine maison, celle qui contient tout le luxe possible et les gadgets imaginables. Au bout de l'allée se trouve également une fantastique nouvelle relation amoureuse (ou une ancienne flamme ragaillardie), ainsi qu'un comptoir à hot-dogs ! De surcroît, vous y découvrez votre corps de rêve.

N'est-ce pas formidable ? Mais attention, d'où viennent toutes ces gâteries ? Tombent-elles du ciel ? Nous sont-elles livrées par notre ange gardien ? Ni l'un ni l'autre, elles ne dépendent que de nous ! Pour les attirer, il ne faut que les désirer viscéralement par des pulsations de bonheur.

De vieilles croyances poussiéreuses

Il nous est difficile de concevoir que notre existence antérieure n'a rien en commun avec ce monde de possibilités. Tout ceci est diamétralement opposé à notre conception du fonctionnement de l'univers. Toutefois, ce qui a été ou ce qui se présente à nous à l'instant n'est autre que le résultat des déversements énergétiques antécédents. Il est faux de croire que les choses sont comme elles sont.

Rien de tout cela ne procède de l'extérieur, de la chance ou de la malchance, du fait d'être quelqu'un de bien et de droit ou encore d'être un imbécile de première. Ce qui a été n'a rien à voir avec la famille, le gouvernement ou l'éducation.

Le passé est directement issu de la canalisation de notre énergie. Toutefois, une bonne partie de cette concentration provient de croyances désuètes, de vieilles doctrines surannées martelées à répétition que nous avons aveuglément acceptées depuis notre plus tendre enfance. Ces modèles archaïques de pensée, bien incrustés, auxquels nous souscrivons à l'aveuglette devraient être mis au chemin.

Père Fred, le grincheux

Il y a quelques étés, je fréquentais un prêtre de l'Église épiscopale. J'ai longtemps cru que cet homme était l'archétype du mâle. Il était grand, musclé, beau, de dix ans mon aîné, intelligent, bien élevé et issu d'une bonne famille de la Nouvelle-Angleterre. C'était le type parfait pour moi.

Le père Fred était un excellent orateur, prononçant des sermons à la fois éducatifs et spirituels. Pourtant, son église était généralement vide. Pour remédier à cette embarrassante situation, il tentait d'adopter un style renouvelé, de changer de ton, de modifier son organisation matérielle, de remanier même le parement de l'autel, mais rien n'y faisait. Les gens n'aimaient tout simplement pas venir l'entendre ou le rencontrer.

À l'époque, je coulais des jours sans souci. Dans la mi-vingtaine, je n'avais aucun projet d'avenir et je prenais de plus en plus de plaisir à lever le coude. Puisque le père

Fred semblait y prendre autant goût, nous formions un couple du tonnerre.

Toutefois, tonnerre ou pas, quelque chose de subtil et de persistant me chicotait. Lorsque nous prenions un verre, nous baladions en voiture ou festoyions, peu importe où nous étions ou ce que nous faisions, Fred vilipendait un aspect ou l'autre de l'Église. Cela tenait de l'obsession. Un soir, c'était l'évêque ; le lendemain, c'était sa formation inadéquate, la faiblesse des budgets ou les restrictions du diocèse au sujet des principaux offices. Ses assauts étaient inépuisables et, moi, j'en avais de plus en plus marre.

Je n'avais pas de formation en psychologie, mais tout cela me semblait d'une telle absurdité. Lorsque j'ai finalement dit à mon ami ce que je pensais, sa réponse prosaïque a été : « Je suis comme ça. J'ai un don pour détecter les travers. L'Église est archaïque et a grand besoin de renouveau, mais cela ne relève pas de ma responsabilité. J'ai seulement la faculté de constater ce qui nécessite une métamorphose. »

J'ai rapidement remarqué que Fred abordait la vie entière avec récrimination, pas seulement l'Église. L'univers était un gâchis, tout devait être changé ou ajusté, mais cela n'était jamais de son ressort. En fait, il se sentait incapable d'accomplir quoi que ce soit, ce qui explique, à mon avis, son obsession à célébrer la messe de façon impeccable. Là, au moins, il pouvait exceller, que son église soit vide ou non.

Malgré son impertinence, Fred craignait réellement l'autorité. Il répétait inlassablement : « Je ne peux pas, parce que... » Il ne pouvait jamais obtenir une augmentation de salaire, un secrétaire, une meilleure rétribution pour sa paroisse, pas même un orateur invité quand il désirait s'absenter. Il ne pouvait que focaliser sur le fait que cela n'arriverait jamais. Donc, évidemment, cela ne se matérialisait pas.

Le pauvre Fred vivait dans un univers d'impossibilités et était persuadé qu'en y pensant davantage et en se morfondant il aurait de meilleures chances d'y remédier. Il se considérait comme une victime impuissante devant se soumettre au pouvoir absolu cherchant à lui couper l'herbe œcuménique sous le pied. En y repensant, je comprends pourquoi les gens l'évitaient. Bien que ses allocutions reflétaient rarement son négativisme, sa communauté percevait intuitivement cette énergie morose et s'éloignait de lui.

Il s'agit d'un exemple extrême (ce sont les seuls exemples dont je peux me souvenir), mais c'est malheureusement le type d'existence que menons la majorité d'entre nous.

Ces vieilles croyances poussiéreuses, à l'instar de celles de Fred au sujet de l'autorité et du destin, représentent un obstacle de taille à une création délibérée puisque nous les rencontrons en empruntant un nouveau sentier. Vous connaissez bien ce genre d'embûches : vous désirez un nouvel emploi, une nouvelle voiture ou une nouvelle relation amoureuse, mais vos pensées sont émotionnellement chargées de « Je ne peux pas… », de « Je ne peux ABSOLUMENT pas ! »

Ce sont les valeurs et la morale impératives de nos ancêtres, celles des « si seulement » et de la notion de bien et de mal.

Cette philosophie religieuse surannée avance qu'une vie meilleure ne sera accessible qu'après notre passage sur la Terre et que c'est seulement à travers la souffrance que nous pouvons espérer atteindre le royaume de Dieu.

Il s'agit de convictions bien implantées au sujet de l'accomplissement, de la réussite, du travail et du mérite.

Ces croyances nous contraignent à chercher les travers et nous convainquent qu'une solution est nécessaire afin d'aller de l'avant avec le travail, l'environnement, notre partenaire, le gouvernement, l'éducation, nos enfants, et principalement nous-mêmes.

« Il faut régler cela, il faut régler cela, il faut régler cela ; je ne le veux pas ainsi, je ne l'aime pas ainsi, il faut régler cela. »

Peut-être que notre certitude la plus préjudiciable, toutefois, est celle qui nous tient le plus à cœur, celle qui stipule que c'est toujours la faute d'autrui : des dirigeants idiots, de notre famille d'ivrognes ou de notre patron licencieux. Nous blâmons les autres avec la régularité du lever du soleil en pensant que l'univers fonctionne ainsi. Nous sommes persuadés qu'il est préférable de rejeter le blâme sur autrui et nous recommençons, encore et encore, sans vraiment connaître l'effet pernicieux que ces vibrations négatives ont eu et auront dans notre vie.

Toutefois, il y a un bon côté à cette médaille : peu importe que la horde de psychologues et de conseillers d'aujourd'hui affirment le contraire, nous n'aurons pas à ressasser de vieilleries inutiles pour améliorer notre sort. Grâce à quelques conseils simples, et à une écoute attentive de nos sentiments, nous apprenons à outrepasser ces vieilles habitudes contraignantes et castratrices qui nous semblent normales.

Les appréhensions de l'esprit

L'énergie négative, quelle qu'elle soit, vient essentiellement des appréhensions, de ce que l'on ne veut pas. Parfois, elle prend l'apparence de la culpabilité, de la peur, des reproches, de l'inquiétude ou du doute. Pour l'instant, afin d'éviter le jargon psychiatrique, appelons-la simplement « appréhension ».

Bien que ce puisse être difficile à concevoir, la majorité de nos pensées quotidiennes, et donc de nos sentiments, sont centralisées sur nos appréhensions : petites et grandes, présentes, passées ou futures. Cette sorte de réflexion est interminable, automatique, inconsciente et horriblement contraignante. Voyez par vous-même :

Nous ne voulons pas parcourir le trajet vers le bureau par mauvais temps.
Nous ne voulons pas être en retard au boulot.
Nous ne voulons pas déplaire à notre patron.
Nous ne voulons pas que la sécheresse persiste.
Nous ne voulons pas acheter de la viande avariée à l'épicerie.

Nous ne voulons pas être moches.
Nous ne voulons pas que nos enfants se blessent.
Nous ne voulons pas avoir la grippe.
Nous ne voulons pas être mis à pied.
Nous ne voulons pas attendre en file.
Nous ne voulons pas nous lever le matin.
Nous ne voulons pas accumuler les factures.
Nous ne voulons pas vivre dans un climat si froid.
Nous ne voulons pas que le feu passe au rouge.
Nous ne voulons pas divorcer.
Nous ne voulons pas échouer le test, etc.

Bon, je vous l'accorde, une ou deux de ces affirmations ne sont que des choix du moment exempts de cette multitude d'émotions qui causent des dégâts. Pourtant, bien que tous ces éléments semblent sans importance, ils ne le sont absolument pas. Concentrez votre attention sur l'un ou l'autre suffisamment longtemps et il se matérialisera devant vos yeux.

Pis encore, le pouvoir collectif de toutes ces appréhensions conscientes et inconscientes, régurgitées énergétiquement à cœur de jour, façonne ce mariage vibratoire qu'est notre univers personnel. Que cela vous plaise ou non, ce mélange est généralement négatif.

Prenez, par exemple, toutes ces possibilités avortées du passé, tous ces « si seulement » :

Si seulement j'avais eu des parents différents.
Si seulement j'étais allé à l'université.
Si seulement je ne l'avais pas épousé.

Si seulement je n'avais pas accepté ce poste.
Si seulement je n'avais pas changé de voie.
Si seulement, si seulement, si seulement…

Ces possibilités manquées ne sont que le conditionnel passé des appréhensions. « Je ne voulais pas vraiment ces parents. » « Je ne voulais pas devoir chercher un emploi sans diplôme. » « Je ne voulais pas d'un mariage malheureux. » « Je ne voulais pas d'un emploi si piètrement rémunéré. » « Je ne voulais pas avoir un accident de voiture, mais j'ai changé de voie. »

De surcroît, il y a tous ces désirs négatifs qui ne sont essentiellement que des appréhensions déguisées :

Je veux guérir.
Je veux sortir de la dèche.
Je veux perdre du poids.
Je veux arrêter de fumer.
Je veux remettre mon mariage sur les rails.
Je veux que mon partenaire décroche un meilleur emploi.

Vous croyez peut-être faire preuve de positivisme par ces affirmations, mais où se situe votre point focal ? Il pointe précisément vers ce que vous tentez d'éviter. Et, puisque nous récoltons ce que nous semons… voici précisément ce qui vous incombe.

Bon, je suis plutôt d'accord avec vous quand vous affirmez ne pas être une personne négative. La plupart d'entre nous ne sont heureusement pas des Fred. Nous profitons de la vie du mieux possible en nous ravissant d'un coucher de soleil, en remettant les petites prises à l'eau, en nous réjouissant de l'avancement professionnel de nos amis, en riant de bon cœur aux histoires fades de nos enfants, en festoyant le vendredi soir, en étant fiers de nos réalisations, en reconnaissant celles des autres et en nous efforçant d'égayer la vie d'autrui, ainsi que la nôtre.

Pourtant, notre vie a toujours été centrée sur les appréhensions. Nous ne voulons pas travailler si fort, ni que notre voiture tombe en panne ou obtenir ceci ou cela, à cœur de jour. Pourtant, c'est justement ce qui matérialise davantage d'appréhensions.

Supposons que quelque chose vous dérange au boulot, que vous conduisez un tacot ou que votre partenaire vous irrite au plus haut point. Supposons, en plus, que ces appréhensions occupent vos pensées. Alors, chaque fois que vous y revenez pour seize secondes supplémentaires, en plus de leur donner plus de corps et de leur octroyer plus de puissance, vous les rendez beaucoup plus accessibles à l'esprit. Attention !

C'est un peu comme d'aménager une clairière dans la jungle, un coup par-ci, par-là et en peu de temps vous avez un joli petit sentier à arpenter en aller-retour. Et c'est ce que vous faites… en répétant la même rengaine ! Vous y pensez sans cesse jusqu'à ce que cette réflexion vous devienne familière et qu'elle s'implante fermement en vous. Avant même de vous en rendre compte, ce que vous tentiez d'éviter se produit !

Si vous craignez ardemment que votre voiture neuve soit éraflée, vous attirerez à coup sûr l'abruti de service.

Si vous craignez ardemment que des voisins désagréables emménagent à côté de chez vous, de pauvres types, avec des chiens enragés, s'installeront à demeure.

Si vous craignez ardemment avoir des problèmes avec vos factures, les difficultés prendront de l'ampleur.

Si vous craignez ardemment être seul durant le temps des fêtes… Bon, bon, vous comprenez le principe.

Peu importe l'objet de votre réflexion, si celle-ci dure plus de seize secondes, les choses se concrétiseront, que cela vous plaise ou non. Donc, en abordant émotionnellement pendant plus d'une quinzaine de secondes ce que vous craignez, vous l'intégrez dans votre univers, au cœur même de vos vibrations quotidiennes. Sous peu, vous en ferez la désagréable expérience et vous le vibrerez, en parlerez, vous en plaindrez, le ruminerez et, du coup, l'appareillerez davantage à vos vibrations. Vous vibrerez, a priori, de ce que vous appréhendez.

Dorénavant, il sera impossible de vous en débarrasser ; cela fera partie de votre vie. Peu importe vos grognements et vos inquiétudes, vous ne pourrez plus vous en défaire ! Ce sera devenu une partie intégrante de vos pulsations habituelles. Et plus vous en serez imprégné, plus vous y penserez, plus vous le ruminerez, plus vos vibrations y seront appareillées et retiendront ce que vous craignez.

Et ce n'est pas tout !

Il y a un autre problème. Souvenez-vous des diapasons. Lorsque vous en faites vibrer un dans une pièce remplie de diapasons calibrés différemment, ceux qui sont à la même hauteur de son vibreront simultanément. Il se produit exactement la même chose avec vos pensées. En vous concentrant sur un sujet, non seulement vous l'attirez, mais aussi vous captez tout, ABSOLUMENT TOUT, ce qui vibre à la même fréquence.

Le résultat peut être une mauvaise grippe ou un congédiement alors que vous ne songiez qu'au manque d'argent pour réparer la toiture. Maintenant, inopinément, vous recevrez ces jolis paquets-cadeaux de vibrations appareillées, toutes aussi désagréables que vos appré-hensions, sans être identiques. En y réfléchissant, vous lancez une invitation à tout ce qui oscille à la même fréquence. S'il s'agit d'une correspondance vibratoire, cela deviendra vôtre, que vous le vouliez ou non.

N'avez-vous jamais remarqué que quand quelque chose cloche tout va mal ? Les vibrations émises s'assor-tissent à toutes sortes d'autres pensées qui sont sur la même longueur d'onde. En ressassant cette même idée, vous générez une spirale aspirant tout ce qui tourbillonne à proximité de son centre magnétique.

Par exemple, réfléchissez à cet emploi que vous détestez et vous risquez de faire un accrochage sur l'autoroute, que votre lavabo se bouche, d'égarer vos clés, que votre réfrigérateur rende l'âme et de vous écraser un orteil. Tout ça, juste parce que vous avez ruminé votre emploi qui, par le fait même, devient plus laborieux.

Les appréhensions peuvent être importantes ou anodines, mais que l'énergie soit concentrée sur une seule ou sur une centaine d'entre elles, le courant négatif ruisselle sans entraîner le moindre soupçon de bonheur puisque l'appréhension et la joie vibrent à des fréquences diamétralement opposées.

La farandole se poursuit, encore et encore, et nous continuons à subsister en gardant nos distances par rapport aux hautes et bouillonnantes énergies de bien-être qui correspondent à notre vraie nature et auxquelles nous avons absolument et irréfutablement droit.

Deux faits sont incontestables. D'abord, en réfléchissant vivement à ce dont vous ne voulez pas, vous risquez de l'attirer ou d'en être aspiré. Ensuite, même si vous n'accordez qu'une toute petite trace d'émotion sous-jacente à certaines appréhensions, vous attirerez d'autres événements désagréables vibrant à la même fréquence.

La synchronie ou la mort

Alors, que faire pour changer cela, puisqu'une concentration de tout instant aux paroles prononcées et aux actions posées est impossible ?

Ne vous inquiétez pas, la solution n'est pas si compliquée. Il nous faut seulement compter sur ces bons génies que sont les sentiments, apprendre à détecter le résultat du déversement des divers types d'énergie et à distinguer notre bonne de notre mauvaise humeur, ainsi que son degré de synchronie avec les émotions de bonheur.

Mais revenons en arrière un instant ; retournons aux vibrations. Dans l'univers, tout est vibratoire, c'est la loi.

Et sur cette planète, cela concerne le toucher, l'odorat, les couleurs, le goûter, l'ouïe et les émotions.

Lorsque nous ressentons de la joie, de la passion, de l'amour, ou tout autre sentiment exquis de plaisir, ces émotions marquent notre vision d'un type particulier de vibrations. Par ailleurs, l'anxiété, la culpabilité et le ressentiment sont également des interprétations vibratoires. Surtout n'oubliez pas que les émotions positives sont préférables puisqu'elles vibrent plus près de votre énergie source.

Chacun de nous est le développement d'un tout plus vaste que notre enveloppe physique, un prolongement de notre moi métaphysique, de notre énergie source qui s'exprime par cette substance charnelle. Si nous vibrons en synchronie avec notre énergie, tout ira bien. Inversement, si nous sommes déprimés, c'est que nous sommes désynchronisés par rapport à cette énergie positive pure.

Les appréhensions marquent cette dissociation. Si à l'idée d'un objet nous disons « Je ne veux pas ceci ou cela », deux réactions sont possibles.

D'abord, il est peu probable que vous vous débarrassiez de ces appréhensions puisque vous les maintenez actives en y pensant intensément. Ensuite, la mauvaise humeur ou la déprime, l'apathie ou tout autre type de sentiment à l'opposé du bonheur sera au rendez-vous.

Ainsi, il est plus agréable d'être en synchronie avec son énergie source que d'en être dissocié. Autrement dit, se sentir bien est naturel mais nous paraît anormal tandis que nous sommes tristement habitués à tout ce qui n'est pas dans notre nature.

La méfiance est mère de sûreté !

Notre problème avec les émotions négatives tient au fait que nous les reconnaissons difficilement. Pourtant, si nous émettions constamment des fréquences de joie, plutôt que de toute autre émotion éloignée, nous serions submergés de prospérité, d'affluence et de réussite, d'un bonheur sublime, d'une excellente santé et d'un bien-être incomparable.

Voici donc le secret de cet état apparemment normal, mais qui la plupart du temps n'est autre qu'un amas de vibrations négatives.

Une vibration négative, de quelque intensité soit-elle, pour quelque raison que ce soit, évoque une distanciation par rapport à notre existence. Nous survivons, mais nous ne sommes pas vivants. Il y a là toute une différence !

Les vibrations négatives nous coupent de notre énergie source.

Les vibrations négatives s'activent quand nous refusons de porter attention au bonheur.

Les vibrations négatives proviennent essentiellement des appréhensions du quotidien.

Les vibrations négatives nous interdisent l'accès à notre coffre à jouets. Aucun de nos désirs profonds ne peut se manifester par de lentes vibrations d'appréhension. Au contraire, nos désirs font partie intégrante d'une vibration de joie. Donc, ils se tiennent à distance jusqu'à ce qu'ils soient interpellés par des vibrations plus élevées de bonne humeur.

C'est pourtant simple. Nos désirs sont en concordance avec les hautes vibrations de notre moi intérieur, de notre moi supérieur, et non pas avec des vibrations négatives. Puisqu'elle est source de plaisir (peu importe le degré), la seule vibration plausible est celle de notre intention originelle, soit celle du plaisir. Nous ne pouvons pas réfléchir aux appréhensions et espérer matérialiser nos désirs. À l'instar de l'eau et de l'huile, il est impossible de mélanger les basses et les hautes fréquences. L'une outrepassera toujours l'autre, dépendamment de la force dominante. Même les sentiments modérés d'inquiétude (c'est l'histoire de notre vie...) ferment la porte à l'abondance et au bien-être qui nous sont dus.

Fondamentalement, nous avons mis notre propre objectif en échec en nous préoccupant des factures, des enfants, de grand-maman ou encore de la situation mondiale. Ainsi, nous avons généré un flux constant d'énergie à basse fréquence qui tient à distance ce que nous désirons pour nous-mêmes, pour autrui et pour le monde entier.

Vivement les négatifs !

Abordons le tout sous un angle différent. Toute émotion autre que de joie est négative et provient d'un manque, quel qu'il soit.

Pensez-y. Toutes les émotions négatives jamais éprouvées, même les mieux camouflées, viennent d'un manque, de l'absence d'un désir. Prenez les reproches, par exemple. Nous blâmons quelqu'un pour un incident qui n'est en fait que l'absence d'un événement désiré.

Nous avons peur de perdre quelqu'un ou quelque chose ; donc, nous craignons leur absence.

Nous avons peur de l'inconnu car le sentiment de sécurité nous fait défaut.

Nous justifions et rationalisons tout car l'approbation d'autrui (voire la nôtre !) nous fait défaut.

Nous sommes déprimés par manque de l'objet de convoitise, même si celui-ci n'est autre qu'un sentiment de bien-être.

Nous sommes anxieux parce que nous manquons de temps ou de ressources.

Tout sentiment négatif du dictionnaire est issu d'un manque... Dieu merci !

Pardon ?

Oui, cela peut paraître idiot, mais il est impossible d'identifier l'objet de vos désirs sans découvrir ce que vous redoutez. Les désirs ne peuvent être intégrés qu'à partir des appréhensions inverses. Autrement dit, chaque expérience désastreuse, chaque événement désagréable, chaque instant de tristesse et chaque inquiétude passagère deviennent des occasions incomparables.

Une appréhension est une sonnerie d'alarme qui nous fait signe de nous sortir la tête du sable, de changer de vitesse et nous remettre sur les rails de la Vie. Bénissez donc chaque émotion négative ressentie, peu importe son degré de répugnance ou sa banalité. C'est une valeur ajoutée, un tremplin pour plonger dans le bien-être.

Je vous l'accorde, il n'est pas aisé de se réjouir du stress. Pourtant, si ce dernier fait partie de votre vie (et qui n'est pas stressé ?), si vous l'admettez et le ressentez, vous aurez franchi une première étape vers la création délibérée :

Première étape – L'identification de l'appréhension

Quelle que soit la saveur

Il existe deux types d'appréhensions : les universelles et les personnelles. Les premières sont les plus communes et les plus aisément identifiables.

Les appréhensions universelles sont des aversions à l'échelle planétaire, ces choses dont personne ne veut : un compte bancaire vide, une maladie, une relation interpersonnelle insignifiante, un emploi insatisfaisant, un corps difforme, une piètre estime de soi, un toit qui coule, une voiture en panne, être victime de cambriolage, d'une agression ou d'un terrible accident, voire le réchauffement de la planète. Bon, ça suffit pour l'instant.

Les appréhensions personnelles sont simplement des événements déplaisants qui ne dérangent que nous, rarement autrui. Ce sont ces choses que nous préférerions éviter comme parler en public, tuer des araignées, repriser les chaussettes du petit ou occuper une fonction de juré durant un procès de longue haleine. Ces appréhensions sont moins fréquentes que les universelles et, puisque nous les anticipons moins, elles se produisent plus rarement.

Supposons, par exemple, que vous soyez en colère contre votre patron (une appréhension personnelle). Sur le chemin du retour, vous arrêtez au supermarché et, évidemment, considérant vos vibrations, vous prenez place dans la file de la caissière acariâtre. D'autres s'en préoccuperaient peu mais, aujourd'hui, cela vous irrite au plus haut point.

En rentrant à la maison, vous ruminez l'incident pendant au moins seize secondes au point de mettre vos pensées, vos sentiments et vos vibrations en branle.

Vous rouspétez aussi durant le repas (pendant plus de seize secondes), vous assurant ainsi d'émettre d'intenses vibrations d'appréhension. Le lendemain, au travail, c'est encore votre sujet de conversation (à la pause-café) et vous racontez la saga à votre meilleur ami à l'heure du lunch. Dorénavant, soyez prudent, l'énergie déversée avec tant d'acharnement se transformera en boomerang que vous risquez de recevoir par la tête.

Ce soir-là, par dépit, vous arrêtez chez l'épicier concurrent. Après avoir effectué vos achats, vous passez à la caisse et jetez un coup d'œil derrière le comptoir… Vous l'aurez deviné, il y a une autre caissière infernale pour vous servir puisque vous l'avez attirée vers vous en canalisant votre attention sur vos appréhensions. Vous serez surpris d'apprendre que c'est votre faute ! Vous récoltez ce que vous avez semé. C'est la seule règle qui soit !

Mon ami Skip, un gastronome amateur de bons restaurants, adore surprendre sa femme, Murielle, en lui faisant découvrir d'agréables petits endroits. Un jour, il m'a fait rire aux éclats (Skip est également fervent de la création délibérée) au récit d'une de leurs escapades dans un petit resto pittoresque et intime avec vue sur la mer. Tout y était : les chandelles, les violons et même les serveurs en smoking !

Mes amis se sont installés, ont commandé du vin tout en appréciant la vue en bordure du plan d'eau. À proximité s'enflammait une discussion qui avait débuté en conflit étouffé. Peu à peu, le ton a monté jusqu'à ce que les propos de cette querelle amoureuse viennent aux oreilles de mes copains.

Skip et Muriel ont tenté en vain d'ignorer ce fracas, mais l'altercation a rapidement pris une intensité et une ampleur démesurées. Tant et si bien que mes amis ont négligé de porter attention à leur propre état vibratoire. Compte tenu de l'énergie émergeant promptement et assurément des vibrations du couple hargneux, ils auraient mieux fait de quitter le restaurant.

Skip, devenu maussade, a demandé au maître d'hôtel de bien vouloir faire taire la paire. C'était en vain. Tout au long du repas, Skip était de mauvais poil et a grommelé sur le chemin du retour. Le temps d'aller au lit et tous deux maugréaient ferme. Et ce n'est pas tout...

Lors de leurs trois escapades subséquentes, Skip et Murielle ont eu à proximité un couple en chamaille, un enfant pleurnichard et un ivrogne turbulent.

Ils ont finalement compris qu'ils avaient été si préoccupés par leur crainte qu'ils y concentraient leur énergie. La loi de l'attraction redoublait d'ardeur pour attirer vers eux des incidents comparables sur le plan vibratoire. En négligeant leur état d'esprit, ils ont permis à leur hantise (pas de chahut durant le dîner) de se matérialiser exponentiellement.

Les appréhensions personnelles ne sont habituellement pas si importantes, du moins au début. Elles proviennent d'un désir inné de profiter des bienfaits de la vie, tandis que les appréhensions universelles sont profondément enracinées et souvent attisées par des inquiétudes et des insécurités intemporelles.

Toutefois, il importe peu qu'une appréhension soit universelle ou personnelle, intense ou légère, constante ou passagère... Ce qui compte, c'est de s'en apercevoir, de la voir, de la ressentir, bref de l'identifier afin de la transformer.

Il s'agit de métamorphoser une émotion désagréable en bon sentiment... sans tarder.

Attention !

La recette pour flotter dans la stratosphère des bons sentiments ne requiert qu'une préoccupation accrue des désirs plutôt que des appréhensions.

Puisque les désirs et les appréhensions sont si aisément confondus, ces dernières l'emportent habituellement haut la main. Il vous faudra donc faire preuve de prudence.

Prenez par exemple l'idée de vouloir éviter la grippe, une idée qui signifie plutôt vouloir être en forme. Malgré cette affirmation, où se situe votre point focal ? Il est orienté vers ce dont vous ne voulez pas et vibre conformément. Selon la loi de l'attraction, si vous y portez attention, vous émettrez les vibrations associées et y insufflerez vie... à la grippe dans l'exemple qui nous intéresse.

Essayez avec la réflexion suivante : « Je ne veux plus conduire ce vieux tacot.» Bon, vous désirez une nouvelle voiture ; pourtant, votre intérêt est centré sur l'ancienne. Non seulement émettez-vous des vibrations en synchronie avec votre appréhension (de conduire cette vieille bagnole), ce qui tient à distance la nouvelle voiture, mais aussi cette concentration d'énergie risque-t-elle de provoquer des ennuis de voiture des plus déplaisants. Et si vous vous préoccupez de l'argent que vous n'avez pas pour acheter cette voiture neuve ou faire réparer la vieille, vous attirerez les pépins comme le miel appâte les abeilles. La bagnole tombera en panne et vous n'aurez pas les moyens de la faire réparer !

Un intense désir d'éviter les contraventions pour excès de vitesse titillera à coup sûr le policier qui est caché derrière l'arbre et qui tient absolument à épingler un crétin. Les vibrations négatives réussiront toujours à se jumeler.

Un intense sentiment de peur d'échouer à un examen est le genre de concentration qu'il vous faudrait éviter pour réussir l'examen.

Un intense sentiment de « Je ne veux pas que mon enfant se blesse » est un extraordinaire présage vibratoire d'accident.

Je ne veux pas être victime de vol.

Je ne veux pas être âgé et malade.

Je ne veux pas que ma voiture tombe en panne.

Je ne veux pas continuer ainsi.

Je ne veux pas payer tant d'impôts.

Je ne veux pas commettre une erreur.

Je déteste la guerre.

Vous voulez transformer toutes ces idées, bien sûr, mais, par votre réflexion, vous les maintenez en état vibratoire. Centrez votre attention sur vos appréhensions et celles-ci se matérialiseront.

C'est encore plus compliqué quand vous affirmez désirer, mais que vous émettez des vibrations d'appréhension :

Je désire mettre fin à cette relation amoureuse.

Je désire un emploi mieux rémunéré.

Je désire que le gouvernement me laisse tranquille.

Je désire sortir de la dèche.

Nous devons freiner la destruction de la forêt tropicale.

Où votre point focal se situe-t-il ? Dans chacun des cas mentionnés, il est centré sur vos appréhensions plutôt que sur vos désirs.

Si vous avez une pensée passagère d'appréhension, ça va. Par contre, si votre attention est entièrement centrée sur ce dont vous ne voulez absolument pas, cela reviendra rapidement vous hanter.

Un confort douillet

De toute évidence, personne n'est en mesure d'examiner attentivement chaque pensée pour vérifier si elle est orientée vers les désirs ou vers les appréhensions. En plus d'être superflu, cela risquerait fort de nous rendre dingues. Il faut préférablement porter attention à nos émotions qui accompagnent la formulation de ces pensées. Si ce que vous dites ou ce que vous pensez vous donne envie de voguer vers les cieux en état d'extase, vous êtes en situation de désir (et le drapeau vert est agité).

Si vous avez le sentiment d'avoir pénétré un nuage sombre et humide, vous êtes en situation d'appréhension (et le drapeau rouge est agité). En fait, si la sensation ressentie est autre qu'une douce chaleur, vous souffrez d'appréhension. N'hésitez pas à reformuler votre pensée, à restructurer votre discours, à réorienter votre point focal et à réorganiser vos sentiments jusqu'à ce que vous retrouviez ce confort douillet du désir de vibrer en toute sécurité.

Voici un bon exemple. Affirmez votre désir d'être heureux. Vous parlez de désir, mais votre point focal est plutôt centré sur une absence. En émettant cette affirmation, ressentez-vous du bien-être (J'en doute !) ou encore du bonheur ? (C'est fort peu probable !)

Bon, dites plutôt : « Je désire que le bonheur présent dans ma vie en cet instant engendre une joie absolue et renouvelable. » Comment vous sentez-vous maintenant ? Bien mieux, n'est-ce pas ?

« Je veux sortir de la dèche. » Pas besoin de chercher longtemps l'émotion jumelée. Reformulez autrement : « Je désire mettre mes talents à profit de façon agréable, satisfaisante et rentable. Je sais que c'est possible », « J'ai l'intention de consacrer davantage de temps à développer des projets amusants et lucratifs » ou encore « Je me sens vivant lorsque je suis créatif. » Il y a tout un pas émotif entre ce sentiment et celui engendré par une affirmation de type « J'aimerais sortir de… »

Toutefois, ne vous empêtrez pas dans les fleurs du tapis linguistique ; vous seriez vite déconcerté. Syntonisez vos sentiments à chaque émission d'une pensée ou à chaque énoncé. Ensuite, testez différentes affirmations. Si l'une d'elles vous donne une impression d'extrême contentement, c'est que vous êtes directement connecté à votre énergie source.

Vérifiez également les sentiments associés aux affirmations de tous les jours :

« Ouais, tout ça me dérange beaucoup. »

« Oh, oui, je suis d'accord, ce qui arrive est bien horrible. »

« Oublie ça, nous n'avons aucune chance. »

« Je suis d'accord, il représente un sérieux problème. »

Si vous n'avez pas le sourire aux lèvres ou ce doux sentiment de bien-être, cette affirmation est chargée négativement de vibrations d'appréhension. Dans ce cas, n'en parlez même pas ou renversez la vapeur.

Voici vos choix

La conscience sociale, celle qui émane de la masse, est généralement orientée vers les appréhensions. Il est injuste de blâmer autrui pour cet océan de pensées troubles dans lequel nous baignons. Combien de fois n'avez-vous pas contribué à cet océan en songeant à des événements épouvantables ? Combien de vos collègues de travail se plaignent constamment de tout et de rien ? C'est aussi une goutte de plus dans l'océan. « Oh non, c'est déjà lundi », dites-vous ! Voici encore un peu d'eau apportée au moulin des basses vibrations. Tout jaillit de nous et fait partie de notre existence.

Voici donc les choix qui s'offrent à nous : soit nous apprenons à distinguer les vibrations positives des vibrations négatives et les désirs l'emporteront sur les appréhensions ; soit nous baignons dans cet océan de détritus et nous traversons la vie à l'aveuglette, à l'instar de la masse. Les luttes, la discorde, les conflits, la maladie, bref très peu de bonheur, deviendront vite notre lot quotidien.

Ce constat est âpre, mais la solution est simple. Devenons générateurs d'idées plutôt que récepteurs ! Nous changerons ainsi de créneau et cesserons d'être à la merci des émotions d'autrui. Nous ne serons plus des passagers infortunés et vulnérables puisque nous aurons pris les commandes. Les forces extérieures n'auront plus aucune influence sur nous et le passé deviendra négligeable. Nous ne serons plus programmés par défaut. Notre vie, à l'avenir, sera entre nos mains.

En conclusion

Et la conclusion de cette histoire de prêt ? Dès que mon souscripteur m'a annoncé que le prêt avait été refusé, j'ai tiré les conclusions évidentes en constatant que j'étais dans l'eau chaude. Mes appréhensions vibraient royalement et émettaient une énergie associée qui, en plus d'avoir fait échouer cette transaction, avait déclenché une série de petits incidents en chaîne dans la voiture.

En peu de temps, j'ai changé l'attitude revêche en bonne humeur. Et je m'y suis jetée corps et âme, malgré cet échec. Bien que cela semblait sans espoir, j'ai refusé d'aborder le sujet de cette façon et j'ai réorienté mon point focal, mes sentiments, mes vibrations ; j'ai même changé de vêtements une fois rendue à la maison. (J'ai un peu forcé la note avec les vêtements.)

Le lendemain matin, j'ai reçu un appel du prêteur m'expliquant qu'il avait trouvé une façon de contourner le problème, que le prêt avait été approuvé et que le compte serait approvisionné dans les prochains jours !

Était-ce un coup de chance ? Bien sûr que non ! C'était dû au changement délibéré de mon point focal, de mes sentiments et de mon flux énergétique. J'avais déjà matérialisé mes appréhensions ; il était donc aisé de cerner mes désirs, de les ressentir et de déverser l'énergie nécessaire. Il n'est pas toujours aussi facile de redresser une situation après avoir sauté d'un avion sans parachute, mais cette fois-ci était la bonne.

La création négative a toujours été notre lot. Nous avons façonné notre univers personnel à partir d'un amas d'appréhensions, répondant ainsi à l'éternel questionnement : « Pourquoi notre vie est-elle ainsi ? », « Pourquoi ne sommes-nous pas aussi heureux que l'on aimerait, que l'on pourrait, que l'on devrait ? », « Pourquoi n'y sommes-nous jamais parvenus ? », etc.

Pourtant, tout est vraiment pour le mieux ! Tout a été parfaitement ordonné. Sans ces appréhensions, comment aurions-nous pu déterminer nos désirs ? Nous avons ainsi appris à renverser volontairement la vapeur plutôt qu'à nous en remettre au hasard.

Bref, si le ciel au-dessus de votre tête est orageux (ou simplement nuageux), souvenez-vous que vous émettez de l'énergie négative. Abritez-vous bien au chaud le temps de vibrer positivement et vous verrez le soleil réapparaître, ainsi que la matérialisation de vos désirs profonds… C'est le but ultime de notre présence ici-bas.

Quatrième chapitre

Oui, oui, tout ça !

(deuxième étape)

Puisque nous avons sondé les indices singuliers révélant que notre existence est fondée sur les appréhensions, examinons maintenant la nature et le potentiel de nos désirs.

Cela peut paraître absurde considérant que tout le monde sait ce qu'il veut dans la vie, n'est-ce pas ?

Erreur ! Les désirs sont des préceptes angoissants, méconnus et plutôt négligés. Pour la plupart des gens, y penser est plus alarmant qu'une visite chez le dentiste.

Avant même de plonger au cœur de l'univers séduisant des désirs, il est primordial de comprendre la source de la joie et de la passion, bref de ce qui donne de la valeur à notre existence. Étonnamment, ce sont les contrastes que nous tentons d'éviter qui engendrent le plaisir : ce que nous aimons et ce que nous détestons, nos désirs et nos appréhensions, etc. Aussi curieuse que cette logique puisse paraître, sans contrastes nous deviendrions probablement cinglés.

Afin de mieux saisir ce paradoxe, faites avec moi un voyage imaginaire dans une ville fictive, sur une planète imaginaire du nom de Pareilleville.

Bienvenue à Pareilleville !

La voilà, juste en dessous de nous. La région évoque la Terre avec son panorama analogue et ses habitants de type humanoïde. La planète est identique à un détail blême près, tout y est gris : le paysage, les édifices, les voitures, les animaux, les créatures… Tout est d'une même couleur, d'une teinte unique. Tout est comparable. Les êtres manquent de fougue car il n'y a aucun défi à relever, aucune barrière à ouvrir, aucun obstacle à franchir, bref aucun contraste !

Vous remarquez l'inertie des gens, cet ennui accablant ? La situation n'a rien de surprenant. À Pareilleville, il n'y a pas de décisions à prendre puisqu'elles donnent invariablement le même résultat. Chaque partenaire ressemble au voisin, tous les emplois sont équivalents… Vous comprenez le principe ? La scène est dantesque.

Qui voudrait habiter un tel endroit ? Quel en est l'intérêt ? Rien n'inspire le dépassement, le désir, la distinction, ni même l'enthousiasme. C'est précisément le type d'endroit d'un ennui mortel que nous tentons d'éviter sur Terre, où nous apprécions la diversité et la différence. L'humain est en quête, vous serez étonné de l'apprendre, de contrastes.

Voilà justement ce que nous offre cette planète Terre tridimensionnelle ; une corne d'abondance de possibilités, un terrain d'aventures où éprouver nos appréhensions afin de les récuser et de les transformer en désirs. Un adage avance que « s'il n'y avait que de la glace à la vanille, la vie serait bien fade ».

En conséquence, nous avons ici l'embarras du choix. Dans ce monde d'abondance, non seulement avons-nous la possibilité d'approfondir et de savourer nos désirs, mais aussi avons-nous le loisir de tester notre seuil de tolérance à l'épreuve et à la privation, que nous nous imposons, avant d'introduire les rêves au cœur de notre existence.

Honnêtement, nous sommes devenus experts dans l'identification de nos appréhensions, mais nous avons de la misère à définir concrètement nos désirs afin de les matérialiser pour le simple plaisir de la chose.

L'existence devrait se résumer ainsi : « Je n'aime pas ceci, mais j'aime bien cela. » Par contre, elle s'articule plutôt autour de « Je n'aime pas ceci, mais c'est ainsi. » S'ensuivent évidemment les plaintes, les rengaines, le chichi et les jérémiades face à cette infortune qui rôde dans les parages.

Alors, quelles sont vos aspirations ? Les connaissez-vous ? Osez-vous fantasmer ? Osez-vous convoiter ? Osez-vous laisser votre imagination, ce don le plus divin et le plus puissant de la race humaine, voler vers de hauts cieux ? Que voulez-vous ? Que désirez-vous profondément et sincèrement ?

La torture du désir

Il est alarmant de constater que nos expériences découlent de l'attention portée à nos sentiments. Par conséquent, il est fort naturel de croire que les désirs ne sont bons que pour les autres et que nous n'avons pas de temps à perdre à rêvasser. Notre existence est agréable, nous nous débrouillons plutôt bien ; alors, pourquoi risquer d'être déçus ?

Nous connaissons bien tous ces désirs inassouvis, tous ces endroits où nous ne sommes pas et toutes ces échelles non encore gravies. Puisque très peu de choses se sont matérialisées conformément à nos prévisions, pourquoi espérer ? La même vieille rengaine « Plus je désire, moins j'obtiens » résonne à nos oreilles. Nous y ajoutons : « Évidemment que j'ai des rêves et des désirs, mais il est peu probable qu'ils se réalisent. »

Malheureusement, notre endoctrinement nous pousse à concevoir nos désirs comme des interdits égoïstes, égocentriques et inaccessibles.

Souvenez-vous de l'époque de vos dix ans. Non seulement étiez-vous en âge d'assimiler la déception et sa douleur, mais aussi étiez-vous déjà apte à éviter ces bouleversements. Très tôt, vous avez compris que l'ardeur de votre désir déterminait la taille du chagrin en cas d'échec. Vous avez donc freiné vos désirs, faute de garantie de réussite.

Bien avant cette époque, encore gamin vous vous dandiniez vers le vase scintillant déposé sur le téléviseur et on vous intimait de NE PAS TOUCHER ! Sur une période d'environ trois ans, on vous a réitéré que ce n'était « pas bon », que vous ne « désiriez pas » ceci ou cela. On ne l'a pas fait qu'une seule fois, ni même des centaines, mais bien des milliers, statistiquement parlant. Bien avant votre quatrième anniversaire, vous y pensiez deux fois avant de formuler un « vilain » désir. De surcroît, cela ne s'est pas endigué avec le temps. « Non » par-ci et « non » par-là ou encore « absolument pas » étaient de mise. Déjà, avant même d'arriver à l'école secondaire, sous la contrainte du socialement acceptable, il vous est devenu difficile de désirer quoi que ce soit d'autre que d'obtenir votre première voiture, d'aller au bal de graduation ou de travailler pour financer vos études collégiales. Tout rêve de parcourir le monde en réfléchissant à l'avenir ou encore d'espérer devenir millionnaire rapidement était proscrit, considéré comme ridicule et illusoire. Ainsi, la majorité d'entre nous ont mis leurs passions au rancart et se sont conformés aux obligations et aux devoirs de l'âge adulte.

Cette monstrueuse proposition de vérité stipule qu'un désir en dehors des cadres sociétaux risque d'occasionner des déceptions. Nous rêvons, mais rien ne se produit. Nous rêvassons encore un peu, mais c'est toujours le statu quo. Éventuellement, nous courbons l'échine devant la réalité chimérique que tout rêve ou tout désir hors norme (parfois même cadrant dans les normes) soit néfaste. Plus nous désirons, plus nous palpons l'impossible.

En définitive, à l'exception de rêves insignifiants, prudents et accessibles, nous cessons tout simplement d'espérer. Nous trouvons ainsi asile au sein de cette triste

Pareilleville, protégés par cette croyance erronée que rêver humblement évitera d'aggraver l'épreuve en cas d'échec. Nom de Dieu, quelle drôle de façon de vivoter !

Fracasser le mur du désir

Abroger les privations de toute une vie peut sembler inquiétant puisque cela implique un changement. Toutefois, c'est un mal nécessaire pour devenir créateur intentionnel plutôt qu'accidentel. De plus, honnêtement, apprendre à désirer de façon productive (et légitime) est moins dramatique, les appréhensions faisant place aux désirs.

Il existe trois principaux types de désirs, chacun ayant sa finalité propre dans notre fichier onirique.

Les désirs authentiques

Premièrement, il y a les désirs authentiques, qui trouvent leur origine dans les appréhensions : « Je ne veux pas visiter ma belle-famille à l'occasion des fêtes ; j'aimerais plutôt... », « Je ne veux plus habiter ici ; j'aimerais plutôt... », etc.

Ce sont les plus évidents puisqu'il ne faut que tourner la page des appréhensions pour les découvrir.

Les désirs négatifs

Deuxièmement, il y a les désirs négatifs, ceux qui doivent être permutés avant d'être récusés. Ils sont reconnaissables aux émotions fades qui les accompagnent puisque vous ne pourrez être satisfait tant que la mise au point de votre intention ne sera pas effectuée. « Je veux être bien » traite davantage de l'absence de bien-être. C'est un désir négatif. « Je veux être riche » est du même acabit. Ces deux désirs procèdent d'un manque et engendrent l'inconfort. Les désirs négatifs sont des appréhensions parfois difficiles à reconnaître si vous n'êtes pas en synchronie avec vos sentiments.

Supposons que vous souffriez d'embonpoint et que vous désiriez perdre du poids. Peut-être diriez-vous naïvement : « Je veux être mince. » Ce désir négatif ne pourra jamais, au grand jamais, générer un sentiment agréable. Il provient d'une impatience, d'un ardent désir ou encore d'un vœu plat... qui ne sont qu'énergies négatives. Ce désir est issu d'un besoin fécondé par la peur plutôt que par l'excitation.

Évidemment, nous ne désirons pas ce que nous possédons déjà. Toutefois, si vous ne songez qu'à l'absence, rien ne se produira puisque votre point focal est axé sur le manque.

Si l'objet de vos désirs – et votre façon de l'aborder – ne vous enchante pas, il s'agit d'un désir négatif qu'il faut transformer en intention positive, en rêve obstiné.

Les désirs légitimes

Troisièmement, il y a ce dernier type de désir que j'appelle « légitime » pour la simple et bonne raison que nous y avons droit, peu importe qu'il soit autorisé par la religion, les parents, les amis ou les collègues. Nous avons droit, en vertu de notre existence, de tester nos habiletés créatives de quelque façon que ce soit. En tout temps, nous avons droit de métamorphoser en désir n'importe quelle appréhension. De surcroît, si cela nous plaît, les autres seront probablement aussi satisfaits... sinon, tant pis.

Grâce aux désirs légitimes, nous sortons finalement du placard des obligations et des devoirs et nous prenons les rênes de notre propre existence !

Toujours grâce à eux, nous découvrons qu'il est non seulement approprié et convenable, mais essentiel, de désirer n'importe quoi, n'importe où, en n'importe quelle quantité, n'importe comment et n'importe quand. Ces désirs font fi des files d'attente, s'échappent de Pareil-leville et vibrent en synchronie béate avec notre moi authentique. Il n'y a qu'une seule raison de désirer, et c'est de bonifier notre sentiment de bien-être.

Oui, oui, je sais. Tout cela semble un peu austère, inconsidéré, voire grossièrement égoïste, mais suivez bien mon raisonnement avant de tirer des conclusions hâtives et vous constaterez que cette scandaleuse approche de la vie profitera également à votre entourage.

Les désirs nécessaires

À la question « Que désirez-vous ? », vous répondez « C'est facile, assez d'argent pour régler mes factures, assez de temps pour prendre soin de mes enfants, une jolie maison, un emploi qui me plaît, un partenaire aimant avec qui tout partager et la santé. Je ne détesterais pas non plus une voiture neuve. »

C'est un début, mais ce n'est que ça, un bon début ! En effet, pour la plupart des gens, obtenir toutes ces choses

manifestement extraordinaires s'avère paradisiaque !
Pourtant, pour déclencher ce pouvoir passionnel permettant d'osciller en état d'extase plus près de notre moi authentique, nous devons enjamber le convenu, aller bien au-delà...
Alors, que désirez-vous de plus ?
Oui, bien sûr, les désirs évoluent dans le temps. Vous avez sûrement passé l'âge de vouloir un poney pour votre anniversaire (hum, probablement...) ou une rutilante voiture pour sillonner la rue principale le samedi soir.
Pourtant, il y a en vous tout un inventaire de rêves trop longtemps négligés. Quels sont-ils ? Quand avez-vous osé pour la dernière fois humer leur alléchant parfum ou partager leur aventure exotique au pays des songes ?
Quelles sont vos envies, vos ambitions, vos aspirations secrètes les plus insignifiantes, les plus grandioses, les plus anciennes, les plus récentes... celles qui semblent si audacieuses, si irréalisables, si inaccessibles que vous n'avez jamais même osé les prononcer du bout des lèvres pour en faire part à qui que ce soit, pas même à Dieu ? Quelles sont-elles ? Quels désirs refoulez-vous ?
Notre planète n'est pas Pareilleville ! Nous apprécions les contrastes. Nous sommes sur Terre pour apprendre à manifester nos désirs, pour développer notre jugement et pour cultiver l'étrange art d'espérer qui déclenche les passions. Cependant, nous nous sommes embourbés dans le savoir-faire inutile d'accumuler assidûment les appréhensions.

Nous sommes sur Terre pour créer nos désirs, pour réaliser nos rêves, pour prospérer et pour porter à son apogée l'expérience exquise d'être vivants.

Nous sommes sur Terre pour expérimenter le bien et le mal et pour choisir les désirs au détriment des appréhensions.

Allez-y donc !

Sortez vos précieux rêves de cette vieille armoire bondée, époussetez-les avec soin et observez-les sous toutes leurs coutures.

Oubliez qu'ils sont audacieux.

Oubliez qu'ils sont excessifs ou invraisemblables.

Oubliez qu'on croira que vous avez perdu la boule.

Oubliez qu'on vous accusera peut-être d'égoïsme.

Oubliez tout ça !

Les désirs sont non seulement un droit, mais aussi une condition préalable à une vie d'abondance.

Le mérite avant tout !

Maintenant, voici une nouvelle renversante : vous n'avez aucunement besoin d'être digne de quoi que ce soit pour que vos rêves se matérialisent.

Vous n'avez rien à prouver, rien à attester, ni rien à démontrer ; vous n'avez même pas à passer d'examen de conscience.

Vous n'avez aucune explication à fournir, ni aucune excuse à présenter devant votre famille, devant vous-même ou devant Dieu.

Vous n'avez pas à être plus honorable, plus méritant, plus digne de foi ou plus honnête que vous ne l'êtes présentement.

Vous n'avez qu'une seule décision à prendre, celle d'être heureux.

Par contre, ce chemin ne sera parcouru qu'une fois que vos désirs, vos rêves, vos envies et vos ardeurs sortiront complètement du placard, plutôt que de seulement se pointer le bout du nez !

À l'instar de ces talents cachés, ceux que vous n'osez pas afficher, le désir doit faire partie intégrante de vous et son existence doit être légitimée. Ensuite, vous pourrez vous amuser ; le bonheur déferlera. Vous vibrerez autrement puisque, quand la joie et la vie sont en synchronie, il est impossible de vibrer négativement, leur pouvoir d'attraction étant positif.

Animé de joie de vivre, vous ne pourrez ressentir l'insécurité, la honte, l'indignité, le danger, la culpabilité ou une quelconque infériorité puisque vous n'oscillerez pas à leur fréquence. Vous ne pourrez donc pressentir l'absence, ni même la magnétiser.

La seule conséquence du déchaînement de vos désirs sera une explosion de joie, d'abondance et de liberté au sein de votre existence. Le prix du rêve est donc bien peu, ne croyez-vous pas ?

De plus, l'objet de convoitise n'a aucune importance ! Choisissez vos aspirations en fonction du bonheur qu'elles vous apportent et intégrez-les à votre vie. Rêvez de joie, de plénitude ou de frivolité, mais RÊVEZ !

Avoir des désirs n'est pas plus péché que de respirer. Plus jamais vous n'aurez à justifier vos désirs. En synchronie avec votre énergie source, vous ne pourrez pas justifier, défendre ou rationaliser quoi que ce soit, puisque ces déversements sont négatifs.

Ne justifiez plus rien, à personne, quel que soit le degré d'autorité, et pas plus à Dieu. Procéder ainsi équivaudrait à tourner le dos à votre énergie suprême, à renier du coup votre propre existence, votre droit légitime à la vie. Contrairement à la croyance populaire, obtenir le bonheur est un droit légitime.

Laissez-vous donc aller à rêver. Chaque instant de chaque jour, vous modelez votre existence selon vos pensées et vos vibrations, aussi bien la créer à votre gré.

Obstinément vôtres

L'une des meilleures façons de découvrir ces désirs enfouis est de faire semblant. Souvenez-vous de ceci, pour matérialiser vos aspirations, il faut désirer et ressentir, sans explications, sans excuses et sans justifications.

Votre défi est d'outrepasser le stade des obligations, de la censure et des interdits pour accéder aux frissons et à la passion de la vie.

Imaginez que c'est le temps des fêtes. Orné d'une fausse barbe et accoutré d'un oreiller en guise de ventre, vous personnifiez le père Noël au centre commercial. Vous écoutez tous ces petits réciter rapidement leur longue liste de vœux socialement acceptables. Après un certain temps,

vous décidez de répandre un peu de poudre magique afin
que les enfants de tous âges vous révèlent leurs désirs
inavoués, voire inadmissibles.

Un joli bout de chou d'environ six ans grimpe d'abord
sur vos genoux. Elle énumère quelques jouets annoncés à
la télévision, des trucs habituels comme une poupée ou un
chiot, voilà tout. Il n'y a rien d'inaccoutumé.

Vous saupoudrez un peu de cette poussière mystérieuse
et le tour est joué. La fillette veut une vraie balançoire pour
le jardin, un papa qui soit plus souvent à la maison, une
maman qui joue plus avec elle, quelqu'un – n'importe qui
– pour croire aux anges de la chambre à coucher et
quelqu'un pour régler tous les problèmes. Oh, et puis
beaucoup de petits frères et de petites sœurs, s'il vous
plaît. Elle s'enfuit ensuite, rayonnante.

(Vous souvenez-vous des désirs secrets de vos six
ans ?)

Ensuite vient le tour d'un jeune dégingandé de dix-huit
ans, s'amusant de l'expérience et se prêtant allègrement au
jeu.

– Bon, bon, qu'aimerais-tu que le père Noël t'offre
cette année ?

Encore une fois, quoique l'adolescent soit d'humeur
badine, la liste est d'une alarmante brièveté.

– Hum, je voudrais cette voiture neuve que vous avez
dans votre sac, père Noël. Je ne détesterais pas non plus
quelques milliers de dollars en argent de poche. De plus, si
vous aviez une idylle brûlante pour moi dans votre
traîneau, je ne refuserais pas !

Vous y allez d'un bon saupoudrage, le jeune se détend et vous baragouine cette fabuleuse énumération de désirs légitimes en regard de sa carrière, de ses amis, de sa réussite future, de la renommée, des vêtements, des conditions de vie, de la famille, d'un yacht et du bonheur authentique, « quoi que cela signifie ». (Vous souvenez-vous des désirs secrets de vos dix-huit ans qui ont été claquemurés en cours d'adaptation au monde réel ?)

L'adulte se présente en dernier, s'installant avec désinvolture sur les genoux du père Noël sous le regard amusé des enfants.

« Et vous, mon ami, que désirez-vous ? », lui demandez-vous avec conviction. Vous constatez avec consternation que sa liste est la plus brève de toutes, comme si ses rêves et ses espoirs s'étaient évanouis. Il y a bien la nouvelle maison, la voiture neuve, cette remarque irrévérencieuse à propos d'un éventuel gain à la loterie, mais c'est tout. Sans plus tarder, vous utilisez votre poudre fabuleuse, mais en vain. Vous en ajoutez une pincée, toujours rien. Vous décidez donc de vider votre sachet.

Tout doucement, comme extirpé des bas-fonds océaniques, un premier commentaire émerge au sujet d'un rêve d'ouvrir une pâtisserie. Un désir d'apprendre à jouer du piano se pointe illico. Après une pause, on apprend que le type aimerait prendre des cours d'horticulture au collège voisin et bâtir un type particulier de voilier. Il s'anime… Il rêve d'aider financièrement un ami à ouvrir son école de danse, d'installer une porte de garage automatique et de vivre dans une élégante demeure, surplombant les eaux turquoise, dans une île des Caraïbes.

Il est maintenant déchaîné. D'autres désirs fusent à propos d'aborder ces rêves avec un partenaire, d'ouvrir un camp d'été pour petits citadins, de se sentir en sécurité en zone de tremblement de terre, d'oser prendre la parole en public, d'améliorer les relations familiales, d'être plus affectueux, et ainsi de suite. Toute la poudre y est passée, mais la digue qui retenait ce déferlement de rêves oubliés a finalement cédé.

Quels rêves avez-vous mis de côté ? Vos ambitions, vos objectifs négligés, même votre désir le plus anodin... quels sont-ils ?

Deuxième étape – L'identification du désir

Qui est premier ?

Dans les années quarante, le duo comique adulé Abbott et Costello avait une routine infaillible qui est depuis devenue un classique. Il s'agit du numéro « Qui est premier ? » qui allait comme suit : « Hum, Qui est premier. »

– Bien, si Qui est premier, alors Qui est second ?

– Non, Qui n'est pas second, il est premier. Lequel est second.

Le spectacle s'étirait ainsi jusqu'à ce que le public fonde en larmes. Aujourd'hui encore, je me tiens les côtes à deux mains chaque fois que je vois une reprise télévisée de ce numéro.

Bon, si l'on pousse notre paradoxe actuel à son paroxysme, cela peut paraître aussi insensé que cet exemple humoristique. Voyons un peu.

Si je prends toutes mes appréhensions (qui me rendent malheureux) et que je les métamorphose en désirs (qui devraient me rendre heureux), j'obtiens tout de même un manque (qui me rend tout aussi malheureux), ainsi qu'une impression de forte improbabilité (qui me rend encore plus misérable qu'au début de cet exercice idiot) !

Hum, cette situation est des plus complexes puisque, si vos aspirations étaient réalisées, vous ne les désireriez pas.

Ainsi, l'acte même de désirer entraîne dans son sillon un flagrant manque. Comment diable pouvez-vous être heureux dans ces circonstances ?

C'est impensable, du moins tant que vous convoitez à l'ancienne.

Le dilemme tient au fait que nous croyons que le fardeau de l'acquisition des désirs repose uniquement sur nos épaules, qu'il nous faille comprendre comment l'obtenir, comment trouver le financement, comment s'y prendre et comment matérialiser tout ça. Dès lors, nos pensées imminentes sont du genre « Tant pis, c'est carrément impossible », ce qui met invariablement terme aux désirs. Cette résolution simpliste est directement issue d'un mode de pensée archaïque.

La clé du désir

La clé pour obtenir tout ce que votre cœur désire, sans aucune restriction, est d'être ravi de vos rêves, sans devenir impatient, languissant, brûlant de désir, soupirant ou découragé. (Souvenez-vous que le besoin vient de la peur tandis que le désir tire son origine de l'excitation. Les deux oscillent à des pôles vibratoires diamétralement opposés.)

Nous nous retrouvons donc dans une impasse. Nous vibrons de désir, ce qui entraîne nécessairement un malaise qui est à la fois dû au manque et à ce sentiment d'impuissance face à la situation.

La solution, c'est la métamorphose des sentiments !

En oscillant, centrez votre pensée sur une idée jusqu'à l'émergence d'une émotion, quelle qu'elle soit, agréable ou non. Qu'elle agite un drapeau rouge ou vert n'a aucune importance. Ensuite, concentrez-vous sur ce sentiment. S'il s'agit de déprime plutôt que d'énergie, de découragement plutôt que de stimulation, vous songez davantage à l'absence qu'à la matérialisation de vos aspirations. Vous évoquez le manque de votre désir.

Par ailleurs, si vous ressentez le moindre picotement d'excitation ou une douce chaleur, vous êtes sur la bonne voie.

Le processus global de création délibérée tend vers la décentralisation de nos pensées sur les appréhensions et leur concentration sur les désirs, tout en maintenant le cap vibratoire. À cette étape, notre tâche consiste à trouver le moyen d'aborder les désirs agréablement plutôt que de façon déplaisante, même s'ils sont loin d'être réalisés et que nous n'entrevoyons même pas le début de la fin.

Donc, il s'agit de transformer l'abattement en illumination chaque fois qu'un désir surgit. Ainsi, nous outrepassons sur le plan vibratoire les sentiments décourageants canalisés par le manque de l'objet de convoitise.

Gai comme un pinson

Il est établi que, pour transformer une appréhension en désir, il est préférable de se sentir extraordinaire plutôt que chagriné. De plus, le processus est le même qu'il s'agisse d'un vieux rêve poussiéreux oublié dans le placard depuis belle lurette ou d'un jeune désir fringant.

Voici donc comment se sentir bien, formidable en fait, à propos de ce qui nous fait défaut, qui nous semble inaccessible, que nous ne croyons pas mériter, que nous ne pouvons nous permettre et qui est trop complexe pour qu'un cerveau fatigué le conçoive de toute façon. Voici la composante fondamentale de la loi de l'attraction qui garantit d'attirer des désirs plutôt que des appréhensions :

Une fois le désir déterminé, repérez la source de son émotion, tout en restant à distance du manque de l'objet convoité.

Autrement dit, ressentez le plaisir, jubilez à l'idée de nager (si vous ne le savez pas déjà), plutôt que d'être gêné chaque fois que tout le monde se précipite à l'eau, sauf vous.

Ressentez le plaisir, jubilez à l'idée d'un nouvel emploi plutôt que de constamment rouspéter à propos de celui que vous occupez présentement et dont vous vous sentez captif.

Ressentez la fierté, jubilez à l'idée de l'accomplissement tandis que vous approchez de l'estrade pour recevoir votre diplôme bien mérité, même si vous n'êtes pas encore inscrit au programme.

Ressentez le plaisir, jubilez à l'idée de rencontrer un nouveau partenaire et de passer d'agréables moments ensemble.

Ressentez le plaisir, jubilez à l'idée de posséder votre propre avion ; ressentez la joie et la fierté de piloter en compagnie d'amis et de parents.

Voilà, vous vibrez dorénavant en synchronie avec votre moi authentique. Vos désirs sont joyeusement inclus dans vos vibrations, magnétisant à tout venant et s'amplifiant chaque fois que vous en percevez la présence pendant au moins seize secondes. Vous êtes libéré des pulsations négatives de la conscience sociale ; des vibrations de bonheur, les seules énergies aptes à magnétiser vos désirs, y ont fait place.

Dans cet espace, vous et vos aspirations oscillez en harmonie. Plutôt que d'agiter des drapeaux rouges et de vibrer en synchronie avec le manque (ce qui ne ferait qu'accentuer la carence), vous agitez des drapeaux verts et palpitez en concordance avec vos désirs, qu'ils soient déjà matérialisés ou non.

Tant que vous ne perdrez pas trop de temps à vous inquiéter des raisons qui font que votre désir tarde à venir, cette vibration élevée, agréable, vivante, énergique et enflammée que vous ressentez prendra vie devant vos yeux.

Tout ce qu'il faut se résume à de bons sentiments. Voilà un élément essentiel de l'existence que nous semblons avoir oublié d'étreindre régulièrement.

La raison avant toute chose

Afin de matérialiser un rêve, il faut maintenir le flux énergétique pour insuffler le plus d'ondes positives possible. Aborder les raisons du désir est une excellente façon d'y parvenir. Les rêves définissent la situation, mais ce sont les raisons qui alimentent la pile évolutive.

Similairement, demandez à un amateur de viande saignante la raison de ce penchant. Inclinant la tête, les yeux fermés, il s'évadera au pays des plaisirs gourmands afin de décrire la saveur, le goût du sang, la douce texture, tout en se laissant emporter par l'arôme capiteux. Ainsi, ses émotions et ses vibrations seront en éveil grâce à ce « Pourquoi ? » anodin.

En réfléchissant aux raisons d'un désir, vous glissez doucement dans l'émotion ; l'excitation et l'enthousiasme s'emparent alors de vous. Ainsi, vous créez davantage d'intervalles de seize secondes déversant de l'énergie magnétique survoltée plutôt que de simplement affirmer votre désir.

De plus, en formulant vos raisons, vous injectez au désir une surtension indispensable. À l'instar d'une voiture dont la batterie serait à plat, tant que vous ne survolterez pas votre rêve, vous n'irez nulle part. Sans survoltage, le démarrage est impossible ; sans exaltation, il n'y a pas de magnétisme et, sans ce pouvoir d'attraction, la matérialisation du désir tient de l'utopie.

L'éternelle justification

À l'occasion de l'un de mes séminaires de fin de semaine, une femme s'est exclamée : « Bon, je comprends que mon intérêt est centré sur l'absence, mais je ne peux trouver qu'une seule raison. »

– O.K. quel est ton désir ?

– Je désire une maison de campagne à proximité de l'océan. (Aucune exaltation !)

– Pourquoi ?

– Parce que je déteste être enfermée dans la maison tout l'été.

– Ah, ah ! voici une appréhension de taille ! Y aurait-t-il d'autres raisons ? Pourquoi ne veux-tu pas rester à la maison tout l'été ?

– Parce que j'aime la sensation de détente et de relaxation d'une maison de campagne. Et la liberté, oui, j'aime la liberté.

– Bien, tu commences à établir la connexion ; poursuivons. Pourquoi aimes-tu la liberté ?

– Ça me fait me sentir bien… et heureuse. Hum, je me souviens de ce sentiment de bonheur lorsque j'étais jeune et que nous étions dans notre maison de campagne. C'était une émotion extraordinaire.

– Maintenant ça y est ; continue… À quoi ta maison de campagne ressemble-t-elle ?

– Bien, c'est une résidence d'été cendrée comme celles de Cape Cod, défraîchie par le temps mais si chaleureuse. Et les ornements sont blancs, de cette blancheur nette qui me plaît tellement.

– Continue… Est-elle en bordure du plan d'eau ?

– Bien sûr, juste derrière les dunes.

– Pourquoi veux-tu être si près de l'océan ?

– Parce que c'est relaxant, même par temps orageux. Je m'y sens authentique et vivante. Je peux y peindre, voir le soleil se coucher, me perdre dans la vastitude. Bref, je m'y sens revivre.

Enfin, cette dame était dans le feu de l'action ! Son flot déferlait et sa fréquence vibratoire s'élevait, se rechargeant magnétiquement de ce désir qui s'intensifiait à chaque nouvelle idée. Je la questionnais sans arrêt ; elle continuait à me déballer ses raisons. Avec chaque nouvelle justification, sa fréquence planait davantage. Le désir faisait dorénavant partie d'elle ; il était incorporé à ses vibrations.

Questionnez-vous sans relâche sur les raisons de votre désir, même si vous croyez en avoir fait le tour et n'avoir plus de réponses à fournir. Incessamment, vous serez au pays des merveilles et vous vous sentirez extraordinairement bien. De là, vous serez en mesure de matérialiser votre rêve.

Maintenant, n'oubliez pas qu'il faut miser sur la volonté pour maintenir cet état vibratoire aussi longtemps que possible, peut-être même jusqu'à une demi-heure, voire toute une journée. Toutefois, quelques minutes suffiront pour lancer le tourbillon d'énergie. Souvenez-vous que de seize secondes en seize secondes des pensées de fréquences sœurs s'agglutinent les unes aux autres en un maelström énergétique. Finalement, si au cœur de votre apothéose vous glissez vers des pensées du type « Oublie ça, c'est un rêve inaccessible », songez à quelque chose d'agréable, relancez votre moteur et vous outrepasserez rapidement ce drapeau rouge.

N'oubliez pas que l'univers ne réagit en tout temps qu'aux vibrations, non pas aux paroles prononcées, ni au mérite, ni à ce qui nous serait soi-disant destiné.

Avant même que vous ne vous en rendiez compte, l'univers répond à vos vibrations par des petits signes, par d'incroyables petites coïncidences. Toutes ces pièces fabuleuses nécessaires à l'assemblage viennent invariablement vers vous pour former un tout dont vous êtes le pivot. Vous vivez alors ce rêve apparemment inaccessible.

Toutefois, avant que cela se produise, vous devrez le goûter, le ressentir, le humer et saliver d'anticipation. Vous devrez en parler jusqu'à ce que vous vous sentiez présent et en discuter encore jusqu'à ce que ces sentiments animés, les éléments essentiels de la troisième étape, viennent aisément à vous.

Troisième étape – L'immersion dans l'émotion du désir

La soupape magique

L'une des meilleures descriptions de l'énergie du bien-être est l'analogie de la soupape, une soupape semblable à celle que l'on retrouve au bout d'un tuyau de pompe à incendie. Nous sommes la lance, et le tuyau de pompe à incendie est l'aqueduc de notre flux énergétique source, cette partie de nous plus grande que nature à laquelle nous sommes à jamais unis.

Ce flot d'énergie métaphysique tient de notre vraie nature, cette insondable force de joie, d'abondance et de sécurité. La plupart du temps, nous nous tenons à distance de cet important débit énergétique. Pourquoi ? Parce que l'énergie négative entrave l'ouverture de notre soupape.

Par contre, quand nous sommes en synchronie, en état de fébrilité et de bonheur, cette soupape ouverte permet à un flot vibratoire élevé de se déverser en nous. Alors seulement, nous sommes vivants, enchantés, ardents, énergétiques, animés, allumés… bref, heureux.

À l'instar de la pression d'eau de notre tuyau, l'énergie est toujours présente, mais nous devons délibérément et intentionnellement entrebâiller cette vieille soupape rouillée si nous désirons que notre énergie source à haute fréquence se déverse librement.

Une soupape ouverte (un sentiment de bien-être) signifie qu'une énergie positive circule vers nous, en nous et à partir de nous, et que nous créons intentionnellement.

Une soupape fermée (le contraire du bien-être) signifie qu'une énergie négative circule, que nous résistons au flux naturel et que nous créons par défaut.

Évidemment, il n'est pas nécessaire d'être au septième ciel à cœur de jour. Cette soupape, même entrouverte, laisse instantanément pénétrer un flot vital. En trouvant le moyen de nous sentir un tantinet mieux qu'auparavant, un sentiment à la fois, nous entamerons le processus de renversement d'une vie entière d'attraction négative.

L'intentionnalité

Après avoir étalé vos désirs au grand jour, il reste une étape cruciale à franchir, celle de les transformer en intentions. Puisque le mot « désir » risque encore de faire éclater des cloques émotionnelles, « l'intentionnalité » résonne bien mieux à nos oreilles.

Avoir l'intention, c'est comme une sorte d'alliance entre le désir et l'attente. Pour enclencher le processus, il faut d'abord avoir l'intention d'accomplir de petites choses à cœur de jour. En plus d'être un exercice précieux et de mettre rapidement à jour des évidences, cela ouvre de nouvelles voies énergétiques, supérieures et essentielles, qui n'ont jamais été accessibles auparavant. De surcroît, chaque nouveau canal achemine davantage d'énergie source. Le bien-être est ainsi plus accessible, ce qui en retour vous rend plus réceptif à l'énergie supérieure, et ainsi de suite.

L'intentionnalité quotidienne développe ces nouvelles issues où circule l'énergie. En façonnant notre intentionnalité, nous déversons davantage d'énergie à haute fréquence et le canal se transforme rapidement en voie à double sens ; plus nous l'empruntons, plus nous matérialisons. Cela nous enveloppe d'une sorte de gaine protectrice, telle une couverture de sûreté, et nous risquons moins de dévier vers de vieilles croyances qui concrétiseraient nos appréhensions.

Je m'astreins à développer continuellement de petites intentions. J'ai l'intention d'arriver à destination en toute sécurité. J'ai l'intention d'être ponctuelle et de me sentir bien. J'ai l'intention de trouver un bon espace de stationnement. J'ai l'intention de me sentir à l'aise dans mes vêtements. J'ai l'intention de conclure une entente. J'ai l'intention de maintenir mon compte bancaire à flots. J'ai l'intention de connaître une joie de tout instant (ce qui n'est pas une mince affaire). J'ai l'intention d'aider mes clients à se sentir à l'aise. Si ma soupape est entrouverte tandis que je formule mes intentions, ces dernières se réaliseront assurément.

Dans l'ensemble, si votre intention de la journée est de ressentir de la joie, aucune émission télévisée ne pourra vous bouleverser. Si votre intention est que votre nouvelle cuisine soit aménagée sans difficulté, c'est ce qui adviendra, à moins que vous n'ayez obstrué votre soupape. Si votre intention est de terminer la récolte avant l'heure du souper, tout ira comme sur des roulettes.

En transformant chaque désir fondamental en énoncé d'intentionnalité et en ressentant la puissance émergente, nous obtenons des résultats stupéfiants.

« J'ai l'INTENTION de déménager l'an prochain ! » signifie « Je n'ai aucune idée comment cela se produira, mais je sais que j'y parviendrai puisque j'y suis déterminée ! »

J'ai l' INTENTION de m'engager dans une nouvelle relation amoureuse.

J'ai l' INTENTION d'apprendre les danses sociales.

J'ai l'INTENTION d'avoir un compte bancaire bien garni.

J'ai l' INTENTION de trouver le bonheur dans tout ce que j'entreprends.

J'ai l' INTENTION de me faire de nouveaux amis.

J'ai l' INTENTION de développer une relation spirituelle plus profonde.

Vous devez ressentir la puissance de l'affirmation, son autorité, sa force ; sentir le nerf de l'énergie, bref pressentir l'aboutissement de l'intention.

Toutefois, faites preuve de prudence. L'intentionnalité est une force brute dont il ne faut pas abuser. Il ne faut surtout pas qu'elle devienne une habitude blasée.

L'audace du désir

Que vous optiez pour l'intention ou pour le désir, laissez tomber vos barrières et foncez !

Osez désirer, osez rêver de nouveau, osez sortir vos vieux rêves du placard et les dépoussiérer.

Autorisez-vous à désirer. En fait, forcez-vous à désirer. Ensuite, choisissez un petit désir anodin et parlez-en jusqu'à ce que le déclic se produise et que vos émotions soient en ébullition. En très peu de temps, des manifestations physiques surviendront et, je vous le garantis, vous en serez stupéfait.

Analysez les rêves et les appréhensions de votre vie actuelle. Ensuite, laissez tomber la culpabilité et faites gronder votre moteur. Le désir engendre la passion et celle-ci apporte la joie qui entraîne davantage de désir, créant ainsi l'intentionnalité. Vous êtes à la fois metteur en scène et acteur. (Ne vous préoccupez pas d'être l'ingénieur qui doit comprendre comment tout s'enchaîne ; ce n'est plus votre boulot.)

Désirez des choses matérielles, bien sûr, mais attaquez-vous aussi à des universalités immatérielles :

Je désire que la joie me transporte.
Je désire que ma famille soit heureuse.
Je veux savoir que tout ira pour le mieux.
Je désire un plus grand sentiment de liberté.
Je veux savoir que j'ai des choix.
J'ai l'intention d'avoir plus de choix.
J'ai l'intention d'avoir confiance que tout ira pour le mieux dans le monde.
J'ai l'intention d'apprendre à créer délibérément.
J'ai l'intention d'apprendre à gérer mon énergie.
J'ai l'intention d'être conscient de ma résistance.
J'ai l'intention d'être conscient de mes sentiments.
J'ai l'intention de profiter pleinement de la vie.

J'ai l'intention de m'amuser davantage.
J'ai l'intention d'avoir le cœur plus léger.
J'ai l'intention d'être en synchronie avec mon énergie source.

L'idée est de surpasser les stigmates du désir, de foncer, d'oser convoiter tout ce qui peut nous apporter la joie, puisque le désir annonce la prise en charge. Le désir est création ; le désir et sa manifestation sont votre raison d'être. En cela seulement réside la véritable richesse.

Cinquième chapitre

À bas les conditions !

Le processus de création délibérée est somme toute assez simple, mais il n'est pas toujours facile. Du moins, pas au début. En fait, j'aurais plutôt tendance à dire que c'est l'enfer. Toutefois, lorsque vous avez finalement compris comment canaliser et faire circuler votre énergie, que vous en constatez le résultat incontestable, cela devient presque un jeu d'enfant.

Avant d'aller plus loin, résumons brièvement les quatre étapes de la création délibérée.

Nous avons approfondi la première étape :
L'identification de l'appréhension

Nous avons abordé la deuxième étape :
L'identification du désir

Nous avons survolé la troisième étape :
L'immersion dans l'émotion du désir

Maintenant, plongeons au cœur de cette troisième étape qui est d'apprendre à apprécier un désir inassouvi.

Évidemment, nous avons tendance à penser que « Quand telle chose se produira, je serai heureux », que « Quand j'aurai la taille idéale, je serai bien dans ma peau » ou encore que « Quand je gagnerai plus d'argent, je ne serai plus stressé. » C'est le vieux symptôme du « Pour être heureux, il faut régler quelque chose. »

Cependant, c'est exactement ce type de réflexion qui a rendu votre existence si ardue. Quand les circonstances ne font pas notre affaire (ce qui est souvent le cas), notre première réaction est de chercher une solution matériellement belliqueuse pour les supprimer, s'en libérer, les réparer ou les corriger. Nous sommes, après tout, de nature organique. Vous n'aimez pas ceci ni cela ? Il n'y a pas de problème ! Bing, bang, c'est réglé !

Par contre, si nous ne parvenons pas à résoudre le problème, s'il est trop gros ou trop accablant, nous devenons mécontents et frustrés. Vous connaissez déjà le résultat de ce scénario. Avec l'énergie de notre mécontentement et de notre frustration, nous avons simplement attiré beaucoup plus ce que nous tentions désespérément d'éviter.

La sécurité d'abord

Liz, ma copine d'université, a vécu pendant des années avec son mari dans un secteur aisé de l'Arizona, élevant deux enfants et travaillant bénévolement pour des organismes humanitaires. Récemment, à la suite du décès de son mari Clint, Liz a dû prendre des décisions difficiles. Elle n'avait pas travaillé depuis trente ans, mais elle se voyait maintenant obligée de gagner sa vie puisque, à peine trois ans avant le décès de Clint, la famille avait emménagé dans une vaste résidence qui nécessitait d'importants paiements, tandis que les capitaux propres se faisaient rares. Donc, l'idée de vendre la nouvelle demeure pour acheter une plus petite maison aux paiements moindres était hors de question. De surcroît, Clint avait laissé une bien piètre assurance-vie.

Sans avertissement, Liz s'est donc retrouvée entre l'arbre et l'écorce. La somme récoltée par la vente de la maison ne permettrait pas d'investir dans une demeure de taille plus modeste. En la gardant, elle se retrouvait avec des paiements insensés. Évidemment, les enfants ont proposé leur aide, mais ce soulagement ne serait que temporaire.

Le talent de Liz tenait à son œuvre artistique. C'était une aquarelliste accomplie et ses tableaux illustrant le désert de l'Arizona étaient un pur délice. Elle n'avait jamais vendu de toiles, sauf à des amis, mais elle se retrouvait maintenant devant la séduisante perspective (pour ne pas dire la nécessité) de devenir une artiste professionnelle à temps plein. Étant une personne de caractère, elle a décidé de foncer, malgré les protestations de ses enfants qui pensaient qu'elle devait trouver un emploi plus traditionnel, comme celui de vendeuse au détail.

Entre l'héritage, de maigres économies et ce qu'elle avait emprunté à ses enfants, Liz avait suffisamment d'argent pour survivre environ une année. Toutefois, chaque fois que nous discutions, j'entendais : « Ça alors ! Je n'ai encore rien vendu, je ne suis plus certaine d'avoir pris la bonne décision. Si je ne vends pas une toile bientôt, qu'adviendra-t-il de moi ? »

Liz n'était pas adepte du flux énergétique, et cela ne l'intéressait guère. Elle écoutait poliment mes suggestions parfois intempestives de cesser de se concentrer sur les conditions négatives actuelles (l'absence de vente) et de se recentrer sérieusement sur ses désirs et les émotions liées. Nous discutions régulièrement et, chaque fois, Liz répétait qu'elle ne croyait pas pouvoir tenir le coup bien longtemps et qu'elle s'inquiétait de ne pouvoir se concentrer sur sa peinture. Terrifiée, elle se demandait ce qu'elle devait faire.

Un bon jour, n'en pouvant plus, j'ai explosé. Pour aider ma très chère amie, j'ai opté pour la méthode forte et je me suis adressée à elle doucement, posément, mais avec fermeté.

« Ma chère, si tu veux couler ton propre navire, vas-y. Ce n'est pas mon problème. Complais-toi dans ta misère et surtout ne m'appelle plus pour me raconter tes ennuis. Tu pourrais les métamorphoser dans le temps de le dire en cessant de te morfondre. Alors, téléphone-moi quand tu seras prête. Je suis sérieuse, je ne veux pas avoir de tes nouvelles tant que tu ne seras pas prête à prendre les rênes de ta vie. »

Je me sentais un peu rustre, mais je refusais d'être un maillon de sa chaîne de souffrance. Durant trois semaines, il n'y a rien eu à signaler sur le front de l'Arizona. Quand l'appel est entré, j'ai eu envie de pleurer. « Tu as gagné, je me rends. Que dois-je faire ? » m'a-t-elle avoué le plus sérieusement du monde. D'abord, je l'ai enjointe à me raconter ses appréhensions. Elle avait peur de perdre la maison, de perdre le respect de ses amis et de ses enfants, de laisser échapper l'occasion de peindre professionnellement, etc. Ensuite, nous avons abordé ses désirs, un à la fois. Nous avons dirigé notre attention en priorité sur la maison, car c'était le plus urgent... de concert avec tout ce qui touchait aux finances. Liz ne parlait que de ça puisqu'elle y pensait constamment. Ses toiles ne se vendant pas, l'argent était dépensé plutôt que gagné.

– Bon, Liz, la première chose à faire, c'est d'améliorer ton humeur et de modifier tes vibrations.

– Me sentir bien ? Ça ne va pas la tête ? Comment pourrais-je me sentir bien à la veille de tout perdre ce que Clint et moi avons bâti ? Voilà précisément pourquoi je t'appelle, pour savoir comment vendre mes toiles. Si les ventes allaient d'elles-mêmes, tout irait bien et je me sentirais aussi pimpante que tu me le demandes.

C'est justement là que le bât blesse ! Liz n'arrivait pas à voir au-delà de la carence de ses désirs. À la constatation de ce qu'elle n'avait pas, et de tout ce qui ne venait pas à elle, son humeur s'assombrissait. Tandis qu'elle tournait en rond en tentant de résoudre le problème, la situation empirait et les ventes stagnaient. Elle était complètement et perpétuellement centrée sur les conditions sinistres du moment, croyant que c'était son lot. Les faits parlaient d'eux-mêmes ; sa volonté de s'en sortir par l'art était un échec. « Je dois me rendre à l'évidence », soupirait-elle avec résignation.

Pourtant, je n'ai pas lâché prise et j'ai réussi à lui faire raconter ses raisons de vouloir garder la maison, une discussion qui, à ce moment, lui semblait d'une inutilité absurde.

– Bon, bon… Je veux garder la maison pour ne pas avoir à déménager.

C'était une appréhension, mais je n'allais pas l'embrouiller pour si peu.

– Et pourquoi ne veux-tu pas déménager ?

Soudain, elle s'est adoucie et a ajouté :

– Parce Clint et moi adorions cet endroit. C'est encore notre maison, comme si Clint était toujours à mes côtés.

Sa résistance à l'énergie du bien-être s'estompait. Elle a continué :

– Ce sentiment est toujours présent… et précieux… sauf quand je songe aux paiements.

Petit à petit, nous avons travaillé son amour de cette résidence jusqu'à la manifestation d'une joie exquise. Elle se sentait plus que bien ; sa soupape était grande ouverte.

– Liz, arrête ! Je veux que tu sentes ce que tu racontes.

– Que veux-tu dire ?

– Comment te sens-tu en pensant à cela ?

– Extraordinaire, évidemment ! Je me sens épaulée, soignée… mon Dieu, en sécurité ! C'est ça ! Je me sens au chaud et en sécurité !

– Dorénavant, fixe cette émotion, O.K. ?

– Ça y est, j'ai compris.

– C'est bon, n'est-ce pas ?

– Bien sûr, je me sens très bien.

– Bon, à partir de cet aplomb, de ce sentiment de bien-être, pense à ce que tu ressentiras en effectuant aisément les paiements de la maison. Ne t'inquiète pas de la façon dont tu y arriveras ou du fait que c'est impossible en ce moment. Où tu vas n'a rien à voir avec où tu es actuellement, rien du tout ! N'oublie jamais ça. Cette condition dans laquelle tu te vois ne veut rien dire. Une fois pour toutes, déplace ton point focal, sinon tu n'arriveras à rien de bon. Tu comprends ?

– Je crois que oui, mais comment...

– Peu importe le moyen, ton seul boulot est de te sentir bien, d'oublier ce qui te décourage. Tu dois trouver des trucs pour améliorer ton moral jusqu'à ce que tu te sentes mieux et, à ce moment, tu penseras à effectuer aisément les paiements. Peux-tu essayer ça ?

– Hum, je ne sais pas...

– Bon, comment te sens-tu à l'idée de pouvoir effectuer les paiements ?

– Extraordinaire !

– C'est évident. Pense au plaisir de vendre tes toiles, sans focaliser sur la nécessité, seulement sur l'exultation de l'accomplissement en tant que tel. Dans cette perspective, comment te sens-tu ?

Il y a eu une longue pause, puis elle s'est exclamée :

– Mon Dieu, plus libre qu'un oiseau. C'est le paradis !

– Exactement, c'est cette émotion-là ! C'est là où je veux que tu en viennes, chaque fois. Liz, retire ton point focal de tes conditions négatives actuelles. Arrête de les considérer, arrête d'y penser, cela ne fait qu'empirer la situation. Ta tâche consiste à être heureuse, un point c'est tout ! Laisse l'univers prendre soin du reste.

Liz se sentait si bien en racontant combien elle et Clint adoraient cette maison qu'elle était certaine de pouvoir recréer facilement ce sentiment. En tout cas, c'est par là qu'elle a commencé.

Après trois mois et un compte de téléphone à faire rougir, en fin de trimestre (qui par hasard coïncidait avec l'année que mon amie s'était octroyée pour vivre de son art), non seulement Liz avait-elle vendu suffisamment de toiles pour se sentir à l'aise financièrement pendant un certain temps, mais aussi avait-elle choisi un agent enthousiaste (ou Dieu sait comment on les appelle dans le milieu artistique) et une première exposition était prévue. De plus, elle avait reçu la commande, accompagnée d'une bonne avance monétaire, d'un mur peint de petite taille pour un immeuble de bureaux.

Liz a compris le message et fait maintenant extrêmement attention à ses fluctuations énergétiques. En réalité, je ne sais pas laquelle de nous deux a été la plus transportée de joie par cette volte-face.

Ces précieux problèmes

Liz se comportait comme chacun de nous ; elle se débattait tel un diable dans l'eau bénite en tentant de régler les circonstances du moment. À l'instar de quelqu'un qui se noie tout en luttant contre son sauveteur, plus elle était effrayée et désespérée, plus il lui était difficile de combattre l'énergie négative afin de trouver un remède à sa situation.

Mon amie considérait le bourbier dans lequel elle s'enfonçait, ces conditions désastreuses qu'elle détestait, et cherchait désespérément à les transformer par des moyens physiques dits « normaux ». À force de tentatives infructueuses, elle déversait tant d'énergie négative qu'elle s'enlisait davantage. Tout ce qu'elle apercevait de l'intérieur de cette fosse obscure n'était rien d'autre que les ténèbres et leur sombre réalité.

Nous y sommes tous passés. Quand tout fout le camp, soit nous broyons du noir, soit nous tentons à la hâte de limiter les dégâts. Régler, améliorer, rectifier… Qui de nous n'a jamais maugréé : « Si je pouvais seulement aller du point A au point B, tout irait pour le mieux ! »

Nous sommes des raccommodeurs, respectueusement soumis aux conditions qui se présentent à nous.

Cependant, la correction est diamétralement opposée à notre énergie naturelle. C'est une soupape close, un formidable flux d'énergie négative.

Le défi est de ne plus centrer notre attention sur nos anxiétés et nos irritations, mais d'y substituer un sentiment plus radieux. Autrement dit, nous devons arrêter de colmater les brèches et commencer à nous sentir mieux.

Supposons, par exemple, que votre toiture vieillisse et qu'elle doive être remplacée, mais que vous n'avez pas les moyens de le faire en ce moment. Toutefois, c'est l'automne et le besoin est impérieux. De surcroît, votre voiture a de sérieux ennuis mécaniques et le gouvernement vous harcèle au sujet de vos arrérages d'impôt.

Vous vous retrouvez avec un lot de mauvaises conditions sur les bras et aucune d'entre elles n'est réjouissante. Puisque vous ne pouvez vous empêcher d'y penser continuellement, elles prennent de l'ampleur...

Toutes ces conditions négatives, connues sous le nom sympathique de « problèmes », ne sont que des appréhensions ennuyeuses, mais elles nous sont si communes et sont si omniprésentes dans notre univers que nous les tenons pour acquises. En fait, nous les portons tels des étendards honorifiques, étant devenus experts dans l'art de nous faire passer pour supérieurs aux autres au jeu de la victime. Naturellement, plus nous ruminons nos ennuis, plus nous en parlons, plus ils empirent.

Certaines conditions négatives sont de sérieux ennuis ; d'autres ne sont que de simples contrariétés. Pourtant, peu importe leur nature, elles sont toujours si dominantes et si envahissantes que nous en avons fait un mode de vie. Cependant, les conditions négatives ne sont ni plus ni moins que les séquelles de nos points focaux, de nos sentiments et de notre flux énergétique passés. C'est tout. Notre flux énergétique négatif est la cause de ces conditions déplaisantes.

La seule façon de s'extirper du bourbier vaseux qu'est notre vie est d'arrêter d'y penser. Si nous pouvons accepter, au plus profond de nous-mêmes, que nos ennuis ne découlent pas de notre patron, de notre partenaire, de nos enfants tapageurs, du gouvernement ni de l'ivrogne sur l'autoroute, nous pourrons enrayer ces problèmes aussi facilement que nous les attirons, grâce à notre flux énergétique. Seulement, cette fois, l'oscillation sera différente.

Je ne mâcherai pas mes mots, la situation est délicate. Nous ne faisons que guetter ce qui nous tombe dessus et y réagir. Pour transformer le tout, nous devons renoncer à nos précieux tracas et cesser de croire que nous avons le droit de nous y vautrer.

Ne vous inquiétez pas, tant que nous serons faits de chair et de sang, nous aurons à braver des conditions déplaisantes et indésirables. Autrement, nous habiterions Pareilleville. Ainsi, il y aura toujours suffisamment de problèmes sur lesquels jeter votre dévolu si vous décidez de vous délier à l'occasion et de vous submerger d'énergie négative (ce que j'apprécie, honnêtement, de temps en temps). Toutefois, l'objectif actuel est de modifier notre façon de réagir aux conditions non désirées afin qu'elles cessent d'être notre point focal.

Éviter de regarder la réalité en face

Considérant notre éducation et les attitudes transmises de génération en génération, nous croyons que le moment présent perdurera tant que nous ne trouverons pas un moyen de nous en débarrasser ou d'accepter la situation. Puisque nous le percevons et l'éprouvons, de toute évidence, ce doit être notre lot. Pourtant, la réalité, la vraie, découle uniquement de notre habileté à faire circuler l'énergie.

Supposons que vous n'aimiez pas beaucoup votre enveloppe charnelle. Vous considérez que c'est votre lot, d'une immuabilité à toute épreuve, et que vous devez vous faire à l'idée.

Ou encore, supposons que vous viviez à une époque où l'économie est en baisse, ce qui influence votre revenu. Vous vous dites que c'est votre lot, cette réalité désastreusement imprévisible.

« C'est la vie. »

« C'est comme ça. »

« Vous ne pouvez combattre le gouvernement. »

« Arrêtez de vous frapper la tête au mur. »

« Ainsi va le monde. »

« Il faut prendre la vie comme elle vient. »

« Toute rose a des épines. »

« Redescends sur Terre. »

« La vie est injuste. »

« Ouvre les yeux et regarde la réalité en face. »

Oui mais voilà, nous n'avons pas à braver ou à endurer quoi que ce soit. Nous n'avons qu'à apprendre à faire circuler notre énergie autrement, car rien, absolument rien d'autre que notre flux énergétique n'affecte notre expérience.

À l'occasion de certains événements plaisants, notre soupape est grande ouverte. Puisque ces conditions sont satisfaisantes, notre énergie positive attire davantage de bonnes choses. Par contre, quand nous abordons les conditions négatives ambiantes (les problèmes), notre soupape reste farouchement close. La connexion à notre énergie source nous permet à peine de respirer. Du coup, nous ne reconnaîtrions pas une vibration de joie, même si elle nous passait sous le nez. Telle chose nous contrarie, telle autre nous fâche et telle autre encore nous inquiète ; nous cherchons à corriger ceci, nous nous plaignons de cela ; nous sommes anxieux et déprimés ; bref, nous vibrons si négativement qu'il est prodigieux de connaître à l'occasion des instants de bonheur.

Le fait de vivre dans la « réalité » d'un marché sans emploi ne signifie pas que vous ne pouvez dénicher un travail extraordinaire.

Le fait que le marché immobilier soit lent ne signifie pas que vous ne pouvez appâter un acheteur intéressé.

Le fait de ne pas être aussi fort que d'autres ne signifie pas que vous ne pouvez trouver l'énergie nécessaire pour remporter l'épreuve du 400 mètres.

Le fait de n'avoir jamais travaillé dans ce domaine ne signifie pas que vous ne pouvez développer les habiletés nécessaires pour réussir.

Le fait de n'avoir jamais pu cesser de fumer ne signifie pas que ne pouvez trouver la volonté d'arrêter dès maintenant.

Le fait d'avoir vécu deux divorces ne signifie pas que vous êtes condamné aux catastrophes.

Quel que soit le gâchis ou le bonheur qui vous incombe, qu'il soit individuel, familial, national ou planétaire, c'est la conséquence unique et directe de vos sentiments et de votre flux énergétique d'hier, d'avant-hier, voire de toutes les années antérieures. La loi de l'attraction n'est pas aléatoire, elle est la même pour tous. Nous attirons ce que nous émettons. Nous sommes les auteurs de notre vie, des accrochages sur l'autoroute aux guerres mondiales.

Ainsi, ne vous résignez plus. Élevez vos pensées au-delà des obstacles, vers ce qui vous plaît. Autrement, votre soi-disant réalité sera immuable. Évidemment, quelques tourments vous narguent ou vous menacent peut-être en ce moment ; tout semble désespéré, mais rien n'est coulé dans le béton ! Aucune situation ne devrait être tolérée à contrecœur.

La réalité déplaisante n'est rien d'autre que le résultat d'un flux d'énergie négative. Nous avons le choix de vivre et de souffrir de ces conséquences ou de les mystifier afin de nous éclater.

Quelques astuces de mise au point

N'avez-vous jamais, enfant, sauté d'un plongeon de haut vol ? Vous souvenez-vous de la première fois que vous avez gravi les marches de son interminable escalier, chacune vous éloignant davantage de la terre ferme ? Malgré la peur, vous avez poursuivi votre ascension.

Rendu tout en haut, vous vous êtes approché du bord avec hésitation. Votre cœur battait si fort que vous entendiez à peine les cris d'encouragement des autres enfants. L'eau semblait être à des kilomètres de distance et vous étiez ambivalent à l'idée de sauter. Intérieurement, vous sentiez que le moment était grave, que cet instant mémorable changerait votre existence à tout jamais. Puis, vous avez sauté ! Quelle ivresse ! Vous y êtes parvenu et c'était effectivement un événement marquant.

Le plus difficile lorsqu'un problème survient, c'est de nous départir de ces inquiétudes (les ennuis étant justement routiniers), de prendre notre élan et de faire fi de nos préoccupations.

Ainsi, il n'y a rien à régler ;
il faut seulement cesser de se tourmenter.

Est-ce bien difficile ? Évidemment ! Est-ce possible ? Bien sûr ! Il vous faut tout d'abord faire le premier pas et réorienter votre point focal. Ensuite, passez à l'action en centrant votre intérêt sur une pensée agréable qui modifiera votre énergie. Un problème ne peut être résolu à la fréquence de sa source. Ainsi, tant qu'il oscillera à sa fréquence d'origine, vous devrez prendre la décision qu'il ne sera plus le centre de votre existence, à l'instar d'une douloureuse coupure au doigt qui ne minerait pas votre journée car vous savez qu'elle guérira éventuellement.

Souvenez-vous que, pour transformer un problème, vous n'avez pas à le résoudre, vous n'avez qu'à cesser de vous en préoccuper ! Il ne faut que cette volonté de plonger.

Première astuce – Changez de point focal,
dès maintenant !

Dès que vous vous rendez compte que vous êtes centré sur une condition non désirée, votre moteur d'inquiétude (de réprimande, de reproche, etc.) en marche, évoquez n'importe quoi d'autre pour vous changer les idées ! Commutez vos pensées vers votre partenaire (si vous vivez une relation extraordinaire), votre foyer, une chanson, votre chien, votre nouvel amour, un parfait au chocolat, l'amour, vos prochaines vacances ou les dernières, un restaurant particulier, votre bébé qui dort... n'importe quoi ! Forcez-vous et persistez jusqu'à ce que votre humeur se métamorphose doucement, ce qui signifiera que votre énergie est également en transformation.

Une fois le sentiment réorienté, parlez à haute voix de vos désirs (de vos aspirations, pas de vos appréhensions). Ainsi, votre point focal ne sera plus centré sur la condition, votre moteur d'intentionnalité sera en marche et votre soupape sera suffisamment ouverte pour renverser la vapeur. Pour l'amour du ciel, ne vous préoccupez pas de l'invraisemblance de ce désir de substitution. Imprégnez-vous-en et laissez tomber le pourquoi du comment !

Si vous êtes incapable de passer en mode désir ou intention, ne vous inquiétez pas. Contentez-vous de maintenir ce nouveau cap focal le plus longtemps possible et augmentez votre fréquence d'oscillation ; la condition se dissipera d'elle-même. Inversement, en focalisant sur vos tracas, vous ne vous en débarrasserez pas de sitôt.

Deuxième astuce – Parlez-en doucement,
dès maintenant !

Si vous êtes incapable de réorienter votre attention, commencez par vous réconforter à voix haute tel un parent aimant. Murmurez-vous ce qu'un bambin aimerait entendre : que tout ira pour le mieux, que les choses vont changer, que vous avez toujours été en sécurité et que vous le serez toujours, bref qu'il n'y a aucune raison d'avoir peur.

Poursuivez ce discours chaleureux jusqu'à ce que vous ressentiez une légère vibration. Vous tendrez ainsi vers le bien-être, votre résistance à l'énergie source s'estompe et vous vous calmez. Maintenez le cap et tenez en échec la condition désagréable.

Troisième astuce – Affrontez carrément le sujet,
dès maintenant !

C'est la méthode forte. Abordez le sujet de front et à voix haute. Toutefois, vous devez être strict, sans être méprisant. Vous ne devez jamais, au grand jamais, vous dénigrer, même si vous êtes centré sur une condition non désirée.

Soyez sévère, faites preuve de gros bon sens en exposant clairement ce qui adviendra si vous poursuivez ce scénario et si vous ressassez inlassablement cette condition. Ensuite, dites-vous d'une manière prosaïque ce qui se produira si vous changez de point focal et de vibrations.

« Bon, Charlie, tu t'es enlisé dans ce bourbier ; maintenant, tu dois trouver un moyen de t'en extirper. Toutefois, si ta mauvaise humeur persiste et que tu rumines toute la journée, tu sais pertinemment que la situation va s'aggraver. Alors, cesse d'avoir pitié de toi-même et trouve quelque chose, n'importe quoi, à apprécier. Je sais que tu n'as pas envie de te sentir bien en ce moment, mais... »

Que vous y croyiez ou non importe peu. Faites semblant jusqu'à ce que la commutation de sentiment, ce subtil déclic d'énergie, se produise.

Cette approche est dure. Bien que je l'utilise régulièrement et que mon humeur s'améliore à tout coup, j'ai l'habitude de la combiner à une étape antérieure afin de retrouver ce tranquille ronronnement de bons senti-ments. Toutefois, ce n'est que mon propre cheminement. Trouvez votre mode de fonctionnement et foncez !

Quatrième astuce – Amusez-vous,
dès maintenant !

Activez-vous ! Prenez une marche, cirez votre voiture, brossez votre chat, achetez un nouvel habit, cuisinez un gâteau, jouez aux cartes, jardinez, allez au cinéma, peu importe ce qui sera nécessaire pour vous décentrer de votre condition et adoucir votre résistance à la circulation d'énergie supérieure. Une fois la commutation en action, dites tout doucement à voix haute ce qui remplacera cette condition.

En utilisant chacune de ces astuces, gardez à l'esprit cette vieille expression : « Faire semblant jusqu'à contentement. » Dès que votre concentration est sur la condition non désirée, il faut commuter votre point focal, vous parler doucement, discuter ferme, vous amuser, faire semblant et persévérer jusqu'au revirement émotionnel qui se produira assurément.

Les conditions creuses

Une fois votre centre d'intérêt retiré d'une condition non désirée et votre soupape rouillée entrebâillée, vous êtes prêt à lancer le désir qui vous passionne.

La commutation du point focal se définit ainsi : « Partir du déplaisir pour aller dès maintenant vers le plaisir. »

Si vous n'obtenez au début qu'un soupçon de désir, ça ira. Dès que votre soupape sera ouverte vingt pour cent du temps, faites la fête ! Vous êtes sur la bonne voie. C'est déjà mieux que de toujours vibrer négativement. Tout tranquillement (comme dirait mon ami de Hongrie), ce gros morceau d'énergie créateur de conditions ennuyeuses sera remplacé par des vibrations d'énergie source s'infiltrant par l'entrebâillement de votre soupape.

Vous serez rapidement en mesure de vibrer moitié-moitié : mi-négatif, mi-positif. Ainsi, vous prendrez paisiblement votre vie en main et des bribes de changement se pointeront çà et là.

Toutefois, le véritable plaisir commencera quand vous saurez enclencher en phase énergie positive dès que vous sentez poindre le négatif. C'est alors seulement que la haute fréquence prendra le pas sur l'énergie ordinaire à soixante contre quarante pour cent, voire jusqu'à soixante-dix contre trente, ou même quatre-vingts contre vingt. Dès lors, devant vos yeux, de nouveaux événements, de nouvelles personnes, de nouvelles circonstances se matérialiseront comme par magie afin de créer des occurrences ardemment désirées. Voilà qui est intéressant pour un maigre vingt pour cent, n'est-ce pas ?

Souvenez-vous que la vitesse d'exécution est proportionnelle à votre rapidité de commutation du point focal (et à son maintien) des vibrations négatives aux pulsations de désir. Aussi désespérée que votre condition du moment puisse paraître, elle ne vous est pas adjointe en permanence. Vous n'avez qu'à décider par quoi remplacer votre problème et émettre la fréquence de bien-être nécessaire.

De plus, je vous prie, ne vous dénigrez pas si vous avez une surcharge de tracas, ne tentez pas de tous les aborder de front en projetant un assortiment de désirs invraisemblables. Nous sommes tous enlisés dans quelque bourbier. Avec un peu de pratique et une prise en charge de notre flux énergétique, nous pouvons à coup sûr nous en extirper.

Exigez de vous-même les efforts nécessaires pour libérer, et maintenir, quelque quantité d'énergie de bien-être que ce soit. Souvenez-vous que le seul pouvoir qu'ont sur vous les conditions actuelles est celui que vous leur octroyez. Si nous nous sentons pris au piège, honnêtement nous le sommes.

De plus, aucune circonstance n'échappe à notre maîtrise. Ce qui se produit dans votre univers, à un moment donné, ne veut rien dire. Ce n'est qu'une conséquence, un point c'est tout. Aussi permanentes que semblent être certaines conditions, vous pouvez toujours les inonder d'énergie de bien-être, voire de mieux-être, et les transmuter. Si vous en êtes intimement persuadé, cette création délibérée ne sera qu'un jeu d'enfant.

Le syndrome « Allez, hue ! »

Il m'a fallu plus de temps que je le pensais pour comprendre que mes actions ne contrôlaient pas mon existence, que c'était plutôt mon flux énergétique qui tenait les rênes. Je croyais que l'action était la solution miracle, que rien ne se produirait sans effort, sans application.

En réalité, peu importe ce que nous tentons de réparer, toutes ces choses désespérées auxquelles nous pensons n'auront que peu d'influence sur notre expérience. Les moyens que nous utilisons, la quantité ou la fréquence des actions que nous posons n'ont pas plus d'importance puisqu'ils procèdent d'énergie négative agitée plutôt que d'activité inspirée et désinvolte.

Face à une situation déplaisante, selon notre nature, deux réactions sont possibles. Certains abandonnent, résignés et frustrés, s'inclinent et acceptent leur sort ; d'autres sautent à cheval, à l'instar du justicier solitaire, et galopent les yeux bandés (plutôt que masqués) en beuglant « Allez, hue ! », cherchant frénétiquement une quelconque action héroïque à accomplir pour surmonter les ignobles injustices qui leur échoient. D'une manière ou d'une autre, tout ce que nous accomplissons ainsi, c'est de décupler ce que nous tentions d'éloigner.

Voyons l'action « frénétique » de plus près. Le syndrome « Allez, hue ! », c'est ce besoin criant d'action et de solution, et il englobe toutes ces démarches entreprises la soupape scellée.

La plupart des gens croient que seule l'action fait avancer les choses. Présentez-nous un problème et nous passons frénétiquement à l'action en cherchant à vendre davantage, à gagner davantage, à accomplir davantage, afin de le résoudre. Pourtant, la création délibérée traite de flux énergétique et non pas de pression qui permettrait à la rivière de remonter le courant. Ça, c'est le syndrome « Allez, hue ! »

Cette démarche ne fonctionne jamais. Il est impossible de s'immiscer dans l'univers d'autrui sans y être convié sur le plan vibratoire. Parallèlement, personne ne peut entrer chez vous sans avoir reçu une vibrante invitation. Vous ne pouvez forcer les choses et obtenir les résultats espérés, peu importe l'énergie dépensée.

Doit-on pour autant arrêter de s'activer ? Bien sûr que non ! Nous devons simplement transposer l'action inspirée à l'action gaspillée en cessant de réagir machinalement. Ensuite, avec l'enthousiasme de notre point focal centré sur les plaisirs de la vie, les bonnes actions à poser deviendront évidentes dès l'ouverture de notre soupape. L'action devient joie plutôt que nécessité et les idées foisonnent. Nous sommes ouverts à la force de vie créatrice et nous suivons pas à pas, aisément et sans défaillir, le chemin qui mène à nos désirs.

Le miracle s'est produit ! Nous ne sommes plus en situation de réaction, nous sommes devenus des créateurs délibérés.

Bénies entre toutes

Soyons réalistes, il y aura toujours des contrastes, des choses qui nous déplaisent. Cela fait partie de notre existence et, honnêtement, c'est ce que nous apprécions le plus.

Toutefois, que Godzilla nous attende au détour ou qu'une puce nous pique, aussi désagréables ou ennuyeuses que puissent être les conditions, elles méritent juste assez d'attention pour nous faire prendre conscience de notre flux énergétique. C'est tout ! Elles ne sont pas une finalité en elles-mêmes.

Lorsqu'une sonnerie d'alarme retentit en réagissant à une condition, et que vous avez cette réaction instinctive d'entreprendre frénétiquement une action, calmez-vous et relaxez-vous. Votre pensée se transformera, entraînant dans son sillon les sentiments et les vibrations, permettant à l'univers et à votre moi authentique de prendre la relève.

Ainsi, comme le veut la croyance populaire, il n'est pas bon de mettre tous ses œufs dans le même panier. En regard d'une quelconque condition, cessez de l'analyser et d'y réagir ; cherchez plutôt le moyen d'être bien.

Les habitudes, et des siècles de gènes hérités, ont la vie dure. Souvenez-vous simplement que votre réalité actuelle n'est que le résultat de flux énergétiques antérieurs.

Ensuite, prenez un peu de recul afin d'avoir une vue d'ensemble.

Souvenez-vous que la « nécessité » du changement déversera toujours de l'énergie négative et vous gardera captif. L'excitation du désir, elle, propagera de l'énergie positive et entraînera la révision escomptée.

Cessez de vous exaspérer de tout. Dites-vous plutôt gentiment que les déplaisantes conditions n'auront pas le gros bout du bâton et que vous trouverez un moyen d'entrouvrir votre soupape en dépit des circonstances. Vous y parviendrez, c'est certain !

La réponse ne se fera pas attendre, pas plus que les occasions, et vous réussirez mieux que vous ne l'auriez cru à modifier la situation.

Donc, bénissez ces conditions pourries, puisque sans elles vous ignoreriez vos appréhensions. Jetez votre dévolu sur les potentialités plutôt que sur l'état actuel des choses et plongez sereinement dans le merveilleux monde des possibilités. Dès lors, ce qui semble inaccessible se matérialisera.

Sixième chapitre

Grand Dieu, quelles émotions !

(troisième étape)

Des sentiments suivants, l'émerveillement, la finesse, l'appréciation, la gratitude, l'excitation, la vénération et le respect, lesquels pouvez-vous polariser sur demande ? Pouvez-vous ouvrir le robinet de l'émerveillement à volonté, celui de l'excitation (sans connotation sexuelle, bien sûr !) ou encore celui de la vénération ? Pouvez-vous considérer n'importe quoi, même une roche, et ressentir instantanément une chaleureuse sensation de respect ?

L'état d'excitation signifie généralement « être prêt à s'envoyer en l'air », mais ce n'est pas le sens donné dans cet ouvrage. Ce type d'excitation-ci enclenche consciemment et intentionnellement en haute fréquence notre commutateur interne qui nous permet de vibrer plus rapidement et immédiatement… chaque fois… tout le temps… aussi souvent que possible… sur le coup de chaque heure ou chaque fois que nous croisons une voiture rouge, un chien errant ou une mère et son enfant, bref à volonté !

Sans blague, si nous n'apprenons pas à lancer notre fréquence dans la stratosphère, nous ne serons jamais des créateurs délibérés, mais plutôt, à tout jamais, des créateurs par défaut. Autrement dit, nous resterons au stade de victime.

Puisque aucune école ne propose le cours « Le changement de fréquence 101 », nous devons être autodidactes en la matière. Toutefois, grâce à quelques nouvelles astuces, cela deviendra un jeu d'enfant.

Une bouffée d'émotion !

J'ai commencé à jongler avec le flux énergétique environ un an avant de découvrir les préceptes de la loi de l'attraction. Je n'avais pas la moindre idée de ce que je faisais, mais c'était amusant et ça m'occupait au volant de ma voiture.

Le marché du refinancement immobilier allait bon train et ma petite entreprise de courtage, que j'exploitais de la maison et dont j'étais la seule employée, était en effervescence. Ainsi, alors que les demandes se multipliaient, j'allais rencontrer les clients plutôt que de les recevoir chez moi. J'appréciais cette façon de procéder qui me permettait de mettre le nez dehors, de faire des emplettes et de découvrir des quartiers inconnus de ma propre ville.

Pour tuer le temps en me rendant à mes rendez-vous, j'ai entrepris de jouer avec mon énergie. Je savais déjà comment passer rapidement en mode de bien-être intense,

154

un petit truc rapide que j'appelais « filer mon énergie ». J'insufflais un sentiment vigoureux et stimulant et, en peu de temps mon corps vibrait en réaction à cette commutation de fréquence. Je savais aussi que, si j'insérais un désir dans ces sentiments élevés (en y pensant tandis que je planais), il avait de bonnes chances de se matérialiser. Toutefois, mon savoir était limité. Je n'avais qu'une vague connaissance des notions de fréquence, de vibration, de flux énergétique, positif ou négatif, bref de la loi de l'attraction.

Plus je jonglais avec mon flux énergétique, plus je remarquais cet intrigant phénomène provoqué par l'exaltation, le bourdonnement de mon humeur. Tout au creux de mon ventre, là où le souffle est coupé quand on reçoit un coup, je sentais cette bouffée d'émotion semblable à la sensation de montagnes russes filant à toute vitesse. Parfois, elle disparaissait en un rien de temps ; d'autres fois, si je me concentrais très fort, je pouvais prolonger ce sentiment pendant quelques minutes.

Puis, je me suis rendu compte que cette intensité était en tous points semblable à l'émotion que nous éprouvons quand un violent coup de volant nous permet d'éviter une collision de justesse ou encore à celle que j'ai ressentie il y a quelques années à l'annonce de mon congédiement. Et vlan ! un crochet du droit directement dans l'estomac.

Au début, je ne savais qu'en penser ou quel rapprochement faire. Toutes sortes de situations extrêmement différentes provoquaient chez moi une gamme de réactions vives qui, physiologiquement, émanaient d'un seul et même endroit : mes entrailles. C'est alors que j'ai compris.

Nos émotions pénètrent d'abord les glandes surrénales, ce qui explique pourquoi, surpris ou effrayés, nous ressentons cette bouffée au creux de notre estomac, dans notre plexus solaire, où ces glandes sont situées.

Quand la peur nous prend, les glandes surrénales débordent tout à coup d'énergie électromagnétique et libèrent immédiatement des sécrétions qui causent cette bouffée émotionnellement chargée. Ainsi, pourquoi ces glandes ne réagiraient-elles pas de la même façon à une intense énergie produite par la joie ? Après tout, l'énergie est énergie, peu importe son origine. Qu'il s'agisse d'une panique extrême ou d'une joie sublime, elle traverse le plexus solaire, stimulant nos glandes surrénales et provoquant cette bouffée d'émotion physique nettement perceptible.

Fort intriguée, je me suis lancée à corps perdu dans l'expérimentation. J'ai compris que je pouvais maîtriser l'intensité et la durée de mes vibrations de bien-être en dosant la bouffée au creux de mon ventre, et vice versa.

C'était génial ! Une petite bouffée signifiait un petit peu de bien-être, donc une faible intensité et peu de changement sur le plan vibratoire.

Par contre, une bonne bouffée, cette explosion dans mon plexus solaire, et j'étais en état de réceptivité vibratoire totale de sentiments élevés comme l'excitation, le délice, l'appréciation, etc. Chaque fois, je planais sans stupéfiant. Ce bourdonnement ne venait jamais sans l'instillation d'une certaine joie. Je n'en ai jamais fait l'expérience sans être emballée, sans ressentir quoi que ce soit, de bien ou de mal, en restant au neutre, indifférente...

Cette découverte m'enthousiasmait au plus haut point ; je croyais détenir le secret de la vie ! Peut-être l'avais-je découvert, mais que partiellement. Je ne savais toujours pas diriger l'énergie et centrer mon intérêt sur les désirs ou les appréhensions. Tout ce que savais à l'époque, c'est que plus j'imposais un sentiment de bien-être au cœur de cette bouffée corporelle, plus j'attirais mes désirs. C'était un excellent début, mais Dieu que j'aurais aimé connaître la « suite de l'histoire » (comme le dirait le commentateur Paul Harvey).

Au début, j'étais comme Mickey dans l'*Apprenti sorcier*, s'amusant avec le chapeau magique de son maître sans en connaître les pouvoirs surnaturels. J'étais devenue si habile à transformer des sentiments agréables en bouffée d'émotion que j'y parvenais en un clin d'œil, même en écoutant le bulletin de nouvelles insipides au sujet d'une grand-mère violée. En galvanisant la joie, cette bouffée m'envahissait les entrailles, suivie rapidement d'un doux sentiment d'effervescence, de ce bourdonnement qui s'emparait de moi.

Plus je frémissais, plus mes affaires roulaient sur l'or, et je bourdonnais davantage. C'était prodigieux. L'argent affluait si rapidement que j'ai arrêté de compter. Faire circuler mon énergie était devenu une vieille habitude. Je pouvais quasiment prédire la quantité de besogne qui m'attendait à l'intensité et à la fréquence des bourdonnements.

Bien que j'avais raison d'affirmer que la fréquence émise attirait mes désirs, j'ai cru à tort que c'était une finalité en soi : « Pas de problème, je n'ai qu'à élever ma fréquence, à faire circuler mon énergie et le monde sera à mes pieds. »

Ce n'était pas tout à fait exact. Ce que j'ignorais à l'époque, c'est que la moindre oscillation de mon point focal vers quelque chose de déplaisant non seulement attirerait des conséquences non désirées, mais aussi élèverait une barrière entre moi et les bienfaits futurs, dont l'argent ! Je n'allais pas tarder à apprendre cette leçon.

Pendant plusieurs mois, toutefois, il n'y avait aucun nuage à l'horizon. Ce qui était l'était de façon épatante. Tout ce que je touchais semblait aller de soi. Le marché était mûr, je n'avais qu'à récolter les bénéfices. Les prospectus glissés dans les journaux s'avéraient si efficaces que mon téléphone ne dérougissait plus. Les rendez-vous pour les prêts étaient pris des semaines à l'avance. Partout autour de moi, des choses extraordinaires se produisaient et mes vibrations suivaient le rythme. Mon amplitude énergétique faisait dans la démesure, ma vie sociale fleurissait, ma garde-robe prenait un air de jeunesse grâce à des razzias frivoles de boutiques, tandis que mon entreprise prospérait. Avant la fin de l'année, j'avais même lancé une toute nouvelle entreprise n'ayant rien à voir avec le prêt hypothécaire. Je ne faisais que constater instinctivement les petits bonheurs qui m'entouraient, déversant mon énergie et magnétisant davantage de bienfaits. Jusqu'où cela irait-il ?

C'est alors que tout a commencé à aller de travers. Le marché a périclité, mon point focal a changé. Tandis que les taux d'intérêt augmentaient, les affaires, elles, baissaient. Dès lors, j'ai déplacé mon centre d'attention et je priais pour que les taux d'intérêt cessent de grimper, que le marché ne s'essouffle pas, que le filon ne s'épuise pas... Si quelqu'un m'avait alors expliqué que « ce qui est » n'est que la plateforme de lancement de la prochaine création, je lui aurais mis mon poing au visage. J'étais vraiment très inquiète et, du coup, les problèmes s'amoncelaient.

Puisque j'étais préoccupée par le triste revirement de la situation, j'avais depuis longtemps cessé tout bourdonnement. J'avais déplacé mon point focal vers mes appréhensions (que le marché se détériore davantage), plutôt que de rester centrée sur ce que je pouvais si aisément créer (de bonnes affaires malgré le marché). Cependant, j'ignorais ce potentiel. Plus le marché s'enfonçait, plus mon humeur s'assombrissait et plus mon entreprise battait de l'aile. Plutôt que de rédiger un nouveau scénario et de trouver quelques relents de bons sentiments, ma peur polarisait davantage d'inquiétude. Les ennuis me sautaient littéralement au visage.

J'avais investi toutes mes économies dans la nouvelle entreprise ; le marché s'enlisait ; aucune demande de prêt ne me parvenait ; j'avais accumulé des dettes lors du lancement de la nouvelle compagnie… Dois-je poursuivre l'énumération ? Les conditions que j'auscultais étaient loin de me plaire et la peur grandissante, tapie derrière, rendait la situation plus misérable encore.

J'ai emprunté de l'argent pour survivre. J'entreprenais des tonnes d'actions frénétiques comme l'embauche d'un vendeur dont la situation était pire que la mienne (évidemment, c'est tout ce que je pouvais attirer !) et l'envoi de prospectus dans les villes avoisinantes ; bref, je me débattais anxieusement pour que les affaires roulent. Rien n'y fit ! J'avais plongé tête première dans la création négative en me concentrant entièrement sur mes appréhensions. J'avais si bien intégré ces craintes à mes vibrations qu'elles dominaient tout et que j'attirais des quantités incroyables de désagréments. Le temps était à l'orage.

Croyant encore connaître le secret, j'ai tenté de faire surgir sans succès la bouffée d'émotion. Avec un tel point focal négatif et passionné centré sur la morosité ambiante, je n'aurais pu y parvenir même si ma vie en avait dépendu (ce qui, à l'époque, n'était pas bien loin de la réalité). Mon pauvre moi authentique m'a murmuré subtilement d'oublier ça, avant de partir en vacances prolongées dans un autre univers jusqu'à ce que je revienne à la raison. La négativité était ma vibration principale, et c'est également tout ce que je recevais, au centuple !

C'est à cette époque, tandis que j'étais en pleine crise émotionnelle, que des amis plus qu'enthousiastes ont insisté pour que je jette un œil au matériel qu'ils avaient en main portant sur la loi de l'attraction. J'étais si déprimée et j'avais tant le cafard que même la découverte d'une cargaison entière de lampes magiques m'aurait laissée indifférente. Toutefois, j'ai accepté la proposition de mes amis afin qu'ils me fichent la paix et que je puisse macérer tranquille dans ma misère.

En à peine cinq minutes, j'ai compris leur excitation. Finalement, j'avais accès à la fin de l'histoire, à toutes ces pièces qui me manquaient sans le savoir. Je n'aurais pas été plus transportée de joie si quelqu'un m'avait offert cinquante millions de dollars. En moins d'une journée, j'avais conçu, et j'y avais plongé tête première, le programme en trente jours que vous trouverez au dernier chapitre de cet ouvrage.

Évidemment, la volte-face ne s'est pas produite du jour au lendemain puisque j'étais toujours sous l'emprise du mal. Le revirement financier a été lent mais constant. De plus, un torrent d'idées déferlait sur de nouveaux moyens pour que les affaires croissent aisément et de façon agréable. Ce qui m'excitait le plus, toutefois, c'était la longueur d'avance que j'avais puisque je connaissais déjà le flux énergétique et que je pouvais diriger mon énergie à volonté. Je savais déjà comment lancer les moteurs, générer des sentiments planants et les maintenir pour un certain temps. Je pouvais également me convaincre que j'étais heureuse tandis que je ne l'étais pas du tout.

De toute évidence, j'ignorais l'élément déterminant de la loi de l'attraction qui stipule que l'on récolte ce que l'on sème. Je n'avais qu'à transférer mon point focal du marché en baisse, du vide de mon compte bancaire et du fait que les demandes de prêt se faisaient rares à un objectif plus approprié et l'avenir me sourirait. C'était évident !

Après un certain temps, tout s'est mis en branle. Je suis devenue l'un des seuls courtiers du coin à ne pas devoir fermer boutique et l'argent coulait à flots malgré le marché meurtri. Quel bonheur ! Éventuellement, en portant une attention de tout instant à mon point focal, j'ai réussi à transformer mon entreprise d'une personne en une grande et fructueuse maison de courtage active dans trois États.

Le bourdonnement sur demande

Puisque nous ne sommes pas rompus à l'art du bonheur, notre objectif est d'apprendre à planer sur-le-champ.

Cette transformation nécessitera parfois un bon coup de pouce ; d'autres fois, vous réussirez en un clin d'œil à lancer les moteurs. Peu importe, l'idée est de changer la déprime en des sentiments supérieurs, peu importe le degré de transformation. Comment y parvenir ? Revenons à nos astuces.

Nous avons déjà abordé deux des trois façons de se sentir bien. La première est de rechercher ce qui apporte de la joie et d'y réfléchir. La deuxième consiste à se parler à voix haute jusqu'au changement de vibration. La troisième, que nous explorerons ici, cherche à activer ce bourdonnement qui entraîne une transformation vibratoire immédiate.

Il s'agit d'une des façons les plus faciles et les plus rapides de stimuler vos vibrations. Naturellement, différentes occasions commandent différentes techniques. Dans certains cas, une seule approche fonctionnera à merveille ; dans d'autres, il faudra en utiliser deux ou même trois pour s'extirper d'une situation délicate de négativisme aigu. Le bourdonnement n'est qu'une méthode, mais c'est de l'or en barre. Je l'utilise quasiment chaque jour, même si ce n'est que pour un petit instant.

La simplicité du bourdonnement tient au fait qu'il est possible de survolter le processus, d'y parvenir en deux temps, trois mouvements. Vous êtes en quête d'un sentiment émanant de votre for intérieur. Une fois cette émotion enclenchée, le frémissement peut être perçu en moins d'une seconde, votre être tout entier ayant embrayé en haute fréquence. Votre soupape est grande ouverte. La force créative qui ne tenait qu'à un fil, ce lien vital ténu, circule maintenant hardiment. Vous êtes en liaison directe avec votre moi authentique et vous ressentez cet émoi du fond de vos entrailles !

Voilà pourquoi ce gargouillis est si réjouissant. Grâce aux émotions, cette réaction physique incontestable vous servira d'indicateur de mutation vibratoire. En moins de deux, ce sera réglé, vous aurez enclenché le processus.

Le survoltage

Puisque nous sommes telles de vieilles batteries à plat, le meilleur moyen, à mon avis, de survolter ce bourdonnement de bons sentiments est l'activité physique. En guise de câbles de survoltage, j'ai choisi le sourire !

C'est exact, un simple sourire bien intentionné, comme du beurre fondant sur un petit pain chaud ; le genre de sourire que vous ne pourriez réprimer à la vue de chatons batifolant ou d'un bébé gazouillant de bonheur. Pas un de ces sourires fabriqués, mais bien un sourire aimant et tendre comme si un enfant vous offrait son trésor le plus précieux. Ce sourire aux lèvres tire son origine d'un profond sentiment de générosité.

Grâce à cette explosion émotionnelle, le sourire tire sa source de votre for intérieur. Maintenant, vous affichez ce que j'appelle un « sourire intime », cette agréable et chaleureuse sensation s'apparentant à un léger bourdonnement ou à un délicat tourbillon. Peut-être même ressentirez-vous un tout petit picotement çà et là. N'espérez tout de même pas des feux d'artifice ; le sentiment sera a priori plutôt subtil. Ne vous attendez pas non plus à être aspiré par une tornade ; ce n'est qu'un léger mais perceptible transfert d'énergie. Vous sentirez ce changement de l'intérieur ; parfois, il poindra de derrière les oreilles ; d'autres fois, du fond du cœur, du plexus solaire ou du sommet du crâne ; d'autres fois encore, d'un peu partout ! Si vous ne le discernez pas immédiatement, relaxez-vous et ne vous inquiétez pas. Déclamez vos aspirations à l'univers (pour ressentir le bourdonnement) à titre de désir ou d'intention et, je vous le promets, la magie opérera.

Ainsi, en une ou deux secondes, un bourdonnement accompagnera votre sourire intime (vous saurez le reconnaître.) et métamorphosera radicalement votre énergie. Ce survoltage par le sourire intime provoque un bien-être instantané et une élévation immédiate de la fréquence.

Le sentiment de substitution

La sensation en haute fréquence du sourire intime est agréable, mais elle est difficile à soutenir ou à intensifier à moins d'être remplacée par un sentiment de substitution. Choisissez donc un sentiment plaisant comme la reconnaissance, la gratitude ou encore l'émerveillement et cramponnez-vous-y à titre de vibration prédominante. Voici les étapes à suivre :

1) Survoltez-vous par un sourire aux lèvres aussi chaleureux et tendre que possible.

2) Immédiatement après, toujours avec le sourire, tournez-vous vers l'intérieur pour faire surgir ce tendre sentiment accompagnateur jusqu'à ce qu'il fonde agréablement comme du beurre et que vous ressentiez un léger bourdonnement, n'importe où.

3) Une fois le sourire intime en action, remplacez cette sensation par l'émotion de votre choix : l'affection, l'enthousiasme ou le bon vieux chatouillement (l'un de mes préférés). Choisissez celui qui vous est le plus facile à reproduire et maintenez le cap aussi longtemps que possible.

4) Si vous le désirez, c'est le temps idéal, en haute énergie, pour insérer un désir précis ou une intention particulière, mais ne le faites pas tant que vous ne maîtriserez pas la superposition d'émotions (la troisième étape). (Facultatif)

Ce n'est pas plus compliqué que ça ; vous êtes sur la bonne voie. Vous avez utilisé votre sourire intime pour survolter votre moteur. Ensuite, vous avez fait le plein d'essence en y substituant l'émotion supérieure de votre choix.

Si vous avez opté pour la tendresse comme sentiment de substitution, une fois votre sourire intime activé, vous n'aurez qu'à évoquer une pensée précise qui provoquera cette émotion. Peut-être est-ce l'idée d'une douce rose contre votre joue, de la caresse de l'être aimé ou encore de prendre soin d'un animal blessé. Intensifiez ce sentiment jusqu'à ressentir physiquement le moindre transfert d'énergie. Vous éprouverez ainsi l'énergie en mouvement rendue manifeste par votre changement de fréquence. Au début, vous sentirez peut-être l'énergie transpercer votre plexus solaire comme lors d'une vertigineuse chute en montagnes russes. Cette sensation montera probablement vers l'arrière du cou pour atteindre la tête et causer un chatouillement crânien. Après un certain temps, vous pourriez le sentir redescendre de la tête vers l'aine, et vice versa. En fait, vous pourriez même ressentir une légère excitation sexuelle. Ne vous inquiétez pas, cela ne durera qu'un instant, mais c'est la preuve vivante que votre énergie est libérée et que le flux circule.

Plus vous pratiquerez, plus vite vous enclencherez le processus à volonté et stimulerez, calmerez ou soutiendrez vos énergies. J'ai fouetté mes énergies en voiture, sous la douche et même au supermarché de façon si prolongée que j'arrivais à planer (ce qui n'est pas nécessairement génial en voiture). À coup sûr, vous pouvez apprendre à manipuler votre propre énergie. C'est alors que le plaisir commence !

Si jamais vous voulez vérifier l'ouverture de votre soupape et la circulation de votre flux énergétique, sortez vos baguettes de fortune (décrites en annexe) et exploitez votre sourire intime. C'est tout ce que vous avez à faire. Ensuite, voyez les baguettes s'affoler en réaction au transfert d'énergie.

Le beurk positif

L'objectif ultime de tout ceci est d'atteindre le bien-être puisqu'il n'y a absolument rien de plus important ! Rien n'est plus crucial que d'être heureux, peu importe comment vous y parvenez, que vous ayez à vous tenir sur la tête au jardin public ou que vous aimiez respirer le bois fraîchement coupé ! Indéniablement, vous saurez reconnaître la réussite. Qu'il s'agisse d'un bonheur momentané (ou d'un brin de meilleure humeur) ou de l'orchestration d'une nouvelle sorte de bons sentiments, vous trouverez généralement des douzaines de techniques les plus étranges les unes que les autres pour lancer les moteurs... si vous le désirez vraiment.

Toutefois, je garde un truc en réserve en cas d'urgence, quand toutes les autres tentatives ont échoué, parce que je n'aime pas y avoir recours. Ce dernier ressort, pour moi, consiste à faire ressortir l'élément positif d'une situation fâcheuse ayant entraîné la fermeture de ma soupape.

Supposons, par exemple, que vous soyez coincé dans le trafic à cause d'un accident et que vous vous laissiez aller à la colère. Il est fort probable, puisque votre soupape est close, que l'embouteillage ne se désengorgera pas de sitôt et que cette énergie négative du moment s'attaquera à tous les autres aspects de votre vie.

D'une manière ou d'une autre, votre objectif est de désobstruer la soupape. Supposons aussi que vous ayez tout « essayé » (un terme à bannir de votre vocabulaire) et que rien n'y fasse, ni la musique, ni le bourdonnement, ni même la conversation à voix haute. Bon, quand l'échec est complet, il ne reste qu'une option : trouver au cœur de la situation, ou à proximité, un détail à apprécier.

Ne serait-ce que le fait de voir votre voiture en état de fonctionner, de ne pas avoir besoin d'aller au petit coin, de ressentir de l'empathie pour les autres conducteurs qui se trouvent dans la même situation que vous ou encore d'être reconnaissant à l'équipe médicale d'urgence. Trouvez quelque chose, n'importe quoi ! Parlez-en à voix haute, faites semblant, dupez-vous et vous percevrez rapidement ce subtil déclic d'énergie du bien-être (ou, du moins, du mieux-être) et votre soupape s'entrebâillera légèrement. Puisque des centaines d'autres conducteurs déversent une énergie colérique tout autour, l'embouteillage perdurera probablement mais, au moins, vous ne mettrez pas en péril d'autres zones existentielles par des déversements vaseux.

Je vais être honnête avec vous : quand je suis de mauvaise humeur, je ne trouve rien de plus agréable que de me complaire dans ma morosité. J'adore encore rouspéter et macérer dans cette agréable colère. Ce qui est triste, c'est que, chaque fois que cela se produit, je sais que mon univers tout entier est altéré et que je matérialise davantage de doléances. Je répugne de plus en plus à subir cette condition.

Donc, à contrecœur, j'opte pour un truc idiot, insensé et insignifiant de cette situation exaspérante (ou de l'individu en question) et je tente, hypothétiquement, de le considérer positivement pour ensuite l'apprécier. Puis, dans une attitude provocatrice de petit morveux qui vient d'être grondé, je me parle à voix haute (habituellement en faisant la moue) afin de stimuler le positivisme centralisé.

Je m'étonne que ce truc fonctionne immanquablement chaque fois que mon moral laisse à désirer. Dans le temps de le dire, en complimentant, en appréciant ou en admirant un détail de la personne ou de la situation, la vapeur est renversée. En fait, je parviens même à identifier l'instant clé. La soupape est ouverte – mission accomplie –, maintenant je peux lâcher prise et laisser l'univers prendre la relève.

La lumière du porche

Pendant de nombreuses années, je mettais en location la petite maison sise au fond de ma propriété. L'entente stipulait que les locataires défrayaient les coûts du chauffage au propane et que je réglais la facture d'électricité.

À une époque, il y avait de jeunes mariés qui insistaient pour garder le porche éclairé à cœur de jour et de nuit. J'ai souvent abordé le sujet avec eux, mais en vain ; ils laissaient toujours la lumière allumée… et ma colère s'intensifiait.

J'ai finalement compris que j'opérais avec une soupape complètement close. Chaque fois que je voyais cette satanée lumière, ma soupape se fermait herméti-quement, mon repas brûlait sur la cuisinière, mes chiens se chamaillaient, je me coupais au doigt, un rendez-vous était annulé, les flammèches du foyer ruinaient mon tapis, etc. Tout ça, il va sans dire, en cours de rédaction de cet ouvrage ! Hum, je ne prêchais pas par l'exemple !

Un jour, à contrecœur, j'ai cherché un détail plaisant chez ces gens afin d'ouvrir grand ma soupape. Je n'y parvenais pas, ou plutôt, je m'y refusais. Du coup, la lumière restait allumée nuit après nuit, et je fulminais. Dès lors, je savais que la situation était critique et qu'un véritable fléau était à prévoir. Donc, en rouspétant, j'ai désespérément fouillé pour trouver quelque chose d'agréable à la présence de mes locataires.

« Hum… bon… ah oui ! ils m'aident à entretenir le terrain, ce que personne d'autre n'a fait auparavant ! Ils sont gentils, discrets, etc. » C'était comme sonder une botte de foin sur le coup de minuit à la recherche d'une aiguille noire. Toutefois, en peu de temps, j'ai senti ma résistance s'estomper et j'ai maintenu le cap de force. Petit à petit, en ronchonnant, j'ai développé ce sentiment et j'ai rapidement senti en moi le flux énergétique. CE SOIR-LÀ, LA LUMIÈRE ÉTAIT ÉTEINTE. Par la suite, elle ne s'allumait que brièvement pour accueillir les visiteurs ou les livreurs ! J'étais sidérée. Écrire sur le sujet était une chose ; la preuve concrète de cette méthode en était une autre, même s'il ne s'agissait que d'une lumière de porche. J'en étais stupéfaite et ravie.

Avais-je raison d'être furieuse ? Sûrement ! Qu'importe, cette lumière ne valait pas la peine de mettre mon univers sens dessus dessous.

Souvenez-vous de ceci, quand des sentiments négatifs, quelle qu'en soit la nature, se déversent (même si ce n'est qu'à propos d'une lumière de porche), leur effet est plus néfaste qu'une simple exacerbation de la situation. Ils agissent, à l'instar de la ligne défensive d'une équipe de football américain, en empêchant les désirs de pénétrer la zone adverse par l'établissement d'un solide front négatif. Parallèlement, ils attirent toutes sortes d'autres événements inopportuns. Le pire de tout, c'est que, si cette négativité vous enrage, vous risquez d'être aspiré dans son tourbillon apathique. Le jeu en vaut-il vraiment la chandelle ?

Quelle que soit la raison de ce négativisme, le résultat est le même : votre soupape est obstruée et il vous faut la dégager !

Ces précieuses pierres de touche

Un désir précis ou une intention particulière nous semble parfois si étranger que nous ignorons le sentiment associé. C'est habituellement le cas quand il est question de spiritualité. Par exemple, si vous désirez une meilleure relation avec votre concept de divinité, comment trouver le sentiment précis de ce que vous avez si rarement, peut-être même jamais, ressenti ?

D'autres fois, nous ne cherchons qu'à échapper à une situation donnée sans trop savoir vers quoi nous tourner. Comment atteindre cette nébulosité salvatrice ?

Il y a pourtant quelques options, dont une qui vous est déjà familière. Faites semblant de rêver, parlez-en avec une émotivité factice jusqu'à ce que vous en saliviez de désir ; le déclic se produira. C'est l'approche directe.

J'aborde la seconde voie, l'option indirecte, de façon plus révérencieuse puisque les sentiments évoqués proviennent généralement de souvenirs particuliers. Nous connaissons tous ces moments inoubliables et indescriptibles, que l'on pourrait qualifier d'épiphanie. Ce sont des pierres de touche rangées pour l'éternité dans notre coffre aux trésors des événements importants et précieux de notre vie.

Par une belle soirée, tandis que les étoiles se comptent par millions et que l'air embaume d'effluves nocturnes, peut-être trouvez-vous un endroit retiré ; appréciez la magnificence du moment et plongez dans vos merveilleux souvenirs. À la fenêtre dès l'aurore, peut-être méditez-vous en suivant la course du soleil et vous évadez-vous au plus profond de votre mémoire. Revivez un événement inoubliable et laissez-vous caresser par la réminiscence.

Que suscite en vous cette pierre de touche ? Est-ce du respect, un amour incommensurable ou une révélation spirituelle, un bonheur transcendant, une joie farouche ou une frivolité déraisonnable ? Les sentiments se passent d'étiquette ; ce sont les témoins chéris de vos trésors intimes.

Ensuite, lorsque vous ne trouvez plus d'autres moyens d'évoquer les émotions liées à votre désir, que vous êtes désespéré et que rien n'atténue votre peine, que vous ne savez plus comment percevoir les choses, tournez-vous vers votre pierre de touche, là où l'amour inconditionnel de votre moi authentique vous réconfortera. Quand votre savoir et votre conscience sont orientés vers ce sentiment, vous et votre moi authentique ne faites plus qu'un et il devient impossible de vous concentrer sur le blocage émotionnel ou sur la douleur.

Faites l'offrande de votre désir à cette émotion et immergez respectueusement votre aspiration dans l'énergie régénératrice du souvenir ou jouissez sans retenue de l'émoi de cet instant mémorable. Entretenez cet état en toute conscience que tout ira pour le mieux.

La magie de la reconnaissance

En une journée, nous ne traversons que trois états d'âme. Si nous étions davantage conscients de celui du moment, nous aurions une longueur d'avance en ce qui a trait au transfert de vibrations.

Le mode victime

C'est la valse des « Oh, mon Dieu, c'est encore à moi que ça arrive et je n'y peux rien ! » Nous n'avançons pas, nous ne faisons que tourner négativement en rond, magnétisant éternellement les mêmes vieilles conditions.

Le mode neutre

Dans ce mode, nous ne sommes ni de bonne ni de mauvaise humeur ; nous progressons cahin-caha en deuxième vitesse. Notre énergie n'est pas inspirée et, de toute évidence, nous n'attirons rien du tout. Ainsi, récoltons-nous non seulement les conséquences de notre flux énergétique aléatoire, mais également de celui des autres. (Qui se ressemble s'assemble, n'est-ce pas ?) C'est très désagréable, mais c'est ce mode que nous mettons en pratique avec le plus de régularité.

Le mode action

Vous voici donc en mode embrayage et vous êtes fin prêt ! Votre fréquence élevée n'attire plus les pulsations désagréables d'autrui. Vous avez fait le plein d'une énergie positive de bien-être à l'état pur, oscillant en synchronie avec votre moi authentique, laissant circuler librement l'énergie et captant des événements positifs tout en étant enveloppé d'une écharpe de sûreté et de sécurité.

Nous sommes toujours fonction de l'un de ces trois modes : victime, neutre ou action. Évidemment, notre objectif est de passer en mode action le plus rapidement et le plus longtemps possible ; voilà pourquoi nous nous tournons vers la très haute énergie de la reconnaissance.

La vibration de la reconnaissance est notre fréquence fondamentale puisqu'elle se rapproche le plus de l'amour cosmique. Quand nous sommes reconnaissants, nous sommes en parfaite harmonie vibratoire avec notre énergie source, notre énergie essentielle.

Vous pouvez la survolter, ou sauter à pieds joints dans l'émotion, c'est pareil. Une seule minute d'intense énergie de reconnaissance renverse des milliers d'heures passées en mode victime ou en mode neutre.

Soyez toutefois prudent ! Une simple pensée n'est pas satisfaisante, elle ne suffit pas à la tâche. La réflexion est hors jeu, c'est l'heure de l'émotion. Vous ne pouvez pas seulement prendre la décision d'apprécier ceci ou cela. Le déferlement d'émotions signifiantes doit venir de votre for intérieur pour arriver à bon port.

Il n'est pas non plus nécessaire d'avoir été sauvé in extremis d'un incident dramatique par un membre de l'équipe de secours du 911 pour ressentir une vague de reconnaissance. En fait, faire circuler l'appréciation est un jeu d'enfant. Vous pouvez jeter votre dévolu sur un panneau de signalisation routière si l'envie vous en prend. Ne vous moquez pas, je m'y astreins régulièrement pour garder la forme. Comme n'importe quelle habilité, le déversement énergétique requiert un entraînement rigoureux. De plus, il y a quelque chose de très rassurant à diriger des quantités d'amour, d'adoration et d'appréciation vers « Ralentissez ; hommes au travail. » Je pratique avec des feux de signalisation, des panneaux d'affichage, une volée d'oiseaux, une souche d'arbre, un animal mort, une tempête hivernale et, évidemment, des gens.

Au supermarché, je choisis parfois la crapule à l'air le plus mesquin que je puisse repérer ; j'ouvre grand le robinet et j'asperge cette âme innocente des plus hautes vibrations possibles, qu'il s'agisse de pulsations de reconnaissance ou d'amour pur et simple. Une fois, ma victime était une vieille chipie qui aurait préféré ne faire qu'une bouchée de moi plutôt que de me laisser passer. Je l'ai foudroyée d'énergie et, à ce moment précis, elle a fait volte-face en cherchant furieusement ce qui l'avait ébranlée… tandis que je souriais en toute candeur.

J'appelle ce jeu « l'étreinte-canaille ». Je m'imagine sur la rue (ou ailleurs) avec un parfait étranger. Nous nous précipitons dans les bras l'un de l'autre comme de vieux amis qui s'étaient perdus de vue. Commencez par des cibles acceptables, comme quelqu'un à côté de qui vous ne

répugneriez pas de vous asseoir à la buvette du coin.
Ensuite, petit à petit, choisissez des gens avec qui vous
avez un peu plus de difficulté socialement jusqu'à ce que
finalement le type d'individu ne fasse plus aucune
différence.

Visualisez et ressentez profondément cette agréable
reconnaissance de deux personnes planant ensemble dans
une étreinte si intense que l'amour fuse de toutes parts. Je
ne tiens plus le compte du nombre de fois où j'ai fait cette
expérience en marchant sur la rue, juste pour voir les
personnes se retourner en se demandant ce qui leur
arrivait.

La vibration d'appréciation est également la plus
élevée et la plus efficace en matière d'attraction. Si nous
émettions de la reconnaissance à cœur de jour, ce serait le
paradis sur Terre, nous serions heureux jusqu'à la fin des
temps avec plus d'amis, plus d'argent, plus de relations
significatives, en toute sécurité et plus près de notre Dieu
qu'il est possible de l'imaginer.

Être en amour

Ah ! l'âme sœur s'est enfin pointée le nez. Vous
planez, la tête dans les nuages, enivré d'un sentiment
d'euphorie indescriptible… Vous êtes en amour !

Rien ne vous affecte. L'univers est doux ; la journée est
radieuse ; c'est le printemps au cœur de l'hiver ; les
étrangers sont magnifiques ; vous flottez… Vous êtes
amoureux !

Saviez-vous que vous pouvez éveiller ce sentiment à volonté ? Je ne parle pas de l'excitation sexuelle, mais de cette ivresse émotionnelle, de cette exultation capiteuse. Vous pouvez franchir le pas de votre porte et vous sentir amoureux. De surcroît, je peux vous assurer qu'il n'y a rien d'aussi agréable pour stimuler promptement vos pulsations.

Dès lors, vous pouvez planer à cœur de jour en sachant appâter vos désirs ; vous pouvez inclure une aspiration particulière au cœur même de cette émotion jubilatoire et diriger votre énergie renouvelée vers un rêve imminent.

Rappelez-vous vos premières amours ; tout semblait aller de soi. Les ennuis étaient insignifiants dans cet univers neuf, comme si Dieu avait verni le ciel.

Revivez cet émoi, soyez amoureux et vous vous sentirez renaître. La seule chose manquante sera l'excitation sexuelle. Autrement, vous aurez une copie conforme de la réalité amoureuse, puisque ce sera bien concret. C'est votre nature, vous ne faites que replonger au cœur du sentiment. En outre, la simulation est extrêmement amusante. Du coup, notez cette fébrilité que vous ressentez et ce discret remuement au creux de vos entrailles.

L'éternelle douceur

Quand rien ne va, quand vous avez tenté en vain d'injecter le moindre petit sentiment de bien-être, souvenez-vous de ce qui suit.

Chez l'homme, comme chez la femme, il y a une tendresse, une délicatesse ou une douceur si touchante que la côtoyer pourrait vous émouvoir aux larmes. Agressif ou tendre, mendiant ou millionnaire, cet état fait partie de chacun de nous ; telle est notre nature. Cette douceur n'a rien à voir avec la personnalité. Ce n'est une preuve ni de faiblesse ou de force, ni de lâcheté ou de toute-puissance. Cela ne tient qu'à vous, puisque vous êtes ainsi fait.

Pour réveiller la présence de la douceur (habituellement bien enfouie), vous n'avez qu'à en faire la demande. Transformez-la en désir ou en intention, ensuite attendez-la, écoutez-la, percevez-la et éprouvez-la. Une fois que vous aurez ressenti cette douceur, cette perle qui est en vous, vous pourrez évoquer la sensation à volonté. Toutefois, il faut une bonne dose de cran pour s'autoriser l'expérience car cette zone délicate est la plus haute vibration de toutes. Une fois au cœur de votre naturel, vous serez de retour au bercail. Votre univers ne sera plus jamais le même puisque vous serez différent, tout comme le seront vos vibrations.

Par grande morosité

Aussi longtemps que nous occuperons ces enveloppes charnelles, des jours tristes adviendront. Ces jours où rien ne va (et vous vous en foutez de toute façon), souvenez-vous qu'une journée pourrie n'est rien d'autre que le résultat d'une soupape close. Vous avez un trop-plein d'énergie négative. Ce n'est pas grave, vivez-le. Autorisez-vous à éprouver cette morosité afin de n'épargner aucun sentiment négatif.

Cependant, si vous cherchez vraiment à mettre un terme à cette mélancolie vibratoire, jetez votre dévolu sur le plus insignifiant des petits riens ; prenez un visage souriant, faites ressurgir votre sourire intime et adorez ce petit rien.

Ce peut être un grain de poussière, un magazine ou un fil électrique. Submergez-le de reconnaissance pour sa simple présence, enveloppez-le d'amour comme si vous retrouviez un objet précieux égaré depuis belle lurette. L'aisance de la fluctuation de vos vibrations vous étonnera.

Cette approche sans effort fonctionne généralement bien pour moi. Lorsque ce n'est pas le cas, je me tourne vers une technique infaillible : danser dans la maison, chanter des chansons aussi idiotes que *Les jours heureux sont de retour* (tandis que je préférerais invectiver mon chien), *Ah, quel matin glorieux* (quand je préférerais fondre en larmes au fond du fauteuil) ou n'importe quelle rengaine inventée pour m'obliger à m'activer.

J'utilise ce stratagème quand je touche le fond du baril, mais que je désire m'en sortir. Toutefois, quand je suis si déprimée, le déclic prend généralement un certain temps à se faire et cette sarabande effrénée me sert de démarreur. Ainsi, une fissure se creuse dans cette énergie coincée et je peux éventuellement accéder à des sentiments de mieux-être. Ensuite, en quelques heures, le téléphone se met à sonner, les affaires s'emballent, des amis me lancent une invitation et les idées se bousculent de nouveau dans ma tête. Cette technique est plutôt efficace. Il s'agit de faire tout ce qui vous passe par la tête pour améliorer votre moral.

De plus, quand vous êtes résolument abattu, vous parler tendrement de façon rassurante accomplit des miracles : « Ça ira, Corinne, tu verras ; tout ira pour le mieux. Tu t'en sortiras. » Allez-y, parlez de n'importe quoi d'apaisant jusqu'à ce que vous vous sentiez mieux.

En cas de profonde tristesse, ne faites qu'un tout petit pas précautionneux à la fois. Cela pourrait prendre quelques heures, voire quelques jours, mais éventuellement votre résistance s'estompera et l'entrebâillement de votre soupape rétablira la connexion.

Allumer... attiser... embraser !

Peu importe où vous êtes, vous pouvez toujours éveiller tel ou tel sentiment chaleureux si vous le désirez vraiment.

Faites-le en regardant par la fenêtre de la cuisine, en franchissant le pas de la porte au petit matin, en prenant place dans votre fauteuil roulant, en embarquant dans le métro, en balayant le balcon, en faisant des photocopies, en arpentant la promenade ou encore en nourrissant les animaux.

Tant que vous n'aurez pas ressenti ce bourdonnement de joie, d'appréciation, d'amour ou de gratitude, même quand le gros bon sens vous assure que vous n'avez aucune raison d'être heureux, vous ne maîtriserez pas votre énergie. Toutefois, si votre aspiration est de sauter à pieds joints dans une nouvelle vie, apprenez à le faire d'une manière ou d'une autre, SANS VOUS PRÉOCCUPER de ce qui vous entoure.

Si vous cherchez à métamorphoser quelque chose, à améliorer votre situation, à ressentir ce magnifique sentiment de plénitude, à vivre une profonde joie jusqu'alors inconnue ou encore à obtenir ce qui vous fait défaut, lancez les moteurs et démarrez en trombe !

Septième chapitre

La force EST
avec vous

(quatrième étape)

Il y a quelques décennies, quand j'étais plus jeune et que la Californie était encore toute neuve pour moi, je parcourais chaque jour le chemin entre Coldwater Canyon et Beverly Hills où j'occupais un étrange emploi au siège social d'une grande entreprise aérospatiale. J'adorais le trajet mais pas le boulot. Toutefois, à cette époque de ma vie, ce n'était pas le temps de faire des vagues puisque toute mon énergie était centrée sur mon programme d'Alcooliques Anonymes qui me satisfaisait tant. Pendant deux ans, j'ai traversé le canyon, j'ai cherché des façons de m'occuper au travail et je me suis follement amusée à devenir sobre à Los Angeles. L'ennui a ensuite frappé à ma porte.

Par un bel après-midi, tandis que j'appréciais le trajet du retour vers la vallée en passant devant les somptueuses résidences de Beverly Hills, j'ai dit à voix haute à cette puissance que je croyais externe à l'époque : « Bon, Pouvoir Suprême, voyons comment tu opères. Je m'ennuie au travail ; je veux faire autre chose. Donne-moi une idée. En fait, si tu me donnes la semence, je la mettrai en terre. » Sans m'en rendre compte, je planais plus haut qu'un cerf-volant, appréciant le paysage, en paix avec le monde et animée d'une fougue envers ce que mes amis des A.A. et moi appelions le « Pouvoir Suprême ». Je cherchais à lui intimer : « Bon, une fois pour toutes, tu livres la marchandise ou tu te tires ! » L'énoncé était criant de sincérité ; il est monté en flèche vers la voûte éthérée, magnétisant vigoureusement de hautes vibrations d'un bien-être espiègle.

Le lendemain, en route vers le boulot, j'ai répété « Donne-moi la semence, je la mettrai en terre », ce que j'ai également réitéré sur le chemin du retour. À l'époque, j'ignorais tout des vibrations et du flux énergétique et, malheureusement, je ne connaissais pas non plus mon propre pouvoir ; je savais encore moins que ce pouvoir « externe » et moi ne formions qu'un. J'étais persuadée que le grand manitou était indépendant de moi et qu'une sagesse suprême guidait mes pas. Je ne faisais que me concentrer puissamment, quoique inconsciemment, sur un désir et tester ce pouvoir, question de vérifier s'il était prêt à me porter secours.

C'est alors qu'un jour, sur le miraculeux chemin du retour, tandis que je franchissais la crête de la colline d'où s'étendait une superbe vue panoramique à perte de vue, une idée a germé, comme une explosion cosmique. Le concept était de mettre sur pied une maison d'édition spécialisée en éducation audiovisuelle, une technologie novatrice. C'était en 1965. La majorité des gens n'avaient encore jamais entendu parler de bandes magnétiques et, moi, j'ignorais comment fonder une entreprise ou même mettre les choses en branle.

Peu importe, chaque fois que j'effectuais le trajet du retour, je répétais : « Pouvoir Suprême, donne-moi encore la semence, je trouverai un moyen de la mettre en terre. » En effet, chaque jour, immanquablement, lorsque je rentrais du travail, les idées se bousculaient dans ma tête. Je prévoyais des magazines audio, des tours guidés de parcs nationaux sur cassette, des cours de formation en vente et des programmes pour les enfants d'âge scolaire. Aussi longtemps que j'effectuais le trajet, les idées me venaient ; je me sentais bien, ma soupape était grand ouverte et l'inspiration m'arrivait aisément.

La spirale commençait à vriller. Plus les idées venaient en vrac, plus je m'emballais ; plus mon excitation grandissait, plus les idées se bousculaient. Je bourdonnais sans le savoir.

Des spécialistes du médium audio et d'autres de la gestion d'entreprise ont surgi de nulle part ; des financiers, des juristes, des techniciens et des agents de commercialisation se sont pointé le bout du nez. C'était génial. J'ai finalement quitté mon emploi pour former Listener Corporation, une des premières entreprises à distribuer de l'information sur un tout nouveau support, les bandes magnétiques sonores.

Toutefois, l'excitation s'est vite évaporée, la peur de me lancer seule en affaires m'a prise et mon flux d'inspiration s'est asséché tel un désert après un déluge éclair. J'étais aspirée dans cette longue et lente spirale descendante, malgré la renommée grandissante de l'entreprise.

Nous étions les premiers à proposer des tours guidés en voiture de parcs nationaux, mais l'aventure a échoué. Nous étions les premiers à diffuser sur bande magnétique un magazine mensuel spécialisé en affaires, qui a battu de l'aile un an plus tard. Nous étions les premiers à proposer des informations d'affaires pour les casques d'écoute des vols transcontinentaux, et le projet a avorté. Nous étions parmi les premiers à offrir des programmes à grande portée de motivation à la vente, en boîtiers adaptés aux différentes industries, mais le succès n'a pas suivi. La formule était simple : ma propre crainte que ces projets n'aboutissent pas les a menés à l'échec !

Nous avons finalement trouvé notre niche en nous adressant à un public plus restreint (et moins craintif) : des programmes de formation internes pour les instituteurs, de même que du matériel éducatif audiovisuel pour l'enseignement au primaire. Nous étions bien connus, respectés, et nos représentants commerciaux ainsi que nos clients étaient heureux. Pourtant, j'arrivais à peine à effectuer mes paiements hypothécaires.

Je frappais, je cognais, je broyais, je martelais et je bousculais autant comme autant. Je ruais dans les brancards mais, plus j'essayais de m'attaquer au problème, plus le succès tardait à venir. Nos nouveaux programmes étaient encensés d'un océan à l'autre, avec raison ; ils étaient excellents, utilisaient les plus grands esprits qui soient en matière d'éducation, ainsi que les approches éducatives les plus novatrices. Nonobstant les critiques élogieuses, aucun de nos programmes n'a vraiment enregistré d'importants profits. Je cherchais comment faire avancer les choses. Je redoublais d'ardeur à l'ouvrage, tandis que mes inquiétudes se décuplaient. Évidemment, plus j'avais peur, plus je résistais à l'énergie du bien-être ; ainsi donc, j'attirais de plus en plus de piètres résultats de vente.

Ma sagesse intuitive m'avait abandonnée. Il n'y avait pas la moindre brèche permettant à mon moi authentique de s'infiltrer et de me prodiguer ces précieux conseils qui avaient un jour été mon lot. Je pestais souvent contre cette puissance soi-disant supérieure, l'enjoignant de me lâcher un peu, tout en vibrant tellement en discordance que j'aurais aussi bien pu être invisible. J'avais l'impression de vivre ce vieux dicton : « Ça va de mal en pis. » Ça n'avait jamais été aussi vrai.

La situation a perduré pendant treize années jusqu'à ce que, à bout et complètement déconnectée de ma source de bien-être, je vende l'entreprise et m'enfuie en remontant la côte vers un refuge isolé. Plutôt dire que j'ai foncé directement vers les pires et les plus pénibles années de ma vie. De cette période sombre m'est venue la connaissance intime de ce dont je ne voulais plus et rapidement ont fleuri ces années qui allaient être les plus magiques de ma vie, tandis que je faisais la connaissance de mon moi authentique.

Je vous raconte ce plongeon vers les bas-fonds (de la félicité à la misère), car c'est une démonstration classique de la variation des conséquences de l'action inspirée comparativement à celles de l'action basée sur la peur. La première fait planer vers le bonheur sans le moindre effort apparent, comme lors de la mise sur pied de l'entreprise ; la seconde est un combat sans vainqueur qui ne mène nulle part d'autre que vers les profondeurs.

L'inspiration plutôt que l'effort

La plupart d'entre nous ont la notion – bon, au-delà du concept, cela fait partie intégrante de notre éducation – que, pour matérialiser nos désirs, nous devons déployer des efforts assortis à la force de ces derniers.

Autrement dit, si nous ne désirons qu'un cornet de glace, l'effort personnel requis est minime. Par contre, si nous aspirons à devenir le premier ministre provincial à la tête d'un tout nouveau parti politique, nous nous attaquerons à la tâche avec un bagage d'efforts monumental. En effet, nous avons toujours cru que, même pour passer près de réaliser des rêves plus importants qu'une glace à la vanille, il faut nous creuser la tête ou tout simplement baisser les bras.

Cependant, se creuser la tête tient du syndrome « Allez, hue ! », un syndrome qui entraîne des actions frénétiques de la plus grande inutilité, c'est-à-dire que nous opérons sur le plan purement physique, avec véhémence, ne nous en tenant qu'aux devoirs et aux obligations. En peu de mots, cela signifie que nous tentons de renverser le cours de la rivière à l'aveuglette, sans guide supérieur. Nous opérons donc avec une soupape à peine entrouverte, d'où un stress interne et un flux d'énergie si négative qu'il serait impossible de parvenir aux résultats escomptés.

Donc, l'approche logique pour suivre le chemin désiré ou réaliser nos rêves est d'opérer selon une inspiration guidée plutôt qu'en fonction des vibrations négatives du stress de la conscience sociale. Comment faire ? Par où commencer ? Comment cesser de se frapper le nez contre une porte close ?

Bon, d'abord vient l'inspiration. Les idées surgissent parce que vous passez davantage de temps en haute fréquence de bien-être (ou de mieux-être), à bourdonner et à vous allumer.

Ensuite, après avoir déversé quantité de cette énergie vers l'un ou plusieurs de ces nouveaux concepts géniaux, vous passez à l'acte. Cette fois-ci, vous partez toutefois d'une inspiration bénie plutôt que d'un effort négatif. Ainsi, vos actions sont aussi inspirées que vos idées et tout ce que vous attirez vibre en haute fréquence.

Et voilà ! Quelque chose de sensationnel se produit. Peu importe la complexité ou l'implication de l'idée, celle-ci prend forme et circule avec l'aisance et l'assurance d'un ruisseau déferlant la montagne. Pourquoi pas ? Vos idées étaient inspirées ; dorénavant, vos actions leur permettant de prendre forme le seront également. Tout ça, grâce à un flux énergétique de fréquence supérieure.

Supposons que vous bourdonniez gaiement, d'excellente humeur, et qu'une idée germe dans votre esprit. C'est fantastique ! C'est exactement le genre de truc qui fonctionnerait si seulement vous saviez comment, si vous aviez suffisamment d'argent, si vous aviez l'éducation ou le soutien nécessaire...

Quand des indications vous sont téléchargées, seules deux options sont possibles.

Soit vous vous dites « Hum, c'est ridicule. C'est peut-être une bonne idée, mais... » et vous vous empressez de refermer la soupape.

Soit vous décidez de vous taire, d'écouter et de faire confiance aux signes.

Si vous avez formulé des désirs avec régularité et que votre soupape est plus ouverte que d'habitude, attendez-vous à recevoir des directives sous forme d'idées qui orienteront vos désirs. Si vous décidez d'aller de l'avant et de suivre les pressentiments et les concepts, vous passerez en mode d'action inspirée plutôt que frénétique. Vous parviendrez à vos fins par des activités, des techniques et des méthodes amusantes et inspirées que vous mettrez facilement à exécution plutôt que de tenter de remonter un courant impétueux.

Quand l'inspiration vous tombe dessus ou qu'une idée pour faire avancer votre désir surgit soudainement, passez en mode possibilité plutôt que conditionnel. Ne vous préoccupez pas du comment ; vous le découvrirez une fois que vous vous serez relaxé en haute fréquence. L'inspiration est toujours accompagnée d'un guide d'utilisation.

Voilà, le flux circule. Une personne déconnectée prendrait des années à accomplir ce que vous réussirez en quelques mois, étant aiguillonné vers les activités les plus productives par votre moi authentique débordant de joie.

L'engrenage bien huilé

En plein milieu de cette année bénie, quand mon entreprise de courtage roulait sur l'or, une idée a germé dans ma tête. Je n'en avais pas vraiment besoin ; mes désirs déferlaient plus vite que je n'avais le temps de les apprécier. Néanmoins, cette idée était renversante.

Elle m'est venue un soir sous la douche tandis que, pour une raison ou une autre, je vibrais intensément. Je dois avouer que ma première réaction a été : « Arrête un peu, ce n'est pas sérieux ! »

L'idée était de produire un publireportage (une publicité télévisée d'une demi-heure) pour un programme d'autoassistance vaste et complexe qui n'existait même pas, auquel je n'avais jamais même réfléchi. Je ne savais plus où donner de la tête ! Le concept même était cinglé et complètement illogique. Tandis que je me laissais porter par la vague des prêts hypothécaires, ma meilleure année à date, j'avais des idées de publireportage sur un sujet inconnu. Ça ne tenait pas debout ! Sans compter qu'il faudrait investir une petite fortune en production et déployer beaucoup d'effort pour coordonner le tout. Qui plus est, cela représenterait un emploi à temps plein pour quelqu'un du métier, ce qui n'était absolument pas mon cas.

Toutefois, ma soupape était ouverte, ma fréquence planait et partout autour je ne rencontrais que des conditions favorables ; ainsi, des idées amusantes ne cessaient de déferler, que je le veuille ou non.

À peine quatre mois, quatre petits mois, après en avoir eu l'idée, après avoir amassé les sommes astronomiques nécessaires à la fabrication du produit, à la production d'un publireportage de qualité et à l'achat de temps d'antenne d'un océan à l'autre, et après avoir pris le temps d'écrire, de narrer, d'interpréter et de produire le tout, le tournage en extérieur était en branle, soutenu par une formidable équipe de professionnels. Mon idée s'était concrétisée en quatre mois seulement !

En mars de l'année suivante, je faisais la promotion sur les ondes de *Life Course 101*, le monumental cours audiovisuel de croissance personnelle à distance. C'était stupéfiant !

J'abattais le boulot d'une douzaine de personnes, dirigeant une entreprise et en gérant une nouvelle tout en concevant et en produisant par moi-même un nouveau programme complexe. C'était une époque millésimée. Évidemment, mes amis croyaient que j'avais perdu la boule.

Pourtant, ce qu'ils ignoraient, c'est que tout se matérialisait sans effort. Je n'étais pas atteinte du syndrome « Allez, hue » et mes actions n'avaient rien de frénétique. Cette fois-ci, j'étais bien branchée et tout allait de soi, l'engrenage était bien huilé. Si je me demandais comment faire telle ou telle chose, les réponses fusaient et j'accomplissais les actions nécessaires sans effort, sans tracas, sans souci, et absolument sans aucun doute. Honnêtement, je m'éclatais.

Évidemment, c'était une charge de travail énorme, mais c'était facile puisque les ficelles étaient tirées par mon guide-entraîneur. Tout problème était résolu aussi rapidement qu'il se présentait. Tout, pour chacune des entreprises, s'emboîtait à la perfection. Mon flux vital circulait librement. Je n'ai jamais mis en doute une nouvelle idée ou une nouvelle orientation puisque les façons de procéder en découlaient directement. Mon moral était invariablement au beau fixe.

Je carburais à la spontanéité. J'ai cessé de me préoccuper du temps qui file. La haute fréquence magnétique émanant de mon for intérieur était d'une telle puissance qu'elle enlignait pour moi les circonstances et les événements à venir avant même que j'en aie fini avec les précédents. Le cours des choses me fascinait ; pourtant, je ne faisais, sans le savoir, que déverser l'énergie positive du bien-être et qu'accomplir les idées qui me parvenaient avec une régularité désarmante. Il n'y a rien de mieux !

Les impressions, les signes et les intuitions

Combien de fois n'avez-vous pas eu l'intuition (le pressentiment, l'impression viscérale) d'aller dans une direction précise et n'avez-vous pas suivi cette idée, pour vous rendre compte que c'était une excellente décision ? Vous suiviez votre guide supérieur. Peut-être encore avez-vous eu follement envie d'essayer quelque chose et y êtes-vous parvenu en vous amusant. Vous suiviez également votre guide supérieur.

Toutefois, il n'est pas nécessaire de se lancer en affaires pour avoir des idées, des pressentiments ou des intuitions. Que votre désir soit de trouver un moyen d'éviter le trafic du centre-ville ou de faire une rencontre agréable, vous n'avez qu'à porter une attention accrue aux signes accompagnateurs de la réalisation et à leur faire confiance !

Un appel impromptu d'un vieil ami, une émission télévisuelle que vous ne regardez jamais, une lecture pressentie, un besoin de téléphoner à un ami ou d'emprunter un chemin de traverse sont autant de petits coups d'épaule de votre moi authentique, de votre guide supérieur ou intérieur qui vous aide à maintenir le cap du plaisir, même s'il ne s'agit que de trouver un meilleur emplacement de stationnement par temps pluvieux. Vous avez déferlé une rafale d'énergie du bien-être, combinée à des désirs ; vous avez déversé un tourbillon d'énergie et, alors que vous pénétrez dans le vortex, votre guide vous fait signe. Votre impulsion à agir, à accomplir une action, à vous diriger dans telle direction ou à téléphoner à quelqu'un émerge d'une activité magnétique initiée par votre concentration d'énergie.

Un peu plus tard, en pleine création délibérée, je prenais la route de Portland dans ma vieille Mercury Monarch, édition 1977, une voiture qui avait connu son lot de réparations depuis qu'elle était mienne : nouveau moteur, nouvelle ceci, nouveau cela. Je l'aimais beaucoup. En raison de son âge, toutefois, mon mécanicien m'avait recommandé l'utilisation d'une huile de synthèse pour réduire l'usure. Ça m'allait bien. Par contre, les huiles synthétiques étaient plutôt rares à l'époque et c'était une marque bizarre que je devais me procurer sur commande spéciale.

Depuis des siècles, je n'étais pas allée plus loin que l'épicerie. Ces deux heures de route vers Portland étaient donc une vraie bénédiction. J'ai fait jouer une musique planante et, une heure plus tard, j'étais au bord du nirvana, déversant de l'énergie à tout venant. Tout à coup, je me suis souvenue que j'avais négligé de faire le plein de ce précieux lubrifiant. Habituellement, j'en avais toujours quelques boîtes dans la voiture mais, cette fois-ci, j'avais complètement oublié de faire les réserves. La perspective de dénicher ce type d'huile – qui ne devait, évidemment, être mélangée à aucune autre – était quasi nulle sur cette autoroute bordée de fermes dans le sud de l'État de Washington.

J'ai poursuivi ma route sur quelques kilomètres en me demandant quoi faire quand j'ai eu le pressentiment que je devais prendre la prochaine sortie. Puisque je suivais mon instinct presque sans hésitation à l'époque, j'ai haussé les épaules et j'ai emprunté une petite route de campagne déserte.

J'ai pénétré dans une réplique d'une ville minière à l'abandon, d'une ville fantôme avec ses édifices en ruine placardés si délabrés qu'ils penchaient dangereusement. Il ne semblait pas y avoir âme qui vive. Pourtant, j'ai garé ma voiture et je suis descendue, pleinement consciente que je ne doutais pas de ma décision et que je ne pensais pas « Bon sang, qu'est-ce que je fais ici ? » Plutôt, je suivais cette étrange piste.

C'est alors que je l'ai vu sans en croire mes yeux. À peine quelques mètres plus loin, un édifice délabré affichait sur une pancarte peinte hâtivement à la main : « Atelier de mécanique ». J'ignore comment je ne l'ai pas remarqué en garant ma voiture, mais il était là devant moi. Abasourdie, je suis entrée et j'ai demandé aux employés s'ils avaient en magasin de l'huile de synthèse. Répondant par l'affirmative, ils se sont toutefois excusés de n'avoir qu'une seule marque en stock : Blurp. C'était justement celle dont j'avais besoin ! « Très bien, Madame, nos deux dernières boîtes sont juste ici ! »

De retour à la voiture, je n'en revenais pas. J'étais ravie et excitée à la fois. Évidemment, j'étais aux anges que la loi de l'attraction soit si flagrante mais, honnêtement, j'étais sidérée. C'était d'une évidence incontestable. Mes vibrations avaient atteint un niveau record et une nécessité urgente s'était manifestée. De surcroît, je n'avais pas le moindre germe de résistance du type « J'ai un problème, je ne trouverai jamais, que faire ? » Avec un tel degré vibratoire, la solution m'est automatiquement apparue, les indications de mon moi authentique étaient claires, sous la forme d'un puissant pressentiment que j'ai décidé de vérifier. Nom de Dieu, quel mélodrame c'était !

Comment est-ce arrivé ? Je l'ignore, mais peu importe. J'ai suivi mon instinct et cela a porté ses fruits.

La plupart d'entre nous ne s'autorisent pas à croire que quelque chose puisse se produire à moins de pouvoir prédire les circonstances. Gardez l'œil ouvert sur les présages. Contemplez la magistrale orchestration des pièces manquantes qui s'emboîtent comme par magie.

Vous êtes entré de plain-pied dans l'étrange univers de la synchronie ; vous êtes branché, connecté à votre énergie source et vous suivez le rythme. Toutefois, vous remarquerez cet univers ou lui ferez confiance seulement si vous relevez des indices.

Sans hésitation

À l'exception peut-être de la prière, qui en appelle plus souvent d'une soupape fermée qu'ouverte, se tourner vers l'intérieur, se taire, écouter et donner suite aux pressentiments n'est le lot que de quelques privilégiés qui ont appris à le faire ! Suivre quoi ? Écouter qui ? Quelle absurdité ! Va consulter ! Ton imagination te joue des tours. Ça n'a aucune substance ; il n'y a aucune donnée intellectuelle empirique à l'appui.

J'aime cette façon que nous avons de prétendre qu'une chose n'existe pas, tout en la nommant. Nous levons le nez sur ce « guide divin » à qui pourtant nous octroyons nombre de significations : une impression viscérale, la motivation, un signe, l'intuition, le bon sens, l'inspiration, l'impulsion, une forte envie, une prémonition, un désir ou encore l'imagination. C'est votre guide, votre moi authentique qui vous diffuse des messages de sagesse infinie, faisant tout ce qui est en son pouvoir pour vous transmettre des idées et des indications avant que vous ne refermiez votre soupape.

Cette sagesse est faite de conseils issus de votre conscience, de Dieu, de votre for intérieur, de votre moi authentique, de votre escorte cosmique... Le guide attire votre attention pour vous aider à aller vers vos désirs, que cela soit de l'huile pour la voiture ou des cheveux sur un crâne dégarni. Pour mener le tout à bien, il faut savoir s'abandonner aux intuitions du moment.

Deux de mes clients, appelons-les Georges et Sylvie, étaient quelque peu ébranlés le soir où je me suis présentée chez eux pour remplir le formulaire de demande de crédit. Quand je leur ai demandé ce qui clochait, Georges a répondu que lui et sa femme avaient évité de justesse un sérieux carambolage sur l'autoroute et qu'ils étaient encore « plutôt désarçonnés », selon ses dires.

Ils travaillaient à des endroits différents, mais effectuaient le trajet ensemble. Il semble qu'ils aient pris le chemin du retour comme à l'habitude quand Georges, qui commençait à s'énerver d'être coincé derrière un gros camion rouge plutôt instable, a changé de voie. Instinctivement, Sylvie lui a demandé de ne pas faire ça et de sortir immédiatement de l'autoroute. Indubitablement, Georges s'est moqué de cette « ridicule » suggestion quand, finalement, pour désamorcer la situation qui s'envenimait, il a emprunté la sortie suivante pour se retrouver sur une étrange petite route de campagne.

De retour à la maison, Georges a allumé le téléviseur pour regarder le bulletin de nouvelles locales. C'est alors qu'il a vu le fameux camion rouge en plein milieu d'un carambolage, écrasé entre deux voitures, à peine quelques kilomètres après la sortie qu'ils avaient empruntée. Il y avait deux victimes.

Cette dame bien branchée avait suivi son instinct sans hésitation. Combien d'entre nous auraient été à l'écoute et auraient emprunté une voie d'accès secondaire ?

Il est « cosmiquement » drôle de penser que nous ayons été conçus de la sorte, pour être guidés par notre instinct et non par notre cerveau. Au cours des siècles, nous avons toutefois appris à réfléchir avant d'agir, à l'inverse du reste de la nature, plutôt que de faire les choses par instinct. Les animaux et les plantes réagissent (d'instinct), tandis que les humains, bien obstrués et déconnectés, s'en moquent. Pourtant, le jeu des bons sentiments est plus agréable qu'une journée à Disneyland. Vous écoutez et vous agissez, en vous abandonnant à votre guide, sans aucune hésitation.

Ainsi, si une douzaine de parents et d'amis vous disent de faire ceci, mais que votre intuition profonde vous pousse à faire cela, suivez TOUJOURS votre instinct (en autant que cela vous soit agréable). Pourquoi ? Faites-le quelques fois et la réponse deviendra évidente. Votre guide s'évertue à vous mener à bon port en suivant votre intention originelle. Faites-lui confiance. Soyez branché et écoutez attentivement. Votre moi authentique connaît son boulot.

L'ultime étape

En cela tient la quatrième et l'ultime étape du processus de création délibérée.

La première, vous vous en souviendrez, est l'iden-tification de l'appréhension.

La deuxième cherche à clarifier et à déterminer le désir.

La troisième est l'immersion dans l'émotion du désir. Et voici maintenant la quatrième :

Quatrième étape – La revendication, l'écoute et l'aboutissement du désir

En clair, il faut cesser de forcer les choses. Il faut écouter attentivement notre guide et suivre sans hésitation les indications qu'il nous donne.

Il faut également cesser de chercher à comprendre comment matérialiser nos désirs puisque ce n'est plus de notre ressort. Nous n'avons qu'à réagir à l'inspiration venue de notre moi authentique, à maintenir notre soupape ouverte, à nous attendre à ce que nos désirs soient en chemin, à prendre du recul, à laisser l'univers aller et à être patient. (Dans la même veine, la patience n'est aussi qu'une soupape obstruée centrée sur ce qui n'est pas arrivé.)

L'univers est meilleur organisateur que vous ; donnez-lui sa chance et ôtez-vous du chemin. Il a une tâche à accomplir. Vous avez déversé votre énergie magnétique ; maintenant, retirez-vous et permettez le déploiement de la manifestation.

Où diable est ce désir ?

Bon, votre fréquence plane, vous êtes en lien direct avec votre guide, à l'écoute, suivant votre instinct et constatant la synchronie des événements mais, nom de Dieu, où se cache cet extraordinaire désir ?

« Comment puis-je être emballé et excité à propos de ce dont je parle sans cesse, que je ressens et vers quoi je déverse tant d'énergie mais qui n'aboutit pas ? »

Si votre désir ne s'est pas matérialisé dans un temps qui vous semble approprié, c'est seulement que vous ressentiez davantage son absence que sa présence.

Ne vous inquiétez pas, vous n'avez pas perdu le guide d'utilisation. Le déversement délibéré d'énergie positive nous est si peu familier, tandis que ces sentiments résistants auxquels nous sommes habitués, et qui du coup passent inaperçus, dominent notre journée.

Ainsi, il est bon que vous acceptiez que votre rêve ne se soit pas encore réalisé. Vous savez qu'il se concrétisera, mais il est tout à fait normal que ce ne soit pas déjà fait.

L'ultime objectif est incontestablement de cesser d'osciller entre « soupape ouverte » et « soupape fermée », comme si vous appeliez un chien tout en lui intimant de ne pas bouger. C'est le statu quo complet. Comment alors quelqu'un peut-il alimenter de façon continue une passion immatérialisée ?

Tout d'abord, vérifiez la cible de votre déferlement d'énergie. Il est inutile de viser les appréhensions et d'en matérialiser davantage.

Ensuite, vérifiez l'intensité de votre flux énergétique. Si l'excitation est à son comble, la passion sera au rendez-vous et les manifestations se concrétiseront plus rapidement. (Demandez un peu d'aide à votre guide.)

Ensuite, vérifiez vos répétitions. À quelle fréquence êtes-vous enthousiasmé de votre désir ? Si vous avez démarré sur les chapeaux de roue en y réfléchissant longuement, mais que vous n'y avez pas songé depuis, il se réalisera peut-être un jour (quoique j'en doute). Toutefois, si l'idée vous stimule, si vous vous en parlez à cœur de jour, embellissant chaque fois le récit, non seulement marquerez-vous le rythme, mais aussi serez-vous le chef d'orchestre.

Bien que seulement seize secondes soient nécessaires à la formation du vortex, être totalement branché et allumé pendant dix à quinze minutes par jour matérialisera votre aspiration en moins de deux, à condition que vous ne soyez pas centré sur le manque.

Un autre facteur cautionne la matérialisation du désir. Toutefois, j'hésite toujours à le mentionner car il peut représenter une solution de facilité, une excuse parfaite pour se défiler si rien ne se produit. Cet élément, c'est le « bon moment ». Peut-être avez-vous déversé allègrement de l'énergie avec l'intensité d'une navette spatiale conformément aux directives sans que rien ne se soit produit. Le moment peut tout simplement être mal choisi.

Ainsi, prenez un peu de recul, relaxez-vous et laissez l'univers et votre guide prendre la relève.

La loi de l'attraction n'est en rien inconsistante. L'univers vous apportera ce que vous désirez, en temps et lieu. La clé, comme toujours, c'est la focalisation !

Qu'est-ce qui me chicote ?

Nous avons vu que seule la résistance aux énergies supérieures peut bousiller notre expérience. Toutefois, se laisser aller à ces énergies peut engendrer des événements parfois déplaisants. L'attraction en haute fréquence, c'est comme arroser un vieux trottoir boueux. La puissance du jet d'eau fait gicler la boue, révélant du coup de mauvaises fissures dans le bitume. En marchant sur le pavé, faites attention de ne pas buter sur ces lézardes oubliées.

Ces failles représentent notre résistance, notre censeur, notre négativité interne, nos vieux concepts de convention sociale, voire notre ancienne doudou, mis à nu par la haute fréquence. La force du désir détermine l'énergie attirée, tout comme la puissance du jet d'eau démasque les fissures. Nous voici donc chancelants, vulnérables, exposés aux éléments et sans protection, tandis que ces faiblesses refont surface, pour assurer la survie. Ultimement, elles disparaîtront, mais pas sans combat, rendant ainsi le cheminement cahoteux et émotionnel.

Ne vous inquiétez pas, il y a moyen de passer outre. Dès que vous notez l'incertitude et le trouble, cherchez-en la cause jusqu'à l'obtention d'une réponse.

Parlez-vous, peu importe ce qui engendre la résurgence de ce désagréable sentiment qui prendra la forme d'une antique croyance, d'une vieille frayeur ou d'une ancienne appréhension. Une fois la crainte dévoilée, si vous ne prenez que trois minutes par jour pour vous en parler et la minimiser (tout en douceur), elle se dissipera dans les trente prochains jours, de même que toute résistance inconsciente qui bloquait vos désirs.

La passion de créer

Nous avons beaucoup parlé de passion. C'est un mot agréable, mais que veut-il dire ? Comment y parvenir ? Est-ce vraiment une nécessité ?

En réalité, la passion, c'est la création.

Le contentement, c'est bien, mais la passion est créatrice.

Le contentement, c'est l'ouverture de la soupape, un havre de paix exempt de négativité, un lieu de repos. La passion, elle, est source de création, source de vie.

La passion, c'est la perception de votre puissance. Quand les conditions négatives se pointent pour quelque raison que ce soit (ce qui est constant puisque nous sommes en quête de contrastes), plutôt que de vous plaindre de la situation, tournez-vous vers l'intérieur pour prendre le pouls de votre vigueur. Vous êtes connecté à la force du bien-être. Vous êtes l'essence même de cette force qui est source de vie, source de passion. Et la passion est créatrice.

La passion tire son origine de l'excitation du processus de production. Le contentement, pour sa part, vient de la contemplation du résultat ; il tient davantage de la satisfaction. Cet assouvissement est source d'énergie positive, mais ne fait pas office de carburant. Il ne s'agit pas d'énergie créative.

Si ce sentiment euphorisant qu'est la passion semble vous faire défaut, assurez-vous que votre point focal n'est pas centré sur une appréhension. La crainte ne peut provoquer l'ivresse puisqu'elle engendre une énergie négative, une fermeture de soupape, davantage de résistance, et donc une plus grande appréhension.

Voici donc une raison de plus pour accorder davantage de temps à votre désir, qui deviendra d'autant plus passionnant : la passion est créatrice.

Être passionné, ce n'est pas nécessairement crier sa joie sur les toits ou bondir sans arrêt. Évidemment, la passion se présente sous différents degrés d'excitation ou d'enthousiasme mais, par-dessus tout, elle se veut une compréhension viscérale, une tranquille certitude que la vie ne vous mène pas par le bout du nez, que ce tigre que vous tenez par la queue n'est autre que vous.

Vous aspirez à plus de passion ? Donnez libre cours à votre joie : respirez le parfum des roses, admirez le coucher du soleil, marchez pieds nus sur la pelouse, mangez à votre restaurant préféré, éclatez de rire, découvrez de nouveaux endroits, assistez à des parties de balle ou à des pièces de théâtre, adonnez-vous à un passe-temps, soyez spontané, jouez au golf, écoutez de la musique, dénichez un beau petit coin pour prendre un bain de minuit, souriez à pleines dents... amusez-vous !

Dorénavant, vous vibrerez passionnément la soupape ouverte... et la passion est créatrice.

Laissez venir à vous !

Hum, je ne vous contredirai pas, toute cette histoire d'énergie est contraire à nos habitudes. Accordez-vous donc du temps, soyez indulgent avec vous-même. Si vous êtes rendu si loin dans votre lecture, d'importants changements sont en cours.

Parfois, tout coule aisément mais, plus souvent qu'autrement, les débuts sont difficiles. Voilà pourquoi il est crucial d'avoir ces soi-disant coïncidences à l'œil. Ces dernières valident le processus et vous donnent le feu vert.

Surtout, détendez-vous, soyez vous-même, autorisez-vous l'imperfection, soulignez vos efforts et attribuez-vous du mérite pour avoir pris votre vie en main. Vous y parviendrez plus rapidement que vous ne le croyez !

En prenant le temps chaque jour d'aborder chacun de vos désirs sans vous inquiéter de leur matérialisation, sans forcer quoi que ce soit, à l'écoute de votre guide et y obéissant aveuglément, vous verrez ces aspirations prendre vie. En votre pouvoir, elles n'auront pas le choix.

Vous n'êtes pas indépendant de la puissance du bien-être infini, ni de celle de la force créative, ni même de ce pouvoir universel tout-puissant puisqu'il est en vous. Votre puissance, comme les lois divines qui la régissent, est absolue.

Huitième chapitre

L'argent, toujours l'argent !

Bon, venons-en à l'essentiel, l'argent ! L'argent, l'argent, l'argent, quelle douce musique, n'est-ce pas ? Ou peut-être que non... Non, je ne suis pas idiote. Posons la question autrement : « Comment cette notion d'argent vous fait-elle sentir, honnêtement ? »

Chaque mot prononcé porte le sceau des vibrations de l'émetteur. Dépendamment de notre éducation et de notre conception de la vie, nous chargeons les mots d'une vibration particulière. Le mot « Dieu », par exemple, peut être chargé d'une réaction vibratoire extrêmement positive ou puissamment négative, dépendamment de l'émetteur ou du récepteur, de son bagage et des associations d'idées liées à ce vocable.

Notre langage est truffé de ces termes lourds de sens, mais il n'y en a qu'un qui puisse se vanter de toujours remporter la palme du « mot le plus vibratoirement négatif », peu importe la langue : « argent ».

Pour la plupart d'entre nous, les croyances associées à cette notion sont des plus intenses. Dès que nous parlons d'argent ou pensons à ce qui y touche, nous émettons des quantités de vibrations négatives. Bien sûr, cela ne fait qu'ériger un mur impénétrable autour de nous, un mur qui bloque à coup sûr l'entrée à ce bien tant prisé. Simplement en émettant de telles vibrations, nous freinons ce que nous désirons tant.

Pardon ? C'est après tout une denrée des plus agréables, n'est-ce pas, cet or, cet argent, ces pièces de monnaie, ces billets de banque et tout ce bataclan ?

Il faudrait peut-être plutôt dire « toute cette misère ». Depuis que nous sommes bouts de chou, du moins pour la majorité d'entre nous, nous apprenons qu'« argent » rime avec « lutte », « obligation », « devoir », « nécessité » et « impératif ».

Nous savons comment nos parents abordaient le sujet, de même que nos oncles et nos tantes, ainsi que les amis de la famille.

Nous connaissons toute l'anxiété entourant l'argent, ainsi que l'angoisse qui y est associée.

Nous retenons, en grande partie, que c'est la fin des fins de ce que nous considérons comme la vie ; il faut donc s'assurer d'en avoir, sinon…

En fait, cette courbe d'apprentissage a débuté bien avant que nous soyons bambins ; déjà dans le sein de notre mère nous absorbions les vibrations de lutte et d'inquiétude de nos parents. Nous sommes entrés dans ce monde tel un don Quichotte armé d'une absurde programmation innée rapportant que le pire adversaire que nous aurons à affronter n'est autre que cette notion d'argent ; « vaincre le dragon ou mourir » est notre devise. En général, c'est précisément ce qui se produit. Puisque nous n'avons pas appris à faire circuler l'énergie et à nous départir des vibrations négatives, nous traversons l'existence avec une soupape fermée, dans un combat perdu d'avance jusqu'à ce que nous soyons si fatigués, si découragés, si opprimés que notre corps capitule devant cette négativité perpétuelle, et nous trépassons. Drôle de vie !

Au diable les anciennes certitudes !

Depuis que la monnaie légale existe, personne n'en a jamais assez. Dès que nous songeons à l'argent, cette notion de manque suit de près... Vous me suivez ? L'argent équivaut à un manque qui correspond à de mauvaises vibrations qui nous apportent fidèlement exactement ce que nous craignons le plus : une carence !

Sachez qu'il n'est pas nécessaire de sauter à pieds joints dans la boue et de déraciner ces vieilles conceptions monétaires pour libérer un flot d'abondance. Il faut simplement y déroger. Dieu merci ! Autrement, nous aurions un abonnement à vie chez le psychologue pour vider l'abcès de ces doctrines bien intégrées que la société nous a injustement inculquées :

« Il faut travailler pour gagner de l'argent. »

« L'argent doit se mériter. »

« On n'a rien pour rien. »

« On ne peut avoir le beurre et l'argent du beurre. »
« Il est difficile d'économiser de l'argent. »
« On n'en a jamais assez. »
« L'argent se dépense plus vite qu'il ne se gagne. »
« L'argent est la source de tous les maux. »
« Il faut en mettre de côté pour nos vieux jours. »
« Je serai heureux quand j'en aurai (donc je ne suis pas heureux présentement). »
« L'argent se gagne à la sueur de son front. »
« L'argent ne pousse pas dans les arbres. »

Répétez à voix haute n'importe laquelle de ces sentences et notez votre réaction émotionnelle. Plutôt désagréable, n'est-ce pas ? Pourtant, nous avons grandi avec ces notions si bien incrustées en nous sur le plan vibratoire que nous sommes persuadés que l'argent est la seule garantie de liberté. Hum, je ne récuse pas ce constat. Ce qui nous freine, c'est cette idée de devoir le mériter, qu'il faut se battre pour le gagner. Or l'argent, comme tout le reste, n'est qu'énergie. L'attirer n'est autre qu'un processus de circulation d'énergie.

C'est alors que vous devez procéder à la réécriture de votre scénario.

La révision du scénario

Supposons que vous désiriez bâtir un nouveau patio et qu'il en coûterait approximativement 25 000 $. Supposons également que vous ayez sans relâche réfléchi à ce 25 000 $ sans avoir la moindre idée d'où le dénicher. En fin de compte, déprimé et frustré, vous abandonnez votre projet. Vous réagissez comme chacun de nous, rencontrant tant d'anciennes certitudes étouffantes ayant obstrué votre soupape que vous êtes complètement fermé. Votre désir de trouver l'argent nécessaire à la construction de votre patio est si pitoyable que vous arrêtez d'y penser.

Il va sans dire que c'était avant de savoir faire circuler l'énergie. Supposons que vous songiez maintenant à ce nouveau patio. Évidemment, vous aurez encore quelques sentiments négatifs, mais vous saurez les reconnaître puisque vous portez attention aux émotions associées aux idées. Cette fois-ci, plutôt que de rester en mode d'abandon, vous créez un nouveau scénario afin de superposer des vibrations élevées aux anciennes.

La rédaction d'un nouveau scénario n'est rien de plus que de rêvasser en grand et de s'imprégner de l'émotion ; autrement, ce n'est que du vent.

Vous concoctez autour de votre désir une narration originale actualisée, déclamée à voix haute (la version écrite vient en deuxième choix) comme si vous conversiez avec un ami. Ne parlez jamais au conditionnel, votre propos doit être vivant ou réalisé. Faites que ce récit soit des plus réalistes afin d'en savourer progressivement toutes les nuances de satisfaction, de plaisir, d'accomplissement et de joie.

Souvenez-vous qu'il faut ressentir la passion des mots. Sans sentiments, il n'y a pas de conquêtes, puisque sans émotions il n'y a pas de charges vibratoires. Ce sont ces savoureuses et enivrantes émotions des mots qui engendrent les vibrations positives nécessaires à l'accomplissement. En faisant semblant, vous créez un nouveau vortex magnétique avec des images vierges et des sentiments passionnés. Évitez d'en faire une histoire incongrue impossible à ressentir, ce qui irait à l'encontre de vos intentions.

Tandis que le vortex prend de l'ampleur, de seize secondes en seize secondes, les hautes vibrations qui se déversent annulent les faibles vibrations qui sont vôtres, gommant du coup vos interrogations. Quand ce transfert en haute fréquence se produit, tout ce dont vous avez besoin pour insuffler vie à votre petite fiction est attiré par ce nouveau vortex.

Toutefois, je vous l'accorde, vous vous sentirez un peu idiot au début de discuter à haute voix avec votre ami imaginaire – ou avec vous-même – de votre fantaisie actuelle, mais c'est un bien faible prix à payer pour les énormes retombées.

Allez-y, commencez à parler, à décrire avec plaisir toutes les joies que vous a apportées ce 25 000 $. Doucement, donnez-vous le temps de ressentir les mots et les images, et laissez d'autres idées se développer. Même s'il s'agit de faire semblant pour l'instant, si votre narration est crédible, vous pourrez la goûter, la flairer, la ressentir, la toucher et la vivre dans le temps de le dire.

Bon, il y a deux façons d'aborder votre fantaisie. La première est cette conversation avec un ami imaginaire ; la seconde est une sorte de méditation à voix haute. La première, l'entretien entre amis autour d'une bonne tasse de café à propos du 25 000 $, pourrait prendre cette tournure :

« Tu sais, Jacques et moi adorons ce nouveau patio que nous venons d'installer. Nous en rêvions depuis si longtemps, mais nous hésitions à débourser une telle somme. Toutefois, il était temps de se gâter un peu et, dès que nous avons pris cette décision, l'argent s'est matérialisé comme par magie.

« Le patio est maintenant fait et nous en sommes si satisfaits. Notre temps privilégié vient juste après le souper. On y prend place, tous les deux (vous... ressentez... chaque... phrase..., savourant... chaque... détail... en cours... de... route...) sous les étoiles. Tu sais, cette aventure nous a rapprochés. Les enfants, quant à eux, s'installent sur le patio après l'école. Ils y ont leur propre table et prennent plaisir à faire leurs devoirs dehors. Je te jure, ce patio est la meilleure chose que nous ayons faite depuis des années. »

Poursuivez ainsi, en ressentant tout doucement chaque nouvelle prise de conscience, vous délectant de chaque détail de cette description.

Si vous désirez modifier l'approche, faites semblant à voix haute : « J'ai hâte que Jacques revienne ce soir. Je lui ai préparé son repas préféré que nous dégusterons sur le patio. Hum, je suis si heureuse de ce que nous avons accompli. J'adore particulièrement ces magnifiques pierres que nous avons trouvées pour le sol. Demain, finalement, j'irai acheter de nouvelles plantes. Je crois que j'irai chez... (Oui, oui, vous décrivez ici quelque chose que vous ferez, mais cela fait partie intégrante de votre fantasme – le patio terminé – actualisé.)

Vous devez donner à cet argent un endroit où déferler. Alors, le lendemain, en pratiquant l'exercice, discutez de la sensation de vous relaxer dans votre nouveau spa ; le jour d'après, décrivez en détail ces nouvelles plantes que vous venez d'acheter, et ainsi de suite. Parlez de vos nouvelles acquisitions et laissez aller vos émotions.

Vous avez soustrait le 25 000 $ nécessaire à la construction du patio de votre vieux scénario rébarbatif et vous l'avez inséré dans un nouveau récit idyllique débordant littéralement de toutes sortes de détails crédibles, d'énergie du bien-être, même si pour l'instant vous ne faites que semblant.

Évidemment, vous pouvez vous prêter au jeu avec un partenaire, à condition d'être tous les deux sur la même longueur d'onde et de désirer sensiblement les mêmes choses. À deux, l'énergie sera décuplée et des tonnes de nouvelles idées fuseront de toutes parts et stimuleront votre flux.

Bien sûr, cette technique ne se prête pas qu'au matériel. Vous pouvez scénariser n'importe quoi, d'une nouvelle relation interpersonnelle bonifiée à l'éradication des taupes dans votre jardin.

Ma chienne Lucy me rendait folle à faire les cent pas le long de la clôture, jappant à tout venant dès qu'il y avait du mouvement. La situation m'exaspérait, agaçait les passants et irritait mes voisins. J'ai essayé tous les trucs que j'ai trouvés dans les guides, mais rien n'y faisait. Finalement, épuisée et un peu inquiète (ce qui ne faisait qu'exacerber la situation), j'ai entrepris de créer un nouveau scénario à voix haute.

« Comme j'aime observer cet esprit libre gambader gaiement d'un bout à l'autre du terrain. Je peux à peine y croire quand elle freine subitement pour s'asseoir en bordure et observer tranquillement les passants, si attentive, si obéissante. Honnêtement, cette nouvelle attitude me sidère. Pourtant, je vois bien qu'elle a toujours la garde de la propriété ; elle assume cette responsabilité en s'assoyant silencieuse et alerte, aux aguets. Dieu que j'aime ça ! »

Chaque jour, je récitais cette rengaine, visualisant et ressentant cet hommage à Lucy tandis qu'elle courait de notre côté de la clôture après tout ce qui bougeait dans la rue, freinant brusquement et s'assoyant pour observer en silence.

Après cinq longues semaines, j'ai vu un premier signe poindre. Lucy ne courait même pas ! Elle s'est docilement assise dans l'entrée et a regardé un coureur passer. Assise ! En tout et partout, le processus a duré environ trois mois, ce qui prouve la virulence de mes anciennes certitudes. Je croyais qu'il n'y avait rien à faire avec cette chienne entêtée. Cependant, j'ai persisté et, à ce jour du moins, nous sommes toutes deux très heureuses.

Toutefois, pour des questions d'argent, ma première tentative de réécriture a été un échec. Je traçais un portrait irréaliste de projets générateurs de revenus, m'enterrant sous une montagne d'histoires invraisemblables. Je sentais mon ancien système de croyances soulever des tonnes de doutes : « Comment réussiras-tu cela ? Où trouveras-tu le temps ? Tu rêves, ma fille ! »

Tranquillement, j'ai compris que je n'avais pas besoin d'un scénario à la Steven Spielberg, mais seulement d'une petite histoire crédible à me raconter ou à confier à un ami imaginaire. J'ai donc recommencé avec une version édulcorée mais vraisemblable. Plutôt que de raconter les généreuses entrées d'argent, j'ai créé un espace de déversement. J'ai raconté qu'il m'était facile d'acquitter mes factures et que mon programme hypothécaire faisait fureur sur le marché. C'était agréable.

Pendant des semaines, cette histoire prenait chaque jour une nouvelle tournure ; je créais de nouveaux personnages et de nouvelles circonstances pour alimenter le récit. Quand rien ne bougeait, je me décourageais, me demandant dans quoi je m'étais encore embarquée, réalisant que j'étais de retour en pays de négativisme ; je soupirais ainsi profondément et je recommençais aussitôt la rédaction de mon récit.

Soudain, un déclic s'est produit. J'ai eu de nouvelles idées incroyables – révolutionnaires en fait – pour quadrupler mes affaires en tranchant de moitié dans les efforts. De nouvelles personnes ont offert leur aide et, environ six mois plus tard, j'avais repris la barre et je vivais de nouveau confortablement. En un an et demi, mes revenus sont passés de confortables à prodigieux, augmentant d'un inimaginable 830 %. Les vieilles habitudes ont la vie dure, mais elles ont heureusement fini par rendre l'âme !

Alors, si vous avez un ardent désir de voyager, ne vous préoccupez pas du financement, parlez de votre scénario fantaisiste (ou écrivez-le) et déversez l'énergie du bien-être dans la direction rêvée, comme si vous y étiez. Sentez la brise et le soleil sur votre peau ; goûtez la nourriture. Si vous avez toujours rêvé d'un cheval de course, ne vous préoccupez pas du financement, parlez de votre scénario, déversez l'énergie du bien-être en direction de ce cheval, comme s'il était vôtre, avec son dresseur, les installations nécessaires, les applaudissements ; caressez sa crinière, humez son parfum et savourez la victoire.

Si vous et votre partenaire avez toujours rêvé de la vie tranquille de propriétaires d'auberge à la campagne, fantasmez au sujet de l'emplacement idéal, parcourez les routes paisibles, émerveillez-vous de la pureté de l'air, discutez avec l'entrepreneur qui vous aide à remodeler la demeure, choisissez le ravissant papier peint, dénichez les charmantes antiquités, appréciez la compagnie de vos agréables pensionnaires et concoctez un magnifique brunch pour tous.

Il n'en faut pas plus. Remplacez vos anciennes vibrations négatives du type « je ne peux pas, je ne sais pas comment, je suis confus » par un tout nouveau scénario qui vous entraîne au cœur du plaisir de la possession immédiate.

Vous parlez de votre fantasme et le ressentez comme s'il prenait vie à l'instant, déployant une ramification de descriptions savoureuses jusqu'à ce que le déclic se produise et que votre rêve devienne réalité. Vous serez partie prenante de votre fiction, comme si vous la viviez au présent. Vous n'êtes plus en mode réaction ; vous êtes devenu créateur de conditions.

Le brassage de grandes affaires

Un de mes amis est propriétaire d'une société immobilière de bonne taille dans l'État de Washington. Il a toujours été acharné au travail, honnête avec ses employés et à l'écoute de ses agents. Pourtant, il éprouvait d'incroyables difficultés financières.

Un jour à l'heure du dîner, Chuck s'est confié à moi. Le secteur tout entier était en crise et les ventes de tous et chacun périclitaient. Même ses meilleurs agents parlaient de changer de secteur d'emploi. Tout le monde savait que le marché se redresserait éventuellement, mais en attendant il y avait des bouches à nourrir.

Mon ami ne cherchait pas de réponses, car il croyait que c'était peine perdue. Selon lui, il était victime des circonstances économiques. Lui et son équipe avaient épuisé les trucs et astuces promotionnels habituels et battu les proverbiaux pavés seulement pour constater que les ventes poursuivaient leur dégringolade. Quoique je n'aie jamais abordé la loi de l'attraction avec Chuck, je me suis dit que le moment était venu. Je le connaissais suffisamment pour savoir qu'il m'écouterait… du moins poliment.

Il semblait que le gros problème ne tenait pas à la stagnation des ventes, mais plutôt à l'apathie de son équipe. Ses employés avaient le moral à plat, leurs soupapes étaient scellées, ils avaient pitié d'eux-mêmes et se plaignaient de l'économie, créant ainsi un extra-ordinaire vortex de carence et accélérant l'inexorable déclin de l'entreprise. J'ai suggéré à Chuck d'animer une dernière rencontre avec eux et de leur dire que, ayant tout tenté, ils risquaient peu en donnant une chance à cette ultime expérience.

En abordant un tant soit peu la physique de la loi de l'attraction, j'ai regardé Chuck droit dans les yeux en lui parlant du fond du cœur, espérant que mon inhabituel sérieux attirerait son attention. « Chuck, si tu réussis à convaincre ton équipe d'expérimenter cette technique, ton entreprise fera volte-face. »

Il était tout ouïe ! J'avoue que j'étais fière de moi quand il m'a demandé de poursuivre.

Je lui ai suggéré de demander à chaque employé de déterminer un montant d'argent qu'il aimerait gagner dans les trois prochains mois... et de tripler cette somme. (Chuck a grommelé « Nous y voici encore ! » mais j'ai ignoré sa remarque.) Ensuite, il devrait demander à chacun d'expliquer pourquoi il désire une telle somme, s'arrêtant à l'un d'eux et l'aidant à développer son idée, puisqu'une fois la routine établie les autres sauraient comment procéder. (Son regard peiné s'est adouci en un « Hum, c'est intéressant ! »)

Sans entrer dans les détails, je lui ai expliqué que leur première réaction en serait probablement une d'appré-hension causée par le manque et que des affirmations du genre « Je veux cet argent pour régler mes factures » n'attireraient que le même genre de situation : moins d'argent et plus de factures.

Chuck n'y comprenait rien. Je l'ai donc amené à préciser ses pensées.

– Bon, mon cher, dis-moi ce que tu désires en ce moment.

– Je veux acquitter mes factures.

– Pourquoi ?

– Pour me sentir mieux.

– Pourquoi ?

– Parce que je déteste être crispé.

– Pourquoi ?

– Parce que ça affecte mon moral.

(Hum, ça s'en vient…)

– Alors, comment préfèrerais-tu te sentir ?

– Libre, je veux me sentir libre !

(Ça y est, c'est gagné !)

– Bon, fais-en une déclaration.

– Je veux avoir 60 000 $ pour me sentir libre.

– Génial ! Comment te sens-tu ?

– Hum, bien pendant une minute mais, bon Dieu, où trouver tant d'argent dans ce marché ?

– Oublie l'argent. Ce n'est qu'une sale pile de billets. Raconte-moi ce que tu feras avec l'argent une fois les factures payées.

Bribe par bribe, toute une série de rêves oubliés ont fait surface. Lui et sa femme, Sarah, iraient explorer les Bermudes où ils rêvent de prendre leur retraite. Ils emmèneraient leurs petits-enfants en croisière. Ils aménageraient le sous-sol pour y écouter de la musique en stéréophonie, et ainsi de suite.

Son rêve le plus vigoureux me semblait être ce voyage aux Bermudes. Je lui ai donc demandé d'approfondir cette idée. J'ai pris mon air le plus sérieux et je me suis penchée au maximum au-dessus de la table. « Raconte-moi les détails, Chuck, tous ces petits riens sur les Bermudes et votre projet de retraite. »

C'était formidable. Toute la pièce s'est animée tandis que Chuck déversait allégrement son énergie. On aurait dit qu'il n'avait jamais osé s'ouvrir à ce sujet. Ainsi, plus les mots et les sentiments déferlaient, plus sa soupape s'entrouvrait. Chuck ne transmettait pas d'énergie à son désir, il le bombardait littéralement.

Au cœur de sa rêverie, je lui ai dit : « Attends une petite minute. Retiens ce sentiment que tu ressens présentement. C'est ce que je veux que tu instilles chez tes employés. Dis-leur d'oublier le montant qu'ils avaient déterminé et de raconter ce qu'ils feraient avec une telle somme. Ensuite, ils doivent polariser leur énergie dans cette direction jusqu'à ressentir la même passion que toi. Ainsi, ils prendront la sortie de secours grâce aux vibrations du bien-être. En évitant les connotations habituellement accolées aux dollars, particulièrement quand ceux-ci se font rares, ils attireront inconsciemment la richesse.

« Tes gens désirent la même chose que nous tous, Chuck. Ce ne sont pas les billets de banque, c'est l'expérience qui vient de pair. Fais-leur promettre de polariser leur énergie pendant trente jours, au moins une fois par jour, dix à quinze minutes chaque fois. »

À ma grande satisfaction, Chuck m'a téléphoné environ six semaines plus tard avec de bonnes nouvelles.

Ses employés étaient si déprimés qu'il n'avait pas eu de difficulté à les convaincre de tenter l'expérience.

Cela n'avait rien de surprenant, car j'avais montré à Chuck comment paver le chemin. Je lui ai dit de visualiser cette première rencontre, exactement comme il aimerait qu'elle se déroule, incluant l'ouverture d'esprit et la bonne volonté de ses employés, et d'y glisser de l'énergie positive. Ce qu'il a fait. Avant même la réunion, la réticence des gens s'était adoucie d'elle-même.

À l'exception d'un employé, le personnel a tenu promesse. Chaque jour, les employés ont propagé l'énergie du bien-être en écrivant de nouveaux scénarios. Ils s'étaient véritablement laissés prendre au jeu et l'enthousiasme était flagrant, sans qu'ils sachent pourquoi. Ils se sentaient mieux ; c'est tout ce qui importait.

Dix semaines après le début de l'expérience, les ventes ont rebondi, venant de sources les plus étranges les unes que les autres. Une dame avait une tante en Illinois qui désirait déménager à Washington. Une autre avait un fils militaire qui, de même que ses amis, venait d'être muté à la base voisine de Fort Lewis et désirait que sa mère trouve à les loger tous. Un autre employé avait obtenu deux références d'une personne dont il croyait ne plus jamais entendre parler. Un autre encore avait obtenu beaucoup de succès avec une stratégie de commercialisation visant un groupe particulier de consommateurs.

Tout le monde prenait part à l'action. Les résultats étaient suffisants pour que les employés se rendent compte que ce ne pouvait être qu'une coïncidence. Face à la pire crise immobilière du secteur, ces gens avaient réussi à circonvenir les conditions et à prendre leur destin en main. Chaque jour, les employés se branchaient directement à leur moi authentique, se sentant inspirés pour la première fois depuis des mois. Ils émettaient dans l'univers des ondes extrêmement chargées d'énergie positive, accompagnées de leurs listes de demandes, et l'univers y répondait en les bombardant de circonstances, de péripéties, d'idées et d'intentions, en fonction de leur degré d'intensité. Par-dessus tout, c'est devenu contagieux, et ce l'est toujours.

(L'employé qui ne s'est pas prêté au jeu a fini par quitter l'entreprise. Aux dernières nouvelles, il vivait des rentes de sa femme.)

Un astucieux 100 $

Une ancienne certitude, voire n'importe quelle croyance, n'est autre qu'une habitude vibratoire à laquelle nous réagissons comme une bête de cirque.

Autrement dit, nous sommes très attachés à ce qui nous a été inculqué et encore plus à ce que nous avons vécu. Cependant, ces vieilles croyances auxquelles nous nous accrochons et auxquelles nous répondons ne sont que notre ancienne conception de l'existence, qui comprend la nécessité de souffrir.

Par exemple, un événement survient, tombe sur une vieille croyance et déclenche des vibrations négatives juste par habitude !

Notre objectif est donc de trouver un moyen de briser ces vieux modèles vibratoires. La présente méthode est dans la veine de ce besoin de fournir à l'argent des soupapes d'évacuation, ce qui signifie qu'il faut donner à l'énergie monétaire beaucoup de portes de sortie à emprunter avant qu'elle puisse ondoyer autour de nous. À en juger ma propre expérience et celle de mes amis, cette technique fonctionne à tout coup.

Prenez un billet de cent dollars – ou le plus gros billet que vous puissiez vous permettre (ne soyez pas chiche !) – et serrez-le dans votre porte-monnaie. Maintenant, allez courir les boutiques.

Si vous pouvez y consacrer toute une journée, tant mieux. Sinon, allez-y à l'heure du lunch. Vous êtes en quête de tout ce que vous pourriez vous procurer avec 100 $. Peut-être est-ce un baladeur, un pantalon, un ballon de football, une nouvelle robe, des outils, un couvre-lit ou quoi que ce soit d'autre qui vous intéresse et que vous aimeriez posséder.

Vous avez votre billet en poche, vous pouvez donc dire (en vous délectant de plaisir) : « Sensas, je peux acheter cela sans problème avec mes 100 $! »

« Hé, c'est ce dont j'ai toujours rêvé et j'ai l'argent qu'il faut ! »

Vous n'additionnez pas les articles jusqu'à concurrence de 100 $, vous cherchez tous les produits individuels que vous pourriez dès maintenant acheter avec ce 100 $, si vous le désirez.

Quand vous approchez des centaines d'articles, voyez le résultat. Vous avez émotionnellement dépensé

100 000 $ qui vous mèneront à ce sentiment de prospérité, dérogeant à cette horde de vieux modèles de pensée axés sur le manque.

Mon amie Jocelyne était au bord du gouffre financier, traversant une de ces périodes de frustration où rien ne bouge assez vite. Bien qu'elle savait pertinemment que ce type d'attitude contribuait à tenir son désir à distance, elle ne semblait pas en mesure de rompre avec son habitude vibratoire. C'est alors qu'elle s'est souvenue de l'astuce du 100 $. Sur-le-champ, elle a sauté dans sa voiture, abandonnant vaches et poules à leur fortune, pour se diriger vers le plus grand centre commercial de l'État, situé à bonne distance de chez elle.

Jocelyne s'est prêtée à ce jeu idiot pendant presque toute la journée, s'animant de plus en plus, se forçant à lâcher prise, à se relaxer, à s'amuser et à « dépenser ».

En fin de compte, épuisée mais rechargée grâce à une soupape ouverte par l'excitation de cette quête, elle est rentrée à la maison où elle a trouvé (je vous jure que cette histoire est véridique) un message de son frère lui offrant de l'aider financièrement, un message similaire de la part d'un ami et un autre disant que le prêt hypothécaire qu'elle avait sollicité – qui lui avait été refusé à deux reprises en raison de l'étrangeté de sa résidence – avait été approuvé et que les fonds seraient disponibles d'ici quelques jours. De plus, en rentrant, elle avait eu l'idée d'une nouvelle technique de vente pour stimuler son entreprise. Pas mal pour quelques heures de plaisir, non ?

Le pavage en un tournemain

Si vous désirez vraiment une existence moins cahoteuse, vous devez offrir à votre énergie davantage d'exutoires, de portes de sortie, afin de maintenir le flot. Une formidable façon de procéder est le « pavage ».

Le pavage n'a rien à voir avec les croisières, les châteaux et les voitures de luxe. Il tient de l'immatériel et sert à la création d'une atmosphère particulière en fonction d'un événement donné. Il s'agit de polariser l'énergie de « c'est ainsi que je désire que les choses aillent » à une série d'événements et de décisions du quotidien.

« J'ai l'intention de trouver un emplacement couvert pour garer ma voiture à l'occasion du spectacle de ce soir. »

« J'ai l'intention de terminer mon rapport à temps et sans difficulté. »

« J'ai l'intention de profiter de la journée. »

« J'ai l'intention que ma rencontre de ce midi soit une réussite pour tous et que tout le monde s'amuse. »

« J'ai l'intention que l'animosité entre nous se résorbe sous peu. »

C'est ça, le pavage. Il s'agit d'émettre des intentions vibratoires, accompagnées de sentiments, afin d'accorder la journée et les circonstances à vos désirs.

Le pavage ressemble à la réécriture du scénario, sans être aussi complexe. Quand vous aurez l'habitude de paver au quotidien de petits riens, passez aux choses sérieuses : un client difficile ou des ventes stagnantes. Prenez le temps de visualiser et de ressentir le sentier à paver, que ce soit la façon de conduire une réunion ou le contrat à signer. Visualisez et ressentez en un tournemain à cœur de jour.

Un de mes amis a tenté l'expérience pour une affaire judiciaire qu'il était sûr de perdre. Plutôt que de se voir gagner, ce qui lui paraissait inconcevable (avec raison), il a visualisé la victoire commune, tout le monde se serrant la main, se félicitant l'un l'autre, etc. Effectivement, quelques jours avant d'aller devant le tribunal, l'affaire avait été réglée à l'amiable à la grande satisfaction de tous.

Une autre amie, toute jeune, avait un patron qui l'embêtait constamment à propos de sa tenue vestimentaire. De toute évidence, le type n'appréciait pas les minijupes et elle avait eu l'infortune d'être la première à en porter au bureau. Déconcertée de l'attitude de son patron, elle a finalement décidé d'essayer le pavage, et le résultat a été des plus cocasses. Plutôt que d'ignorer complètement sa tenue, tel que ma jeune amie l'avait imaginé et pressenti, son patron a fait volte-face en la complimentant ouvertement, tandis que trois autres employées portaient des vêtements similaires. Hum, c'est le résultat qui compte !

Votre bureau est surchargé de dossiers ? Les détails vous sortent par les oreilles ? Pavez votre journée pour qu'elle se déroule sans tracas, et ce, avant même d'arriver au boulot. Voyez-vous abattant avec désinvolture la besogne. Énoncez votre intention et expliquez-la à l'univers. Ne touchez à rien tant que vous ne déverserez pas des sceaux d'énergie positive pour désengorger votre soupape, sinon vous serez rapidement submergé.

Paver, c'est projeter au-devant de vous une énergie programmée à la fréquence de votre désir. Parfois, vous l'orientez avec précision ; d'autres fois, vous en dispersez à tout venant ou vous la dirigez vers une personne en particulier. Évidemment, vous ne pouvez changer l'esprit d'autrui, forcer quelqu'un à agir contre sa volonté ou à faire quelque chose qui serait contre sa nature. Toutefois, en situation difficile, vous pouvez créer une atmosphère de confiance et d'ouverture d'esprit qui facilitera la bonne entente. Le gros du travail est fait ; le reste ne tient qu'à vous et à votre guide, le temps venu.

Confiez votre désir à l'univers, déversez un lot d'énergie positive pure, ressentez la satisfaction de la matérialisation et vous saurez que vous êtes sur le bon chemin. C'est ça, le pavage.

L'univers comme directeur commercial

Les affaires roulent mollement et vous désirez générer plus de profit. Peut-être songez-vous à agrandir l'équipe des ventes, à fusionner, à accroître le budget publicitaire ; comme elles en ont fait couler de l'encre, ces mêmes vieilles réactions aux mêmes vieux problèmes.

Je vous propose de déployer une énergie de groupe qui réglera le tout. À l'inverse de l'équipe de Chuck, qui se concentrait sur des résultats individuels, vos employés écriront un scénario d'entreprise (qui sera ultimement aussi à leur avantage).

Vous visez un champ magnétique de groupe. L'énergie ainsi polarisée est rendue au carré, qu'elle soit positive ou négative. Vous pourriez donc voir à l'œuvre une dynamique incroyable. Si vous n'avez que deux personnes énergiquement centrées sur un objectif commun, cette énergie sera au carré de deux, donc quatre fois plus forte. Toutefois, si vous avez un groupe explosant littéralement d'énergie dirigée, vous avez droit à un extraordinaire champ magnétique. Le potentiel de changement sera considérable, à condition que la majorité ne se replie pas sur l'improbabilité.

Contrairement à la croyance populaire qui existe depuis la révolution industrielle, générer un plus grand profit ne repose pas sur l'embauche d'un plus grand nombre d'employés. Il s'agit plutôt de former le personnel actuel à l'anticipation en écrivant mentalement et émotionnellement de nouveaux scénarios d'entreprise. C'est précisément ce que fait chaque entreprise à succès, peu importe la forme donnée : contrat génial, campagne promotionnelle extraordinaire, bons prix, produits de qualité, personnel des ventes motivé, etc. Si la majorité des employés ne s'attendent pas à ce que ça se réalise, ce sera impossible.

Toutefois, si vous amenez votre équipe à ressentir individuellement de l'excitation pour un contrat accordé et de la fierté pour la personne ayant réussi le coup, à visualiser une nouvelle vague de clients dans la boutique, ainsi qu'à voir la réussite se matérialiser tout en ressentant la valeur de sa propre contribution, la force exponentielle de ce magnétisme sera colossale. Votre façon de conduire votre entreprise sera transformée à jamais.

Nota bene...

- Tout cela n'a rien à voir avec l'argent ; c'est une question de flux énergétique. L'argent se matérialisera quand vous cesserez de considérer son manque. Vous ne pouvez vous centrer sur la carence et ressentir autre chose qu'une émotion négative annulant le flux. Trouvez donc le moyen d'ouvrir grand votre soupape.
- L'inspiration vient avec un guide d'utilisation ; oubliez les moyens, ils se concrétiseront d'eux-mêmes.
- Dépensez beaucoup émotionnellement afin de fournir à l'énergie des exutoires d'évacuation du flux. Vous ne pouvez énoncer : « Donne-moi tant d'argent et je déciderai comment le dépenser ensuite. » Décidez-le dès maintenant. Ce processus permet à l'énergie de pénétrer dans votre champ magnétique. L'énergie monétaire a besoin d'exutoires ; sans portes de sortie, pas d'entrées d'argent.
- Prenez l'habitude de dépenser émotionnellement. Au volant, remarquez toutes sortes de trucs en vous disant : « J'aimerais bien cela ! », « Hum, et ça aussi ! », « Sensas, regarde-moi ça ; c'est pour moi... et ça... et ça aussi... » Vous sentirez

l'émotion de ces possessions. Ainsi, vous aurez le rythme du désir et vous vous sentirez aspiré par des circonstances qui réaliseront le plus intense de vos désirs ou créeront des ouvertures permettant à d'autres rêves d'entrer.

- Soyez réceptif. Dans toute la maison, posez des écriteaux indiquant « Réception ». Placez votre intention en mode de faible résistance aux obligations et vous développerez votre réceptivité. Reformulez le tout sous forme de désir : « Je désire être réceptif. » Ensuite, débarrassez-vous de tout vestige de culpabilité qui affirme que vous n'êtes aimable qu'en donnant ; ce n'est que de la foutaise dogmatique !
- Ne comptabilisez pas les résultats trop tôt. Vous ne pouvez pas écrire un scénario aujourd'hui et escompter les résultats dès demain.
- Faites attention aux excuses. L'argent ne déferlera pas avec des excuses fermant la soupape. « Je n'ai pas assez d'éducation. » « Les postes sont offerts uniquement à l'interne. » « Les employés sont ineptes. » « Le moment est mal choisi. » Même si tout joue en votre faveur, l'éducation, la formation, la situation, ce n'est que du vent si vous vous confondez en excuses.
- Si vous êtes entouré de gens négatifs axés sur le manque, c'est une bonne indication du poste que vous syntoniserez. Peut-être devriez-vous faire le ménage.

- Vous voulez mesurer le négativisme de votre existence ? Prenez note de vos entrées d'argent. Ceux pour qui l'argent a toujours été un combat se voient fermer la porte aux revenus par un important flux sortant de négativité ferme ! L'argent vient à nous ou se tient à distance proportionnellement à l'énergie vibratoire émise.
- Finalement, souvenez-vous que le passé n'a rien à voir avec ce monde de possibilités. Si vous avez eu la vie dure, vous avez maintenant les outils pour faire volte-face. Si les ventes, le salaire, la reconnaissance, la réussite, la paix, le bonheur et la prospérité générale n'ont pas été à la hauteur de vos attentes, vous pouvez facilement renverser la vapeur.

Quand ? Vous n'avez qu'à commencer à vibrer différemment sur une base régulière et un nouveau monde se profilera aussi incontestablement que la nuit suit le jour. Cela ne peut être autrement. C'est une loi cosmique, la physique de l'univers.

Neuvième chapitre

Les relations interpersonnelles et les autres trésors

Je ne peux pas personnellement me prononcer sur les relations intimes en regard de la création délibérée. Ma feuille de route, longue de quelque quarante ou cinquante années en matière de relations amoureuses, remonte à une époque de précirculation énergétique, ce qui saute aux yeux ! J'étais la pire des victimes, une incurable romantique, une dépendante de première, trop bonasse... voilà pour mes piètres résultats amoureux.

Malgré tout, je tiens à vous transmettre les principes de base de la création de relations significatives par la circulation d'énergie puisque le processus n'est pas si différent de la création à proprement parler. En vérité, chaque fois que nous formons une alliance, de quelque nature soit-elle, avec qui ou quoi que ce soit, il s'agit d'une relation. En voici donc les principes.

L'innocence des vilaines habitudes

Qu'il s'agisse d'un partenaire amoureux, d'un ami ou d'un collègue de travail, les relations interpersonnelles sont, à l'instar du reste de notre univers, une question de vibrations. De surcroît, nous vibrons en réaction à nos sentiments. Un point, c'est tout !

Cela étant dit, il n'est pas nécessaire d'être un génie pour comprendre que si nous ressentons quoi que ce soit d'autre qu'une paix intérieure, que de la tolérance et de l'appréciation face à notre partenaire (Ouf !), nos vibrations ne feront qu'une bouchée de cette relation, peu importe notre conviction que l'autre doit être fautif puisque rien ne cloche chez nous.

Si notre ton et notre pensée sont accusateurs et que nous ne sommes que réprimande et déception, notre polarité sera négative.

Si nous nous sentons pris au piège, ignoré, négligé, inquiet, incompris ou roulé, notre polarité sera négative.

Si nous ne cherchons qu'à plaire, secourir ou apaiser, notre polarité sera négative.

J'entends déjà vos jérémiades :

« Oui, mais tu ne connais pas mon partenaire. »

« Oui, mais comment te sentirais-tu si tu devais vivre avec telle personne ou travailler avec telle autre ? »

Bon, je vous l'accorde, quand deux personnes sont engagées dans une relation, leurs modes vibratoires sont rarement sur la même longueur d'onde. Néanmoins, nous sommes les créateurs uniques et exclusifs de notre expérience. Ni notre partenaire, ni nos parents, ni même le patron qui vient de nous congédier n'y jouent un rôle.

Ainsi, bien que cela soit difficile à accepter, il est temps de s'intéresser à notre propre soupape, à nos propres réactions et à notre propre point focal puisque tant que nous considérons nos appréhensions, non seulement ouvrirons-nous la porte à davantage de déception, mais aussi bloquerons-nous l'accès aux bienfaits qui les supplanteraient.

En fin de compte, si notre partenaire ou qui que ce soit d'autre avec qui nous sommes en relation a de vilaines petites habitudes qui nous exaspèrent (des appréhensions) et sur lesquelles nous focalisons toute notre attention, même si la soupape n'est qu'à peine obstruée, nous perpétuons ces petites manies que nous tentons d'éradiquer en les maintenant dans notre point de mire vibratoire.

En cela se trouve la cause de chaque relation humaine ayant battu de l'aile : cette implacable bien qu'innocente attention aux conditions néfastes, quelle que soit leur importance. Tandis qu'une dérisoire aggravation fait boule de neige en raison d'une incessante focalisation et de l'énergie négative transmise, davantage de désagréments de même longueur d'onde nous accableront, maximisant ainsi cet insignifiant petit rien auquel nous nous cramponnions. Ce qui signifie que non seulement le bouchon du tube de pâte dentifrice ne sera jamais remis en place, mais également que cette même irritation pourrait se transformer en aventure extraconjugale, en accrochage sur l'autoroute, en mise à pied, voire en divorce.

« Ça va de mal en pis », vous vous souvenez ? Un flux continuel de contrariétés cause tôt ou tard des ennuis. C'est implacable : « Qui se ressemble s'assemble. »

Évidemment, si quelqu'un nous pousse à bout, chaque fibre de notre corps cherche à réagir. Toutefois, dans une relation, les actions posées n'ont rien à voir avec le résultat obtenu, pas plus qu'avec le flux énergétique de notre partenaire. Comme tout ce qui touche à notre univers, ce qui nous échoit fait partie intégrante de nos sentiments, de notre flux énergétique et de nos vibrations.

Pour modifier les conditions de votre relation interpersonnelle, il n'y a pas d'autre moyen que de transformer vos propres vibrations.

La culpabilité au bûcher

Notre conception de la culpabilité est un index accusateur pointé vers celui qui a scandaleusement péché. Pourtant, nous passons la majeure partie de notre vie en mode culpabilité. De la météo aux conducteurs agressifs, en passant par les bouchons de tube de dentifrice, nous reprochons du lever au coucher du soleil sans sourciller.

Bien sûr, plus souvent qu'autrement nos accusations sont justifiées, et alors ? Aucune trace de bien-être ne peut émerger de la basse et lourde vibration du reproche, que ce dernier soit justifié ou non. En fait, son énergie électromagnétique est si chargée qu'elle circule de nous vers autrui et peut pousser des gens dignes de confiance à foutre le bordel autour d'eux. Assurément, l'envoi d'énergie culpabilisante vers celui qui a été méchant, stupide, insultant ou soûl ne fait qu'amplifier les conditions que vous aimeriez changer.

Certains amis dont les valises ont été mises sur le mauvais vol étaient furieux et en colère durant des heures contre l'inefficacité du personnel de la ligne aérienne. Leurs bagages, qui avaient été vus mais qui avaient maintenant disparu, étaient si bien égarés que personne ne savait où chercher. Finalement, mes amis se sont rendu compte de leur attitude et sont passés en mode appréciation des employés autrement compétents qu'ils critiquaient vertement. En quelques minutes, ils ont reçu un appel téléphonique leur indiquant que leurs valises avaient été retrouvées et qu'elles leurs seraient livrées d'ici quelques heures. Avant ce changement d'humeur, l'énergie colérique et culpabilisante transformait un incident mineur en un imbroglio de taille.

Un prêteur à qui j'avais soumis une demande m'a un jour téléphoné pour m'informer qu'il ne trouvait pas un document original d'importance que j'étais persuadée de lui avoir fourni. Tandis que je pestais contre l'incompétence de ses employés, les appels entrants allaient de mal en pis. Davantage de documents étaient égarés, plus de faits étaient mal documentés et plus de problèmes se matérialisaient. Tandis que je réagissais machinalement et que je reprochais furieusement, tout s'effondrait devant mes yeux. Je me suis alors rendu compte de mon attitude, je suis passée en mode reconnaissance envers ces gens habituellement compétents et, en moins de quinze minutes, ils ont rappelé pour s'excuser. Tout était là ; le prêt était approuvé.

Une participante à l'un de mes séminaires n'avait cure de blâmer son mari du bégaiement de leurs jumelles. Après le séminaire, elle a accepté à contrecœur d'entreprendre un programme quotidien de reconnaissance envers son mari. Environ six mois plus tard, elle m'a téléphoné pour me raconter combien l'expérience lui avait été pénible au début mais que, dès qu'elle en a pris le tour, elle a appris à intercepter ses accès de reproche et à entrouvrir sa soupape suffisamment pour laisser filer de la reconnaissance envers ses filles et son mari. En date du dernier appel, le discours des deux filles était relativement normal, mais j'ignore ce qu'il est advenu du pauvre mari.

Il est important de reconnaître que l'énergie du reproche envenime toujours la situation, toujours !

Supposons qu'une relation quelconque soit entourée de nombreux détails exaspérants. Certains sont de taille ; d'autres sont des petits riens sans importance que nous croyons ignorer. Toutefois, rien n'est banal, voilà notre plus gros problème. Si une chose mérite d'être nommée, même si on y attache l'épithète « petite », elle n'est ni ignorée ni acceptée ! Notre point focal y est centré et, évidemment, nous polarisons notre énergie à lui donner de l'ampleur.

En définitive, si quelque chose nous dérange, que ce soit justifié ou non, nous attirons le négatif, tout simplement ! Ce peut n'être qu'une légère contrariété au sujet de vêtements suspendus à l'envers ou une terrible crainte d'être abusé. Toutefois, peu importe l'intensité émotionnelle, cette attention négativement centrée sur la potentialité engendre toujours de plus grands problèmes considérant le scénario rédigé.

Il est vrai que nous ne pouvons peindre le canevas d'autrui sans en avoir l'autorisation. Si quelqu'un se refuse à changer, l'écriture d'un nouveau scénario ou la reconnaissance n'y feront rien... sauf peut-être l'ouverture de notre propre soupape. En fait, une fois ce type d'énergie en circulation, il est fort possible que l'autre personne se cambre tel un poulain éperonné et refuse toute aide, ce qui peut se solder par un éloignement.

C'est ça, le magnétisme. Si vous êtes avec quelqu'un qui se refuse obstinément à changer alors que vous le désirez, les lois universelles de la physique font que vous vous éloignerez probablement. Évidemment, cela semble inquiétant, mais demandez-vous pourquoi vous voudriez rester avec quelqu'un qui crée sa vie par un flux d'énergie négative ?

Ainsi, ne vous préoccupez pas de la soupape de votre partenaire. En fait, oubliez ce dernier ! Retirez votre point focal des événements ambiants et ouvrez votre propre soupape par n'importe quel moyen, n'importe quel !

La seule façon de vivre une relation satisfaisante est d'écrire un scénario et de ne pas en déroger jusqu'à ce qu'il prenne vie, que ce soit avec ce partenaire ou un autre avec qui vous seriez en plus grande harmonie vibratoire (ce qui signifie, si vous ne l'avez pas encore compris, être beaucoup plus heureux).

Le choix est nôtre

Si vous souffrez en silence, comme j'avais l'habitude de le faire, je vous souhaite bonne chance ! Ce qui cause votre souffrance croît telle une mauvaise herbe. Il en va de même pour ceux qui sont autoritaires, obsessifs et soucieux, ainsi que pour ceux qui cherchent à plaire à tout le monde. Vous devez retirer votre point focal anti-relation de ce qui obstrue votre soupape et le transférer sur ce qui vous plaît dans la vie. Autrement dit, il doit passer des appréhensions aux désirs, sans retour en arrière.

Si vous avec un soûlon sur les bras, ouvrez votre soupape et réécrivez votre scénario.

Si vous avez un partenaire au chômage sur les bras, ouvrez votre soupape et réécrivez votre scénario.

Si vous ne cessez de vous chamailler au sujet de l'argent, ouvrez votre soupape et réécrivez votre scénario.

Discutez avec votre partenaire de vos désirs et des raisons sous-jacentes plutôt que de vos appréhensions.

Je sais que tout cela semble désinvolte, comme s'il était simple d'ignorer les actions d'un quelconque imbécile responsable, selon vous, de votre misère. Le reproche, c'est notre jeu préféré. L'autopunition nous semble de la plus grande inutilité.

En cours de rédaction de ce chapitre, j'ai pris une pause pour aller à l'épicerie et peut-être faire un saut au bain de vapeur pour faire le vide, mettre de côté ce sujet pour un certain temps, question de m'assurer d'en avoir fait le tour. Le laisser de côté, vraiment ?

En chemin vers l'épicerie, j'ai engagé un dialogue intérieur plutôt désagréable avec les gens qui louaient la petite maison sise sur ma propriété. Ils avaient été incapables de payer le loyer depuis quelques mois et je focalisais à outrance sur ce retard. En tout cas, la voiture était l'endroit idéal pour rager et je me prêtais allégrement à toutes ces fausses preuves de compassion et de compréhension. Honnêtement, j'étais furieuse, bien qu'oublieuse de ce que je créais sur le plan vibratoire... tandis que j'écrivais sur le sujet, nom de Dieu !

Au supermarché, mon humeur acariâtre m'a heureusement réveillée. En arrivant devant la nourriture pour chien, je me suis rendu compte de ce sentiment grognon. Je me suis demandé ce qui me dérangeait et j'ai rapidement compris que mon point focal était centré sur les conditions de défaut de paiement de mes locataires.

Au début, j'étais déçue de moi-même et agacée de ne pas même avoir envie de changer d'humeur. Après avoir terminé mes courses, je me suis précipitée vers le bain de vapeur, me débarrassant tranquillement de cette mauvaise humeur en chemin. À mon arrivée, j'étais mûre pour un nouveau scénario.

Commençons par un peu de reconnaissance : « Mes locataires sont gentils et d'agréable compagnie. » Bon, ce n'était pas l'enthousiasme délirant, mais c'était déjà mieux. Je sentais ma résistance fondre... parcimonieusement.

« Dieu merci, ils étaient là pour prendre soin des chiens en mon absence. Aucun autre locataire n'avait fait ça auparavant. Personne d'autre, non plus, n'avait proposé de m'aider avec les retouches annuelles à la peinture de la maison. » C'était déjà beaucoup mieux.

« De plus, ils adorent l'endroit et l'ont si joliment aménagé. » Dès lors, ma soupape était suffisamment entrouverte pour que je me lance dans la rédaction d'un nouveau scénario. Je me suis donc dirigée vers la piscine vide où je pourrais parler à voix haute sans attirer l'attention.

« Vous venez tous deux de décrocher de nouveaux emplois ? C'est formidable ! Je suis vraiment heureuse pour vous. Je sais que vous vouliez du nouveau mobilier ; maintenant, vous pouvez vous le permettre. »

J'ai poursuivi dans la même veine, traçant un portrait de rêve, reculant si j'allais trop loin et que le seuil de confort semblait dépassé, me surpassant quand tout coulait avec plaisir.

À peine dix minutes après être rentrée à la maison, ces jeunes sont venus me voir tout sourire. Il n'était pas question d'un nouvel emploi, mais ils avaient trouvé le moyen de me payer régulièrement, dès maintenant ! Le résultat ne s'était pas fait attendre, c'est le moindre que l'on puisse dire !

Quoiqu'ils aient été pleinement conscients de leur incapacité à payer le loyer, l'important pour eux était qu'ils adoraient l'endroit et qu'ils avaient de nombreux projets de rénovation. Ils ne pensaient pas au manque d'argent. Ainsi, nous étions sur la même longueur d'onde vibratoire. Si leur point focal avait été centré sur l'inquiétude, toute la reconnaissance du monde n'aurait pas suffi.

Le ping-pong vibratoire

L'un de mes premiers boulots au sortir de l'université était à New York, à l'emploi de ce qui était, à l'époque, la plus grosse boîte en photographie de catalogue au monde. Cette boîte s'occupait de la majorité des photos de mode et des natures mortes de Sears et de Montgomery Ward. La partie la plus agréable de mon poste était de travailler avec les stylistes, celles qui faisaient en sorte que les vêtements soient bien ajustés en dissimulant de tout, des rouleaux à pâtisserie aux cannettes de bière, aux bons endroits. À cœur de jour, les principaux mannequins, hommes et femmes, de l'heure défilaient dans nos studios. Je ne leur prêtais que peu d'attention, mais il y avait cette superbe grande rousse qui semblait être la cible de toutes les railleries. Chaque fois qu'elle était présente, une nouvelle série de remarques ironiques faisaient le tour des bureaux avant même qu'elle n'ait mis le pied dehors.

Apparemment, cette dame avait un tel problème de copains rotatifs que chaque fois qu'elle se présentait pour une séance, donc plusieurs fois par semaine, elle se lamentait du dernier ou s'extasiait sur le nouveau. On aurait dit une balle de ping-pong éclatant chaque fois qu'elle franchissait le filet.

« Cet idiot ! Il ne m'a pas rappelée ! Il est pareil aux autres, si absorbé par son petit univers qu'il n'a pas de temps pour moi. Il semble pourtant en avoir pour ses autres copines ! »

C'était reproche par-dessus reproche. Ainsi, elle n'attirait que des copies conformes si vite qu'elle était devenue le dindon de la farce. À l'occasion, certains ressentaient un élan de compassion à son égard et disaient : « Comment une si jolie fille peut-elle être si malchanceuse ? Avec tous ses atouts, comment est-ce possible ? »

De la malchance mon œil ! Cette jeune femme attirait, par un ancien scénario vibratoire, cette vieille conception qu'elle avait des hommes. Son scénario ne changeait jamais. Elle savait pertinemment q'elle attirait les hommes comme le miel attire les abeilles, mais ils s'avéraient tous taillés dans la même pierre, attirés par les mêmes vibrations émises. Tandis que chaque pauvre clone se pointait, avant de disparaître, elle se lançait dans une nouvelle litanie d'appréhensions négatives pour attirer le suivant, et le suivant encore. Puisque sa principale oscillation au sujet de son chapelet de petits copains était « Quelle pourriture ! » elle n'attirait que des ordures du même acabit. Le reproche enfoui en sa mémoire émettait des vibrations extraordinairement magnétiques. Il n'y avait de place pour rien d'autre.

Pardonner ?

D'abord vient le reproche, et ensuite… le pardon ! Peut-être que oui, peut-être que non.

Il va sans dire que la position exaltée du pardon ne peut venir que de la conviction. En d'autres mots, notre façon d'aborder le pardon n'est pas si différente de notre conception du reproche. Ainsi, nous ne pardonnons vraiment que très rarement.

Un incident se produit, quelqu'un dit quelque chose, et alors, comme des bêtes de cirque, nous aboyons en retour. Si nous lâchions prise, tout irait pour le mieux. Pourtant, nous continuons à autoriser le déversement d'émotions négatives et vlan ! nous voilà en mode reproche.

Supposons que nous ayons décidé de pardonner. C'est bien gentil. Hum, le pardon est une libération de notre résistance à l'énergie positive, pas de celle du transgresseur vers qui nous dirigeons bienveillamment notre sourire le moins rancunier. Le pardon, c'est l'oubli complet de l'événement... oui, oui !

Habituellement, lorsque nous pardonnons, nous soulignons la faute d'autrui. Ainsi, bien que nous affirmions pardonner, nous centrons notre attention sur l'ignominie du méfait. Cependant, pardonner réellement, c'est lâcher prise, c'est cesser de ruminer ce qui nous agace, que l'événement ait eu lieu il y a quinze minutes ou quinze ans. Pourquoi ? Parce qu'autrement nous attirons davantage de problèmes, un point c'est tout. En nous cramponnant à la situation désagréable, nous la maintenons au cœur de nos vibrations. Ainsi, nous attirerons encore et encore des événements similaires sur le plan vibratoire.

Si le besoin de pardonner est présent, c'est qu'il y a d'abord eu jugement ou reproche. Blâme et réprimande témoignent d'un point focal axé sur les appréhensions. La première étape du pardon est donc (vous n'aimerez probablement pas cela) de libérer la résistance qui cause le reproche, c'est-à-dire de développer la capacité de dire « Et alors ? Et après ? Peut-être l'idiot a-t-il commis un acte odieux, d'une grande insipidité, et alors ? »

Il est ici question d'amour inconditionnel, ce qu'à peine une personne sur cinquante millions, j'en suis certaine, peut comprendre. Moi-même, je n'y connaissais rien, croyant que cela signifiait aimer quelqu'un malgré ses imperfections, ce qui ramenait évidemment mon point focal aux défauts, les maintenant au centre de mes vibrations.

L'amour inconditionnel, c'est plutôt :

« Je garderai ma soupape ouverte au bien-être, peu importe les folies que tu as faites. (Souvenez-vous que vous n'avez pas à transformer ni même à apprécier ; vous n'avez qu'à cesser de vous préoccuper !)

« Je n'ai pas besoin de conditions pour avoir le droit d'être heureux. Je ne ferai plus attention à tes petites habitudes idiotes, parce que je n'ai pas besoin que tout soit parfait pour te déverser mon amour. »

« Tu peux être désagréable, tu peux dire des méchancetés affligeantes, mais ton choix n'affecte pas le mien qui est d'ouvrir ma soupape et d'être heureuse. Je ne blâmerai plus les conditions négatives ou tes vilaines habitudes pour mon humeur ! »

Évidemment, cela semble à peu près impossible, mais qu'est-ce que ça nous prend pour être heureux ? Ce qui est bien avec ce type d'affirmation, c'est que vous ouvrez la porte aux conditions désirées. Votre expérience de la vie ne dépend plus des actions d'autrui.

Vous dis-je de pardonner à un assaillant ? Bien sûr que non, pas à l'ancienne de toute façon. Ce type de pardon signifie que la faute est au cœur de votre vibration et que vous attirez davantage de déception. Je vous dis d'oublier tout ça, d'ouvrir votre propre soupape, d'écrire un nouveau scénario et de vous en sortir grâce aux vibrations.

Vous dis-je de pardonner à un adultère ? Non, pas à l'ancienne, c'est certain. Si l'entente entre les deux partenaires en est une de monogamie, je vous dis d'oublier tout ça et d'ouvrir votre propre soupape si vous ne voulez pas que cela se répète, dans cette relation ou dans la suivante. Vous polariserez ainsi soit l'harmonie désirée, soit un nouveau partenaire.

Donc, vous dis-je de ne pas pardonner ? Bien sûr que non. Au contraire, je vous dis de pardonner sur-le-champ. « Est-ce que je te pardonne ? Bien sûr, passons à autre chose ! » C'est bien différent de « Hum, je ne sais pas, chéri, ce que tu as fait était horrible. »

Même quelques bribes de pardon temporel fonctionneront, ensuite un peu plus et encore un peu si c'est la seule façon que vous pouvez y parvenir. Toutefois, une chose est sûre : à moins que vous ne vouliez poursuivre dans la même veine, le pardon signifie ultimement l'oubli !

Centrer notre point focal sur nos appréhensions relationnelles ne matérialisera jamais nos désirs, jamais dans cent ans. Pour qu'une relation interpersonnelle se transforme, vous devez… retirer le point focal de la condition et focaliser sur l'ouverture de votre soupape.

C'est la seule façon de transformer les conditions non désirées et de maintenir votre relation à flots.

Comment aider ?

« Un de mes amis est handicapé, comment puis-je l'aider ? »

« Un de mes amis est sans emploi, comment puis-je l'aider ? »

« Mon frère est furieux contre l'univers, comment puis-je l'aider ? »

Nous voulons tous aider, donner, faire ou dire quelque chose qui rendra à autrui la vie meilleure.

Attention, le résultat n'est pas toujours celui escompté.

Réfléchissez-y quelques instants ; vous constaterez que notre point focal est uniquement centré sur l'autre. En vous concentrant sur sa souffrance, vous prenez part à cette vibration, vous vous y fondez jusqu'à ce que votre soupape soit aussi fermée que la sienne. Votre attention est portée sur les conditions négatives, attirant ainsi davantage de sentiments désagréables qu'auparavant. Pis encore, votre ami a maintenant plus de négativité qu'avant votre ingérence vibratoire.

Comment aider ? La première chose à faire est d'être de bonne humeur et d'ouvrir grand votre soupape avant de passer à l'action. Ensuite, vous pourrez inspirer – pas garantir, seulement inspirer – cette même ouverture chez autrui. Vous ne tentez plus de peindre le canevas des autres, mais leur offrez gentiment les couleurs et les pinceaux.

Par ailleurs, pensez qu'il est horrible que votre ami ait le cancer, soit sans emploi, ait vu sa maison partir en fumée, et votre vibration carentielle renforcira la sienne.

Plutôt, pensez à votre ami et envoyez-lui des vibrations de désir. Si quelque chose en dedans de lui cherche à aller de l'avant, votre explosion d'énergie positive d'amour aura une forte influence sur sa façon de voir, de sentir et d'être.

Voilà pourquoi prier pour les malades fonctionne si rarement. Puisque nous considérons que la personne qui fait l'objet de nos prières est déficiente d'une façon ou d'une autre, nous sommes en position de manque. Nous considérons son handicap alors qu'en fait cette personne est aussi apte que n'importe quelle autre puissance de l'univers, sauf qu'elle l'a oublié et, pour un certain temps, ceux qui prient pour elle l'ont aussi oublié.

J'ai une amie dont le père se mourait d'ennui à près de 5 000 kilomètres sur la côte opposée. Chaque soir en allant au lit, elle lui transmettait des pensées de guérison en espérant l'aider à sortir de sa torpeur. Par contre, attristée comme elle l'était, elle ne considérait que son manque, sa solitude et sa mélancolie, traçant un portrait pathétique d'un homme sans amis, sans intérêts et sans désir de vivre. De son côté, sa santé dépérissait.

C'est alors qu'elle a entendu parler de la loi de l'attraction et qu'elle a compris qu'elle faisait le contraire de ce qu'elle espérait. Ensuite, chaque soir au coucher, elle voyait son père comme dans ses souvenirs : vif, plein d'entrain, animé et grégaire. Elle se remémorait les moments agréables passés à jouer au tennis avec lui et le plaisir de la famille patinant sur l'étang du coin. Elle était remplie de ce bonheur et de ces moments précieux. Quelques jours plus tard, son père l'a appelée pour lui dire qu'il se sentait mieux qu'il ne s'était senti depuis longtemps et pour lui demander s'il pouvait venir lui rendre visite !

Était-elle responsable de cette volte-face ? Oui, mais si elle n'avait fait qu'offrir à son père la possibilité de se prévaloir de nouvelles couleurs et de nouveaux pinceaux. Elle lui avait donné un coup de pouce vibratoire, de la même façon qu'on lance une bouée à quelqu'un. La personne peut s'y agripper ou non, mais le choix est entièrement le sien.

La rupture

« Devrais-je rompre ? » Nous sommes tous passés par cette période perturbante où nous savons qu'une action est nécessaire, sans savoir laquelle. Peut-être ne voulons-nous pas le savoir.

Si vous avez exploré les tenants et les aboutissants de la création délibérée au sein de la loi de l'attraction, mais pas votre partenaire, vous serez peut-être appelé à vous éloigner, à moins que ce dernier ne décide de joindre les rangs. Si vous avez présentée couleurs et pinceaux jusqu'à ne plus pouvoir tenir sans obtenir de réactions, il est peut-être temps de prendre le large. Peut-être étiez-vous déjà prêt à faire le saut de toute façon. D'une manière ou d'une autre, méditez sur les moyens d'aborder la scène du départ.

Tout d'abord, il y a un autre mot chargé d'émotion auquel nous devons faire face : « relation ». Évidemment, ce mot ne bat pas de records sur les listes de bons sentiments des gens. Il engendre presque autant de négativisme que le terme « argent ». Le tout a débuté avec notre propre famille, nos propres relations troubles ou les deux. Cela a peu d'importance. Le vocable en lui-même évoque un bagage assorti de désirs et de frissons.

Il est donc compréhensible (en un temps précédant la création délibérée) que, devant une rupture ou l'éventualité d'une séparation, l'idée de nous lancer à nouveau dans une embrouille ne nous séduise guère. Pourtant, c'est précisément ce que nous faisons : nous nous embarquons dans un nouveau couple en suivant le même scénario. Seuls les joueurs ont changé.

Nous devons modifier le scénario ! Si nous voulons que les choses aillent différemment, maintenant ou dans la prochaine relation, nous devons en tenir compte et sentir différemment la situation. Si nous voulons du changement, il nous faut réécrire le scénario.

Supposons que vous soyez hors circuit pour l'instant, vivant en célibataire. Vous appréciez cette routine de création délibérée et vous vous croyez mûr pour une nouvelle relation. Toutefois, sur quoi votre pensée se pose-t-elle ? Sur votre ex, évidemment. Neuf fois sur dix, cette réflexion est accompagnée de lourdes vibrations négatives. À l'instar de cette superbe mannequin qui ne pouvait trouver l'homme de ses rêves, vous êtes coincé, attirant à vous un clone de votre ancien partenaire, ou pis encore.

Il vous faut réécrire le scénario et vous débarrasser de ces vibrations qui vous retiennent prisonnier. D'une manière ou d'une autre, vous devez vous fabriquer un nouveau sentiment à propos de votre ex. Si vous ne le faites pas, si vous vous cramponnez à la rancune, à la colère et à l'irritation, vous récolterez ce que vous semez. Vous ne pouvez vibrer de pensées rétrogrades et vous attendre à quelque chose de totalement novateur. Cette nouvelle ne vous plaira peut-être pas, mais les relations interpersonnelles ne meurent jamais. Elles ne cessent pas. Simplement du fait que deux personnes aient cohabités, travaillé ensemble ou été membres d'un même club, elles ont tissé un lien vibratoire éternel. Ainsi, si vous permettez à l'un de ces liens de rester négatif... Vous connaissez la suite ! Cette vibration émanera à tout jamais de vous en quête d'ondes sœurs.

Peut-être avez-vous vécu avec quelqu'un de violent ou tout simplement avec un imbécile de première. Si vous désirez briser le cercle, vous devez trouver quelque chose de positif chez cet idiot, quelque chose à apprécier qui vous permettra de briser la négativité vibratoire du lien. Autrement, peu importe l'intervalle entre les partenaires et votre soi-disant guérison, vous polariserez en grognant les mêmes vieilleries que vous détestez chez votre ex puisque votre point focal y est toujours centré, racontant à vos amis combien vous êtes heureux d'en être débarrassé, sans mentionner que vous vous en voulez d'avoir enduré la situation si longtemps. Si vous y pensez et que vous le ressentez, vous émettrez encore les vibrations associées et vous attirerez à coup sûr un clone.

Il en va de même pour le reproche focalisé sur vos parents. Nous récoltons ce que nous semons, purement et simplement. Si vous avez eu une enfance difficile et que vous vous y accrochez, vous êtes en voie d'attirer la même chose dans une relation, que ce soit au sein d'un mariage, dans le voisinage ou au travail.

Revenons à votre situation actuelle. Supposons que vous soyez toujours engagé dans la relation, vivant ou travaillant ensemble et vous demandant si ça ne suffit pas. Il est temps de retirer votre point focal des conditions, de vous demander ce qui vous dérange et de renverser la situation. Peut-être verrez-vous une différence dans votre relation actuelle, mais il est certain que le problème ne sera plus votre centre d'intérêt et qu'ainsi vous pourrez obtenir une réponse (inspiration, idées, etc.) à vos questions. Vous devrez toutefois décrocher du problème et embrayer en haute fréquence.

Aimez les gens avec qui vous êtes entré en relation, qu'ils soient ou qu'ils aient été aimables ou non. Appréciez-les, peu importe que vous soyez justifié d'introduire des épingles dans une poupée vaudou à leur effigie. Brisez la chaîne de l'attraction négative ; vous saurez ensuite si vous devez rester ou partir. Si vous partez, vous n'attirerez pas de clones vibrant sur la même longueur d'onde.

La chaîne de souffrance

J'avais une amie de longue date qui me téléphonait régulièrement, de plusieurs États plus loin, pour me raconter ses problèmes. Cette histoire s'est passée avant que je comprenne qu'on se fait absorber et engloutir par les vibrations négatives d'autrui.

Cette routine a duré des années, une interminable diatribe des mêmes vieux tracas qui prenaient de plus en plus d'ampleur avec le temps.

À chaque appel, je sautais à pieds joints dans les sentiments négatifs de mon amie, pensant lui être utile. J'avais de l'empathie, de la commisération et de la sympathie jusqu'à me sentir mal. Après avoir raccroché le combiné, je devais aller me balader dans la nature pour me ressourcer.

Sans le savoir, non seulement j'attisais la négativité de mon amie, mais aussi je m'en enveloppais ! C'était horrible et je ne savais pas comment mettre fin à la situation sans lui demander de ne plus m'appeler, ce que je n'avais pas le courage de faire. Pour envenimer la situation, même quand je ne lui parlais pas au téléphone, je la visualisais dans son chaos, entourée de manque, une bombe ambulante sur le point d'exploser.

Quand j'ai finalement compris le tort que je nous faisais à toutes les deux sur le plan vibratoire, j'ai commencé à lui transmettre différents types de pensées, la voyant entourée d'abondance, de bonheur, de gaieté, etc. Honnêtement, ce n'était pas facile puisqu'elle ne voulait pas sortir de sa misère et encore moins toucher aux couleurs et aux pinceaux que je lui présentais.

Finalement, un jour, elle m'a appelée pour me reprocher de ne pas la soutenir, me disant que j'étais insensible, sans cœur, égocentrique et quelques autres épithètes colorées que je vous épargnerai. D'une certaine façon, elle avait sûrement raison puisque je me refusais dorénavant à faire partie de sa chaîne de souffrance. Je devais la laisser couler pour ne pas me noyer avec elle. Je n'ai jamais plus entendu parler d'elle, mais je continue à lui créer les meilleurs scénarios possibles. Peut-être qu'un jour...

Malgré toutes nos tentatives, les solutions rapides n'accomplissent pas de miracles. Quand nous décidons que quelqu'un a besoin d'aide (ce que je faisais avec mon amie), nous ne voyons que ce qui cloche et nous lui déversons ainsi de l'énergie négative.

Si nous pouvions plutôt trouver quelque chose – n'importe quoi – à apprécier chez lui et planter les semences d'une nouvelle croissance par des vibrations positives, nous ouvririons la porte au changement.

Si vous désirez aider quelqu'un à sortir de sa souffrance, un simple mot d'encouragement le calmera et lui accordera un moment de bien-être. Aussi simple que cela puisse paraître, cela sera réconfortant pour lui et reposant pour vous. Voilà peut-être le moment idéal pour lui proposer vos couleurs et vos pinceaux. Toutefois, prendre part à sa souffrance, même par une compassion sincère, ne fera qu'ajouter à la misère en grossissant les vibrations négatives, les siennes et les vôtres.

Chaque personne sur cette planète a un guide intérieur pour l'aider à trouver son chemin, si elle le désire. Par contre, nous devons parfois laisser quelqu'un sombrer si tel est son choix, sinon nous coulerons également, liés sur le plan vibratoire par une chaîne de souffrance.

L'harmonie familiale

Si un membre de votre famille vous rend dingue, non seulement votre attention empire-t-elle la situation, mais aussi affecte-t-elle les autres zones de votre vie. Une soupape close sur un problème est fermée à la vie. Une soupape close en raison d'un partenaire est une soupape obstruée à la vie. Ainsi, comment pouvons-nous faire en sorte que des gens vivant sous un même toit rament dans la même direction, même s'ils ne sont pas tous dans le même bateau ? Voici ce qu'une de mes meilleures amies a brillamment réussi.

Sans entrer dans les détails, disons que son fils adolescent jouait le rôle de catalyseur pour les vilains sentiments de chacun. La famille entière était douloureusement déchirée par ses singeries découlant de la drogue.

Peg, sa mère et mon amie, commençait à s'intéresser de plus en plus à la loi de l'attraction. Elle a décidé de voir si les membres de sa famille pouvaient amalgamer leurs intentions individuelles afin de faire front commun plutôt que de les vaporiser aléatoirement. Au début, c'était difficile puisque tous centraient leurs appréhensions sur le fils plutôt que sur leur propre soupape.

Néanmoins, les membres de la famille ont tenu des rencontres pour parler de leurs désirs. Comme prévu, les premiers tours de table n'ont donné que de longues listes d'appréhensions, en particulier de la part du fils. Après un certain temps, toutefois, chacun discutait ouvertement et avec enthousiasme de ses aspirations.

La prochaine étape consistait à sortir les raisons des décombres. Bingo ! Dès qu'ils ont entrepris cette phase, la vraie nature des désirs s'est envolée en vrille. Tout le monde désirait se sentir mieux que présentement. C'est ce qui est devenu une intention commune. Dès lors, les miracles se sont enchaînés.

Pour la toute première fois, ils voulaient tous honnêtement passer du temps ensemble, voyager ensemble, recréer la famille, et ça fonctionnait ! Bien que les notes du fils n'aient pas fait de bonds prodigieux, cette volte-face le ramenait vers l'école, tandis que papa et maman le laissaient respirer un peu. De plus, puisque les parents étaient déterminés à maintenir l'ouverture de leur soupape et à soutenir la fougue et la joie de vivre leur fils, ils ont fusionné leurs vibrations à son intention sous-jacente. Ainsi, les drogues ont complètement disparu sans qu'ils n'aient eu à intervenir.

Peg et sa famille n'ont pas doucement navigué vers le soleil couchant, loin de là. Ils ont continué à s'enfarger dans les vieilles habitudes d'avoir besoin que les conditions changent avant de pouvoir être heureux. Toutefois, ils s'étaient engagés dans un processus et ont poursuivi leurs rencontres hebdomadaires pour réitérer leurs intentions et leurs désirs. Quand les circonstances étaient cahoteuses pour un d'entre eux, les autres réussissaient à maintenir leur connexité afin de s'entraider et de lui venir en aide jusqu'à ce que tous les membres de la famille soient à nouveau branchés à leur énergie source et de retour sur les rails, la soupape ouverte.

Peu importe, vraiment !

Comme tout le reste, quand nous cessons de nous perdre dans les conditions et que nous commençons à prendre soin de notre soupape, la vie rayonne de tous ses feux. En cherchant à apprécier et louanger, plutôt qu'à critiquer et reprocher, nous devenons des catalyseurs, faisant pencher la balance en faveur de l'attraction positive pour tous, y compris nous-mêmes.

Soyez aux aguets. Attention aux affirmations du type « Je t'aime, mais… », « Pourquoi ne fais-tu jamais… », etc.

Recherchez de préférence des énoncés libérateurs de soupape comme « Je ne sais quel sera le résultat pour toi, mais je sais que tout ira bien » ou « Je ne m'inquiète jamais pour toi ni pour nous parce que je sais que ce qui nous échoit est agréable. » La famille est l'endroit par excellence pour travailler ces aspects positifs.

Il y a un bonus supplémentaire à apprécier les membres de votre famille ; une fois votre soupape ouverte, elle s'ouvre à tout, pas seulement à la famille. Vous pouvez apprécier votre partenaire présent ou passé et obtenir un nouvel emploi ! Vous pouvez être monoparental et apprécier vos enfants ; un nouveau partenaire se pointera le bout du nez ! Vous pouvez apprécier votre nouvelle maison et votre enfant à problème rentrera dans les rangs !

C'est une question d'énergie, de vibrations émanant de vos émotions. Ainsi, rédigez un nouveau scénario, ne vous préoccupez pas des raisons et des moyens, oubliez que votre désir ne s'est toujours pas matérialisé, oubliez la soupape du voisin et trouvez le moyen d'entrebâiller la vôtre. Avant même de vous en rendre compte, vous ne vous préoccuperez plus de ce que les autres, chez vous ou ailleurs sur la planète, fabriquent puisque vous ne serez plus en mode réaction, mais bien en mode création.

Ne faites qu'entrouvrir votre propre soupape un tant soit peu, PEU IMPORTE LE RESTE ! Le reste s'occupera de lui-même. Ça aussi, c'est garanti.

Dixième chapitre

La vie
et la mort
du corps

J'espère avoir été suffisamment claire : je ne marche pas
sur l'eau, je ne fais pas apparaître de pièces d'or, je ne
possède pas une demi-douzaine de villas où je me rends au
volant de l'une de mes quatre Lamborghini quand j'en ai
assez de contempler la mer des Caraïbes.

Ma vie a-t-elle changé depuis que j'ai appris à diriger
mon flux énergétique ? Sans aucun doute ! Évidemment,
j'ai encore de vieilles convictions qui me font basculer
vers des points focaux négatifs, des sentiments
désagréables, une soupape fermée et de la mauvaise
humeur… jusqu'à ce que je m'en rende compte et que je
les renverse. Parfois, le processus est rapide ; d'autres fois,
il est si lent qu'une vie entière semble s'écouler avant que
je ne sorte de ma torpeur.

Il existe toutefois une zone de ma récente existence
énergétique qui m'apporte plus de joie que la liberté
financière ou qu'un quelconque bienfait : mon corps.

Dans la quarantaine, au plus fort de mes années de victime, j'avais des problèmes de dos. Parfois, je ne pouvais sortir du lit de la semaine. D'autres fois, les spasmes étaient si intenses qu'ils m'arrachaient des gémissements audibles de l'État voisin. Bien que je réussissais à prendre place derrière le volant de ma voiture pour me rendre au boulot, je devais travailler debout ou agenouillée car m'asseoir était au-dessus de mes forces.

Dès que j'arrivais à contrôler ce gâchis grâce à une exigeante routine d'exercices, je me retrouvais chez quatre cent vingt-deux médecins différents pour apprendre que mon cœur dansait la rumba à cœur de jour plutôt qu'un doux pas de deux. Un médecin de tradition holistique a fini par me diagnostiquer une hypoglycémie grave (un faible taux de sucre dans le sang) « probablement déclenchée par le stress ». Quel euphémisme !

Je n'étais pas en forme émotionnellement, ni physiquement, ni mentalement, ni même spirituellement. J'avais déjà plus de vingt ans d'expérience chez les Alcooliques Anonymes derrière moi, mais ma sobriété était ma seule réussite. Je n'aurais pu trouver de direction spirituelle même si ma vie en avait dépendu, ce qui à l'époque était assez près de la réalité. J'avais de sérieux ennuis.

Par la suite, il y a eu mes articulations qui refusaient de bouger, un excès de poids, un manque d'énergie, une faible vision, une mauvaise dentition et des pertes de cheveux. Tous des signes évidents de quelque chose, mais de quoi ? Du vieillissement normal ? Non, plutôt d'une existence vécue la soupape fermée plus souvent qu'autrement, où j'étais généralement déconnectée de mon énergie source, vibrant plus négativement que positivement. Ce sont les signes du vieillissement de toute façon, n'est-ce pas ? Pourquoi étais-je si hermétiquement fermée ? D'où venait toute cette négativité destructive ? Je n'étais ni un ogre ni une sorcière affichant sa négativité. En fait, j'avais eu une enfance ordinaire dans une famille dysfonctionnelle ordinaire de la classe moyenne. J'avais tout fait comme il faut. J'étais allée aux bonnes universités, j'avais porté les bons vêtements et vécu aux bons endroits, le tout avec un comportement aimable et un sourire convenu aux lèvres. Pourtant, ce ton sous-jacent de négativité « normale » était mon compagnon de tout instant et, en vieillissant, il s'épanouissait.

Parfois, je m'amusais ; parfois, j'étais heureuse ; jamais en cent ans, toutefois, me suis-je considérée comme quelqu'un de pessimiste, pas plus que mes amis ne l'ont pensé d'ailleurs. Au contraire, selon eux, je personnifiais l'optimisme radieux. Pourtant, j'étais constamment inquiète de tout. Malgré le fait que j'aie le sourire et de bons mots aux lèvres, mon point focal était toujours centré sur l'absence, chez moi ou chez autrui, à l'instar de tous ceux que je connaissais.

Maintenant, plus de vingt ans après l'épisode du taux de sucre dans le sang et après de nombreuses années de mise en pratique de la loi de l'attraction, je ne me suis jamais sentie aussi bien dans ma peau, la forme est au beau fixe et je me déplace avec aisance. Même à l'adolescence, je n'avais pas cette énergie. Pour trouver une telle passion de vivre, je devrais sûrement remonter à une vie antérieure.

La peur me rend rarement visite, de même que l'inquiétude ou les soucis. La plupart du temps, l'argent coule à flots... (Vous me croyez experte à ce jeu ? Vous plaisantez ?) Les idées nouvelles pullulent. Le travail est accompli dans la joie et l'aisance. La plupart du temps, je fais ce que j'ai envie de faire quand j'en ai envie. Les accès de négativité ne durent pas, à moins que je ne le désire. Une gamme complète de jours extraordinairement heureux se pointe sur commande. Et le sous-produit de tout cela ? Hum, une étonnante santé de fer.

Cette cruelle ligne de vie

De nos jours, la plupart des gens, même les médecins, savent que la santé physique d'une personne est intimement liée à sa santé mentale. Les scientifiques exposent les souris à des stress extrêmes et constatent le développement de cellules cancéreuses. Ils privent de petits chimpanzés du sein de leur mère et observent l'évolution du diabète. Les scientifiques et les médecins savent pertinemment qu'il existe un lien entre le corps et l'esprit, sans pouvoir mettre le doigt dessus ! Ils seront bien surpris de découvrir qu'il ne s'agit que de notre énergie.

(J'imagine déjà la caricature : deux médecins penchés au-dessus d'un patient. Le premier dit à l'autre : « J'ai enlevé la tumeur, mais où est cette fameuse soupape qu'il nous faut ouvrir ? »)

La maladie, sous quelque forme que ce soit, n'est autre que notre énergie négative étranglant tant notre flux énergétique, cette haute fréquence naturelle, que des cellules sont endommagées en cours de route.

Bien sûr, nous sommes toujours liés énergétiquement par au moins un fil à cette force vitale, sinon le glas sonnerait. Toutefois, un fil étranglé (une soupape fermée) et une soupape ouverte permettant à l'énergie vitale de circuler librement sont deux choses diamétralement opposées. L'une prive notre enveloppe charnelle de sa force naturelle génératrice d'énergie tandis que l'autre nourrit le corps. Par la suite, si un état vibratoire plus élevé qu'à l'habitude est maintenu sur une base régulière, la maladie ne peut naître ou perdurer. C'est carrément impossible.

Le corps, après tout, n'est pas indépendant de l'univers. Ainsi, quand une pensée surgit, les vibrations y circulent comme ailleurs. Si ces pulsations sont en harmonie avec notre programmation de bien-être intrinsèque (l'ouverture de la soupape en mode bonheur), les cellules prospèrent.

Toutefois, si nous projetons de l'énergie négative, les cellules n'ont pas la force nécessaire pour accomplir leur tâche. Elles ne s'alimentent que de la nourriture ingérée, ce qui est loin d'être suffisant. Sans l'énergie en haute fréquence de notre force vitale, elles s'affaiblissent et meurent avant leur temps, incapables de réagir norma-lement ou de soutenir une existence saine.

La maladie n'a qu'une seule et unique origine : la circulation d'une énergie en basse fréquence plutôt qu'en haute. Voilà qui explique l'existence de tant de maux. Cherchez des personnes heureuses, celles qui se soustraient habituellement aux émotions négatives, et vous trouverez des gens en santé. C'est garanti ! Les personnes malades ont sensiblement étranglé leur ligne de vie. Cela ne saute peut-être pas aux yeux mais, d'une façon ou d'une autre, elles ont fermé leur soupape à l'énergie source par des inquiétudes, des reproches, de la culpabilité ou quoi que ce soit d'autre.

Les gens souffrants sont mal renseignés, comme la plupart d'entre nous. Ce peut être des personnes pieuses, honnêtes, des citoyens exemplaires ou des amis de confiance mais, s'ils ne font pas circuler davantage d'énergie dans leur vie, ils se ferment à l'existence. En effet, toute maladie, sans exception, est un refus de reconnaître le flux d'énergie supérieur. C'est la manifestation ultime d'une émotivité négative interminable.

Votre souffrance

Si vous souffrez actuellement d'une maladie, je vous recommanderais de continuer à voir votre médecin, de poursuivre votre traitement, ainsi que tout programme de guérison, puisque de toute évidence vous y croyez. Il est inutile de tout chambouler tant que de nouvelles croyances et de nouvelles vibrations ne seront pas solidement implantées.

Depuis dès siècles, nous avons cru en la doctrine que seul un remède externe puisse nous guérir ; ainsi, tant que nous n'apprendrons pas à fouler aux pieds cette solide conviction, seule une activité y faisant écho (par exemple, continuer à chercher de l'aide auprès du corps médical) pourra nous offrir un quelconque espoir de guérison. Ce rétablissement sera minimal, chancelant tout au plus, puisque, si les pensées et le flux énergétique ne sont pas commutés, le malaise originel ou un traumatisme pire encore reviendra à la charge. Par contre, pour l'instant, continuez votre suivi médical !

Toutefois, je vous supplie d'être intimement convaincu de la réversibilité de tous les maux. Quoiqu'il soit difficile de se sentir bien quand le corps ne suit pas, non seulement est-ce possible, mais ça arrive souvent.

Norman Cousins, l'éditeur qui se mourait d'un cancer, l'a fait. « Je ne suis pas prêt à jeter l'éponge », a-t-il déclaré avant de passer le reste de son temps dans un grand éclat de rire. Il savait instinctivement qu'en renversant sa fréquence corporelle il guérirait. Ainsi, de son lit d'hôpital, il n'a visionné que des comédies, lu que des livres comiques et écouté que les farces de ses amis. Du coup, il a complètement libéré son corps du mal qui le grugeait. Par la suite, il a écrit un bouquin sur le sujet. Je dois lui rendre hommage, c'est une âme engagée... et tout un professeur.

La guérison de Cousins est un excellent exemple de notre propos qui veut que ce ne soit ni nos gènes, ni nos habitudes sexuelles, ni notre ingestion de viande de mauvaise qualité, ni même notre exposition aux infections qui soient au cœur de la maladie. Une personne connectée faisant circuler de l'énergie vitale à travers son corps ne peut en aucun cas être affectée par ces choses. C'est la privation du corps qui cause le malaise, cette prohibition de l'énergie source si essentielle à la santé et au bien-être.

Évidemment, lorsque nous sommes souffants, particulièrement si nous considérons la situation comme étant grave, notre réaction première est d'entrer en action, de nous précipiter chez le médecin et de ne jamais retirer nos pensées de nos maux. Effrayés, nous réagissons. Pourtant, un point focal négatif centré sur la maladie isole l'ingrédient essentiel pour renverser la condition : la puissance thérapeutique de la haute fréquence.

À feu doux ou élevé

Aucun malaise ni aucun incident ne se produit du jour au lendemain. L'adversité mijote lentement, voire pendant des années. Votre énergie plus basse qu'élevée des dernières années cause à regret ce qui vous échoit, mais cela n'a absolument rien à voir avec l'univers de possibilités !

Si, par exemple, vous avez été victime d'un accident grave, celui-ci ne s'est pas matérialisé par hasard. En jetant un regard en arrière, vous remarquerez que vos pensées sont, depuis des années, légèrement penchées vers les basses fréquences : colère envers la famille, courroux envers les circonstances, désir d'être apprécié, peur de l'échec, reproches, soucis financiers, culpabilité dissimulée à propos de tout et de rien, etc. C'est dans l'ordre des choses, sinon vous n'auriez pas eu cet accident. Cette vitesse de croisière négative vous a entraîné dans un vortex créé de toutes pièces s'entrechoquant avec celui de quelqu'un d'autre oscillant à la même fréquence. La collision se produit habituellement de plein fouet.

Une énergie en basse fréquence en est la cause ; les dommages matériels – accident ou maladie – en sont le résultat, que l'accumulation ait duré quelques semaines ou des années.

Ensuite vient la notion d'intensité. Une faible et tiède négativité sur une période de quelques années est tout de même une vibration néfaste à laquelle votre corps réagit par de légers problèmes. Dans la même veine, une lourde charge négative pendant des années (ou des mois) occasionnera une maladie ou un accident grave.

Toutefois, peu importe la nature du problème physique, ce dernier n'est que le résultat d'un abus vibratoire de votre corps et peut être renversé plus rapidement qu'il n'a été créé.

Duper l'adulte en soi

Pour renverser une maladie, nous avons recours à la duperie. Il faut trouver le moyen de leurrer l'esprit et lui faire créer les hautes vibrations nécessaires au processus de régénération des cellules. Ceci n'est pas un remède à tous les maux ; rien ne l'est puisque seulement un transfert complet d'énergie entraînera une mutation, mais c'est un début qui peut accomplir des miracles.

Cette duperie ressemble à la réécriture du scénario, avec une importante tournure qui désaxe une véritable mine de vieilles convictions rouillées. Nous allons jouer à « faire semblant » et je vous garantis que, si vous vous y donnez à fond, votre soupape s'entrebâillera. Bon, voici la première étape.

Faire semblant, première étape : « Et si... »

Premièrement, accrochez-vous ce sourire survolteur aux lèvres. Ensuite passez en mode bourdonnement grâce à votre sourire intime. Une fois que ce sera fait, revenez en arrière vers l'enfant que vous êtes, puisque le jeu s'intitule « Et si... »

« Qu'est-ce que je ferais si... »

« Où irais-je si... »

« Comment jouerais-je si... » Si quoi ?

...si vous étiez aussi solide qu'un cheval !

...si vous étiez jeune et d'une extraordinaire beauté !

...si vous étiez le jeune et fringant garçon que vous étiez ou que vous avez toujours rêvé d'être !

...si vous aviez trois vœux à formuler et que vous puissiez faire ou avoir tout ce dont vous rêvez !

Plongez-y tête première et restez-y jusqu'à sentir le plaisir et l'excitation vous envahir. (Si vous vous sentez idiot, c'est une bonne indication du fait que vous soyez coincé dans votre peau d'adulte et que vous émettiez généralement des vibrations négatives.)

Faire semblant, deuxième étape : « À l'époque... »

Maintenant, remémorez-vous (et ressentez) l'époque où vous étiez totalement et vibratoirement heureux et en santé, ainsi que les sentiments allègres qui accompagnaient cet état.

Peut-être était-ce une partie de hockey sur l'étang après les classes, le fait d'être meneuse de claques à l'école secondaire, une balade estivale le long d'un ruisseau en quête de cresson, une descente en bobsleigh avec des amis ou encore une promenade en charrette de foin au clair de lune avec votre premier amour. Peu importe, notez vos moments privilégiés et retrouvez l'émotion agréable associée.

Faire semblant, troisième étape : « Mélangez le tout... »

Maintenant, mélangez le tout. Faites l'aller-retour entre les deux sentiments, harmonisant graduellement vos « et si » et vos « à l'époque ». Laissez-les fusionner en une symphonie de vibrations de bonheur jusqu'à ce que les rayonnants sentiments du second se combinent aux résultats escomptés du premier. Ils se fondent en un seul sentiment de bonheur, en un souvenir joyeux. En fait, ils fusionnent en un seul résultat !

Vous ne pouvez ressasser l'idée de la maladie et vous attendre à ouvrir votre soupape au bien-être en même temps, pas plus que de songer au manque d'argent n'attire le bonheur. Ça doit être l'un ou l'autre, soupape ouverte ou fermée. Sentez-vous bien et autorisez votre force vitale à vous guider vers le bien-être ou soyez effrayé, étranglez votre flux vital et prolongez la maladie. Le cancer n'a jamais été la cause de la mort physique, mais l'étranglement de votre force vitale par la peur, la colère, le reproche ou tout autre vibration négative la provoquera à coup sûr.

Si vous vous prêtez au jeu et cessez d'être un adulte coincé, vous développerez les sentiments requis pour transformer votre corps. Dès que vous y parviendrez, quand vous vous sentirez aussi en forme qu'à l'époque ou que vous aimeriez l'être dans votre for intérieur, vous déclencherez une toute nouvelle création de vous-même dans un vortex de pensées. C'est aussi certain qu'un arbre pousse dans la forêt. Vous n'êtes peut-être pas là pour le voir, mais vous savez qu'il croît.

Armé des sentiments fusionnés par les jeux, jetez souvent un œil à ce nouveau corps en création. Avec ces joyeuses émotions, glissez-vous dans votre nouveau corps pour constater sa forme, son ajustement, son fonctionnement, voire son odeur. Faites semblant et ressentez !

Si vous souffrez, attendez d'abord que la douleur s'atténue, puis glissez-vous dans l'univers thérapeutique du « faire semblant ». Allez-y aussi souvent que possible. Ensuite, ôtez-vous du chemin, gardez votre point focal à distance de ce qui ne s'est pas encore produit et laissez l'univers prendre la relève.

Changer d'apparence

À l'occasion d'un discours que j'ai prononcé récemment, quelqu'un m'a demandé (question fréquente d'ailleurs !) comment glisser dans le sentiment de « minceur » quand on fait de l'embonpoint. C'était un autre cas de duperie, sachant pertinemment qu'il est difficile de penser et de ressentir la minceur quand on se trouve dodu.

Une dame tout au fond qui agitait frénétiquement la main a pris la parole avec l'excitation de quelqu'un qui vient de gagner à la loterie. Elle avait quelque chose à dire et elle est tombée pile.

Apparemment, cette dame qui voulait perdre beaucoup de poids avait tenté tous les régimes amincissants, avait perdu et repris du poids, encore et encore, comme nous tous. Finalement, elle s'est adonnée à la visualisation, ce qui semblait être une bonne idée. Cependant, elle n'avançait à rien jusqu'à ce qu'elle décide d'introduire un peu de dynamisme dans l'imagerie. C'est alors que tout a déboulé.

D'abord, elle a eu l'idée de s'entraîner au gymnase. Un bon début, mais elle a été étonnée de constater qu'elle n'arrivait même pas à faire semblant d'avoir envie de s'entraîner si elle s'autorisait à se sentir obèse ! Par-dessus tout, elle s'est rendu compte que, tant qu'elle se concentrerait sur son poids, toute tentative d'être fidèle à un régime, une fois les premiers kilos perdus, s'envolerait en fumée.

Finalement, elle s'est rabattue sur la visualisation et les jeux de simulation. Au début, elle avait de la difficulté à se forcer à ressentir le poids désiré. En continuant à prétendre être mince, à se sentir filiforme et à garder son point focal à distance de l'obésité, elle pouvait suivre aisément un régime peu rigoureux et aller au gym. Je ne sais pas quel était son poids d'origine mais, quand j'ai fait la connaissance de cette charmante jeune femme, elle était l'image parfaite d'une fine taille douze.

Cela va au-delà du simple vœu d'être mince ou en santé. Vous ne pouvez pas seulement le visualiser et escompter sa matérialisation. Vous devez recentrer votre point focal et ressentir, recentrer et ressentir, recentrer et ressentir... Votre corps réagira toujours aux images présentées, en autant qu'elles soient accompagnées des sentiments appropriés : obèse ou mince, malade ou en santé.

Pour renverser la vapeur à l'intérieur de votre corps, vous devez retirer votre point focal de vos appréhensions et trouver le moyen de vous glisser dans l'émotion du désir. Ensuite, soyez convaincu que les lois de l'univers fonctionnent et transformeront cette vision en réalité, tant que vous ne vous y opposerez pas.

Le mal n'est jamais bien !

Il est inutile d'éviter votre médecin si vous croyez en la médecine. Bien que j'aie transformé ma santé et mon corps de façon incroyable, je connais les limites actuelles de mon esprit. Ainsi, je consulte encore mon médecin et mon dentiste à l'occasion.

Cependant, pensez-y un instant. À quoi sont formés les médecins ? À vous guérir ? Bien sûr, c'est leur but, dès qu'ils auront trouvé ce qui cloche chez nous. « Ce qui cloche » est leur raison d'être. Bien sûr qu'ils cherchent à aider mais, s'ils ne trouvent pas le bobo, comment le peuvent-ils ? Puisque « ce qui cloche » est ce qu'ils recherchent, et que vous espérez qu'ils le découvriront, c'est exactement ce qu'ils attireront, avec votre consentement.

N'avez-vous jamais remarqué qu'avec les médecins soit nous sommes à la veille de développer quelque chose, soit nous avons déjà un pied dans la tombe ; soit nous sommes en phase précancéreuse, soit nous n'avons plus aucune chance ? Je ne juge pas ceux qui exercent une profession médicale. Ce sont des gens remarquables qui commencent à comprendre le processus du bien-être. Toutefois, nous n'avons pas à nous joindre à eux pour attirer davantage d'appréhension, pas plus que nous devrions les consulter avec crainte et la soupape fermée.

Si on vous a diagnostiqué une quelconque précondition qui vous effraie, ralentissez et observez ce que vous êtes en train de créer. Vous avez fermé votre soupape par l'inquiétude, vous attirez négativement et vous vous dirigez directement vers la concrétisation de ce verdict. Chaque médecin de la planète sait que la maladie se décuple dès que le pronostic tombe. Surprenant, n'est-ce pas !

De grâce, consultez votre médecin, mais faites attention à vos réactions, à vos peurs, à vos croyances, à votre dénégation ; bref, faites attention à votre soupape. Mettez ce soi-disant taux d'incurabilité au rancart avec toutes ces autres statistiques épouvantables au sujet de la maladie. Ainsi, votre médecin sera un moyen d'arriver à vos fins, plutôt que la cause d'une plus grande inquiétude.

La mort, quelle farce !

Nous avons beaucoup abordé le concept de l'énergie positive pure créatrice de l'univers, cette énergie à laquelle nous sommes connectés en permanence, mais que nous laissons rarement circuler librement. Puisque notre corps est le prolongement de notre force vitale primale, pourquoi la mort existe-t-elle ?

Supposons que vous soyez un acteur. Vous entrez sur scène, portez un déguisement et appréciez l'expérience d'être un des personnages de la pièce. Une fois la scène jouée, vous abandonnez le déguisement et le personnage, mais vous êtes toujours vous-même.

Il en va de même pour votre moi authentique. Il s'amuse ici-bas dans un corps (le vôtre) juste pour l'expérience, l'apprentissage et le plaisir. Quand il en a assez, il passe à autre chose, mais il ne s'éteint pas comme une bougie puisqu'il est énergie pure et que c'est impossible de s'en débarrasser.

Cependant, bien que l'énergie ne puisse être comprimée, nos vibrations négatives s'attaquent à nos cellules physiques, une pratique que nous sanctionnons avec une effroyable vitalité. Focalisez de peur sur une appréhension physique et votre lien à l'énergie supérieure sera dramatiquement plus ténu et si contraint que les cellules s'aviliront par manque d'énergie vitale. Le corps est ainsi réduit à des conditions de survie, tué à petit feu par l'implacable étouffement de ses cellules. Toutefois, seul le corps meurt, non la force vitale que vous êtes.

Dans cet état de suffocation, les pauvres cellules qui doivent constamment être approvisionnées en force de vie sont contraintes à réagir différemment aux vibrations négatives qui pullulent dans votre corps. Puisque leur propre bien-être a été compromis par manque d'énergie essentielle, elles n'ont d'autre choix que de laisser la maladie prendre le dessus. Si l'étranglement de la force vitale perdure, les cellules ne seront plus capables de se reproduire. À ce point, elles cesseront d'exister physiquement et se retireront dans l'énergie positive du bien-être à l'état pur d'où elles viennent. Vous ferez de même.

C'est ce que nous appelons la mort ; or, la seule chose qui cesse d'exister, c'est votre enveloppe charnelle, pas votre force vitale.

Les scientifiques savent déjà que le corps peut vivre beaucoup plus longtemps qu'actuellement, peut-être même pendant des siècles. Cependant, ces incroyables instruments que nous tenons pour acquis ne fonctionnent pas sans carburant. Ainsi, si quelqu'un cesse d'être stimulé par la vie et que son énergie ne circule plus en lui, la mort en résulte, mais seulement celle du corps, pas celle de son énergie vitale.

La fumée corrompue de la cigarette ne vous tue pas. C'est la non-reconnaissance de la vie qui cause d'abord les crises cardiaques. Laissez votre force vitale ruisseler régulièrement et librement en vous, sans contrainte ni restriction, et vous pourrez boire du cyanure chaque matin au petit-déjeuner sans même hoqueter.

Ainsi, il est intéressant de constater que cette vibration de crainte que nous soignons précieusement afin de vibrer avec plus d'ardeur n'est autre que cette angoisse de la mort. Avoir peur de mourir est une déplorable réaction acquise il y a longtemps d'un groupe de fanatiques assoiffés de pouvoir, religieux ou autre, désirant contrôler la masse. Ce qu'ils ont fait, brillamment. Si un groupe de personnes a peur, notamment de la mort, ces dernières mangeront dans le creux de la main tyrannique.

D'où viennent toutes ces rumeurs idiotes à propos du diable, du mal, de l'enfer et d'un quelconque juge céleste ? Elles sont issues de ce mécanisme de contrôle par la peur. Toutefois, puisque l'énergie est immortelle et que nous sommes tous évidemment faits d'énergie, cette frayeur n'est qu'une gigantesque perte de temps composée d'énergie négative. Il est triste de constater que nous avons si habilement appris à craindre la mort que nous avons complètement oublié de vivre.

Toutefois, si vous décidez de changer de déguisement, ce n'est qu'un retrait de votre enveloppe charnelle, une déconnexion de votre corps. Votre moi intime n'abandonne jamais la partie ; il est connecté *ad vitam aeternam* à la conscience éternelle que vous êtes.

Donc, ce que nous appelons de façon erronée la mort n'est qu'un changement de point focal, un transfert d'une fréquence à une autre. Serez-vous à nouveau monsieur Untel ? Bien sûr que non. De toutes façons, le voudriez-vous ? Par contre, vous ne cessez pas d'exister. Vous ne le pouvez pas ! Vous êtes l'énergie vitale continue galopant dans les parages sur ce terrain de jeux particulier. Vous êtes l'énergie positive du bien-être à l'état pur et cette énergie est increvable !

L'importance de se départir de cette peur est de taille ; même si nous transformons toutes nos autres appré-hensions en désirs, mais que nous laissons cette inquiétante épine plantée dans notre épiderme, nous maintiendrons une vibration de peur et la pente à gravir vers la santé sera des plus accidentées.

Il est facile de mettre un frein à ce mythe préfabriqué et de nous concentrer de tout notre être sur la hausse de notre fréquence vers une partie magnifiée de nous-mêmes, l'essence de tout ce qui est. Ainsi, tous les paradis espérés se matérialiseront dans notre petit univers, exactement comme nous l'avions prévu.

Une question de cocréation

Il y a de nombreuses années, la mère d'un de mes bons amis est morte dans un étrange accident de voiture. Tandis qu'elle et son mari se dirigeaient vers un tunnel sur l'autoroute, un jeune futé a jeté un bloc de pierre du passage pour piétons en surplomb et le bloc a fracassé le pare-brise du côté du passager, tuant la dame sur-le-champ.

Une horrible coïncidence ? La pire des malchances ? Un mauvais coup de dés ? Non, rien de tout ça. C'était une question de cocréation.

Tout d'abord, si la dame et son mari avaient été connectés à leur guide, ils auraient emprunté un autre chemin, seraient passés plus tard ou auraient annulé la balade, tout simplement.

Ensuite, et par-dessus tout, ce n'était pas un événement du moment. Comme tout accident, toute maladie ou calamité, l'incident mijotait depuis longtemps sur le plan vibratoire. Cette dame vivotait la soupape hermétiquement fermée depuis des années, souriant tendrement et discutant plaisamment, tout en étant remplie de rancœur envers la vie. C'était une victime exemplaire résistant avec fougue au flux du bien-être depuis très, très longtemps... à l'instar de son jeune bourreau.

Nous voici de retour à la routine du « Qui est premier ? » Quelles vibrations étaient responsables de l'événement ? Celles de la dame avec ses années de pessimisme voilé ou celles du jeune ?

Comme c'est toujours le cas lors de soi-disant accidents, les vibrations de la dame ont eu raison d'elle, bien que ce soit une question de cocréation. La femme résonnait d'une pulsation particulière et attirait tout ce qui oscillait à la même fréquence, ce qui, dans ce cas, n'était pas génial. Ce n'est qu'une question de physique : vous heurtez un diapason et tous ceux qui sont sur la même longueur d'onde y répondent.

Supposons que, sur une échelle de un à dix (où dix représente une soupape ouverte), l'existence inquiète de la dame l'ait entraînée à vibrer émotionnellement à un quatre destructeur pendant un certain temps. Par ailleurs, le jeune homme n'a eu que quelques années de sentiment d'infériorité face à ses pairs et de colère envers la vie. Cependant, ses sentiments, et par conséquent son attraction magnétique, étaient si forts qu'il vibrait à ce même quatre destructeur.

La trajectoire de ces personnes était décidée d'avance. Tôt ou tard, le jeune allait croiser un autre quatre assaisonné des mêmes vibrations de déchéance. Pour la dame, si ça n'avait été le bloc de pierre, ça aurait été autre chose de tout aussi dévastateur venant d'un autre quatre.

Comme un plongeur dont l'apport en oxygène a été coupé, ce jeune frénétique était tout simplement miné par la souffrance et la colère d'avoir été coupé de son propre approvisionnement source. D'une autre manière, la dame était dans la même situation. Finalement, chacun à sa souffrance, ils ont été attirés l'un vers l'autre dans un parfait exemple de cocréation. Elle avait polarisé sa destinée ; il avait attiré son sort.

Quelqu'un ou quelque chose n'a qu'à égaler votre fréquence pour que l'attraction s'exerce. Lequel (événement, personne ou circonstance) vous échoira d'abord ? Celui dont l'intensité est la plus forte. L'attraction et la fusion n'auront de cesse que lorsque vous en aurez assez de ce sombre jeu et que vous quitterez l'échiquier, à l'instar de cette dame, ou que vous changerez de fréquence.

Si un accident implique deux personnes ou plus, c'est le résultat d'un exercice commun d'attraction négative. S'il y a des enfants trop jeunes pour développer leur propre négativité, ils ont hérité des vibrations ambiantes. Si un avion s'écrase, tous ceux à son bord, de tous âges, ont magnétisé l'incident.

Les désastres, les cataclysmes, les mésaventures et les maladies sont une concoction d'émotions négatives ravigotées avec le temps pour causer ces événements, un amalgame de vortex négatifs unissant leurs forces pour former une attraction électromagnétique si forte que de la glace se forme sur les ailes d'un avion, que les freins d'un autobus flanchent ou qu'une tornade déracine une vie apparemment sans tourment.

Si notre connexion à cette force vitale est coupée, tôt ou tard quelque chose nous flanquera un coup, que ce soit une voiture, une inondation, un train ou une tornade. (Vous êtes-vous déjà demandé pourquoi une tornade frappait une maison plutôt qu'une autre ? Maintenant, vous le savez !)

Si votre voiture n'a qu'une égratignure, votre soupape était partiellement ouverte. Si votre voiture et vous êtes une perte totale, votre soupape était hermétiquement fermée. Si vous vous êtes cassé une jambe sur les pentes, votre soupape était partiellement ouverte. Si vous êtes en miettes, votre soupape était close.

La liste pourrait s'étirer longuement, mais ça risquerait d'obstruer ma soupape. Rien, absolument rien, ne se produit par accident, pas plus nos gains à la loterie que nos nouvelles amours, que nos maladies, qu'une anomalie de la nature ou qu'un accident. Rien au monde ne s'est jamais matérialisé, ou ne le sera jamais, autrement que sur invitation vibratoire.

Bon, ne paniquez pas trop vite d'avoir été stressé toute votre vie. Ce n'est pas un billet automatique pour être atteint du cancer. Vous n'avez qu'à trouver votre joie, et cette vibration d'ouverture de soupape outrepassera instantanément des années ténébreuses vouées à l'échec. Vous aurez peut-être un petit accrochage, mais sans plus. Vous attraperez peut-être le rhume, la belle affaire ! Ce ne sont que des petits rappels que vous avez tout de même une certaine résistance à la fréquence du bien-être.

Par conséquent, quels sont les principaux aimants ? Nous, bien sûr ! Ce sont nos sentiments, notre soupape, notre résistance ! Personne ne s'en occupe pour nous. Si nous polarisons négativement, c'est que nous vibrons négativement, attirant d'autres choses ou d'autres personnes dans une sarabande intemporelle de cocréation.

Notre commutateur de bien-être

En conclusion, nous n'avons pas à être malades, à être victimes d'accidents, à vieillir, ni même à mourir. Pourtant, puisque nous éteignons régulièrement notre commutateur de bien-être, bloquant ainsi aux cellules par des émotions négatives l'accès à leur source vitale, les conséquences sont inévitables.

Ainsi, nous devons faire attention à notre expressivité. Si vous dites vouloir être bien, mais que votre vibration dominante indique que vous ne voulez pas être malade, que polariserez-vous ?

Si vous êtes souffrant et que vous affirmez, sur la défensive, « Nom de Dieu, je vais vaincre cette maladie, je gagnerai le combat », où se situe votre point focal ?

Peu importe combien de gens vous aiment, votre générosité envers les pauvres, votre habileté en affaires, votre gentillesse et votre amabilité, si vous avez des vibrations négatives de quelque nature soient-elles, même dans votre discours, vous déclencherez un fiasco.

Toutefois, je vous l'accorde, les vibrations primaires de la conscience de masse nous entourent. Face à cette énergie négative extrêmement puissante, nous plions l'échine, maltraités comme un navire sans gouvernail dans la tempête qui rend la traversée plutôt désagréable. Rien ne nous y contraint. Vous n'avez pas à être victime de la conscience de masse ou de l'énergie négative de qui que ce soit, ni de votre médecin, ni de votre famille, ni de vos amis, ni de votre amoureux, ni même des groupes autour de vous.

Ne faites qu'énoncer vos désirs chaque jour, écrivez (et racontez) de nouveaux scénarios à propos de votre corps, de votre santé, de votre allure, bref de votre vie… et faites semblant. Glissez-vous dans l'émotion du simulacre. Déversez agressivement votre énergie en vibrant intensément de joie et vous foulerez aux pieds tout ce que vous et les autres avez émis auparavant comme vibrations. Non seulement votre corps réagira-t-il avec plaisir, mais aussi les accidents cesseront-ils.

Est-ce élémentaire ? Non, ce n'est pas facile de retirer notre point focal d'une maladie rugissante, de la souffrance ou d'un excès de poids. Toutefois, vous pouvez vous parler doucement, entrebâiller votre soupape et renverser la vapeur.

Vous êtes beaucoup plus fort que votre corps, n'en doutez jamais. Riez de bon cœur et soyez à l'écoute. Il n'y a qu'une chose à faire pour avoir le corps dont vous rêvez et c'est de trouver le moyen d'être heureux. Un tout petit peu au début, jusqu'à ce que rien d'autre n'ait d'importance, ni votre corps, ni votre famille, ni même vos vieux doutes, seulement votre focalisation sur le bonheur. En cela gît la vraie définition de la santé et du bien-être.

Onzième chapitre

L'armure
du bien-être

L'État de Washington compte beaucoup d'arbres, c'est une évidence. Il y a plus d'arbres au feuillage persistant qu'il n'y a d'insectes. Bien que je préfère ceux à feuilles caduques et leur métamorphose saisonnière, j'ai un faible pour ces magnifiques végétaux qui peuplent mes cinq arpents.

Quand les gens visitent mon domaine pour la première fois, ils passent immanquablement des commentaires sur l'ambiance extraordinaire de l'endroit et les superbes feuillus qui y poussent. Sur mon terrain, il y a des géants qui ne ressemblent à rien à la ronde et de fascinants groupes d'espèces mixtes. Même les quelques arbres à feuilles caduques qui bénissent l'endroit de leur présence sont superbes par leur taille et leur allure.

Toutefois, mes préférés étaient ces petits arbres près de la route, juste de l'autre côté de la clôture. Le long des routes de l'État, il y a quantité de jeunes arbres tentant l'impossible pour prendre racine et croître… et il y en avait une superbe rangée en bordure de chez moi. Ils grandissaient à vue d'œil et, après à peine trois ans, ils étaient assez grands pour assourdir le bruit de la circulation. Je les aimais sans raison apparente. Peut-être était-ce leur cran, leur ferme détermination à grandir et à survivre dans de si pauvres conditions de sol. J'ignorais pourquoi, mais je les adorais.

Au cours de mes premières années dans l'État de Washington, j'étais sûrement en quête d'une quelconque spiritualité, mais ma soupape était loin d'être ouverte. Je blâmais le temps pour mes sautes d'humeur, j'étais inquiète que ma propriété soit si reculée, je m'ennuyais de mes amis de la Californie et, bien que je m'amusais à rédiger mon premier bouquin, mon point focal était centré sur le manque d'argent, ce qui faisait dangereusement pencher la balance vers des vibrations plus négatives que positives et lançait du coup une invitation à une quelconque catastrophe.

Puis, un jour, par une journée estivale gravée à jamais dans ma mémoire, j'ai entendu le bruit d'un outillage lourd à proximité. Par la fenêtre, j'ai vu les émondeurs de la ville abattre mes arbres en bordure de la rue. En hurlant, je me suis précipitée hors de chez moi mais il était trop tard. Le dernier de ces superbes arbres que j'avais vus grandir venait de tomber. Je ne me souviens pas d'avoir déjà tant chialé. On venait de décimer ma bienheureuse famille ; j'étais anéantie.

Pendant les quelques étés ont suivi, des repousses ont pris racine et ont crû. J'essayais autant comme autant de ne

288

pas m'y attacher, mais en vain. J'étais si fière de leur courage et de leur entêtement. Ils n'étaient pas assez grands pour inquiéter la ville et semblaient en sécurité pour encore quelques années.

Quand ils eurent atteint environ un mètre et demi, je savais que l'heure de la condamnation approchait. Par contre, je m'exerçais maintenant à la loi de l'attraction et je tentais par tous les moyens de garder ma soupape ouverte. Mon univers ne connaissait à peu près pas la peur ni l'insécurité. J'avais un amour et une reconnaissance renouvelés pour cet État humide et froid qu'est Washington. Ma balance vibratoire penchait vers le positivisme. J'étais heureuse, ma soupape était plus qu'ouverte et je sentais intimement que mes vaillants jeunes amis seraient en sécurité tant que je serais en vie.

À coup sûr, un bon jour d'été, j'ai entendu le bruit des camions. Je suis sortie sans paniquer. Les émondeurs venaient de tailler une longue rangée d'arbres en bordure de chez mon voisin. Ensuite, ils ont contourné les miens pour s'attaquer à ceux de la propriété suivante. J'ai fait signe au conducteur et lui ai demandé la raison pour laquelle les miens avaient été épargnés. « Hum, je n'en sais rien, Madame, ils sont si jolis. J'ai pensé que vous aimeriez peut-être les garder. Vous voulez que je les abatte ? »

À l'abri et heureux

Notre moi authentique vibre à une fréquence frisant la perfection, une extase à l'état pur. (Intéressant, n'est-ce pas ?) Peut-être alors une partie magnifiée de nous-mêmes vibre-t-elle à une fréquence qui nous soit étrangère pour l'instant, une fréquence de joie. « Bonheur » et « bien-être » étant synonymes, cette partie de nous ne connaît rien d'autre qu'un bien-être intemporel et inconditionnel puisque, si vous avez l'un (cette haute fréquence de joie), les lois de la physique conditionneront l'autre (celle du bien-être).

Ainsi, en vibrant positivement, en étant bien, en bourdonnant, en appréciant, tout en étant connectés, nous voyons notre point focal se centrer sur les joies de nos désirs plutôt que sur les frustrations de nos appréhensions ; quand nous sommes dans cet état d'âme pouvant varier du contentement à l'euphorie, que notre soupape est ouverte et que nous permettons à notre énergie source de circuler librement… absolument rien au monde ne peut nous faire de tort, que ce soit en affaires, à la maison, sur l'autoroute ou dans notre corps. Rien non plus ne peut faire de tort à ces chers arbres qui bordent notre propriété. Pas une seule mauvaise chose ne peut nous arriver puisque nous vivons et faisons circuler l'énergie de notre moi authentique tout-puissant qui ne connaît que le bien-être pur et sans taches, ignorant tout des vibrations négatives.

Tout ce que connaît cette partie magnifiée de nous, c'est une joie inexplicable, la puissance, l'audace, la frivolité et cette extraordinaire sécurité qu'apporte le bien-être infini... et nous en sommes le prolongement physique. Nous n'avons qu'à lui donner la chance d'exister. Je m'acharne sur le sujet ? Bien sûr, puisqu'il est question de la « vraie » vie. Quand nous sommes connectés à cette énergie en haute fréquence, éloignés de la peur et branchés sur le bonheur, nous n'émettons pas d'émotions négatives, d'inquiétude, d'amertume, de doute ou de culpabilité ; nous sommes automatiquement branchés sur un bien-être à l'abri de tout danger physique. C'est exact ! Rien ne peut nous atteindre, ni l'agresseur qui rôde, ni notre vieux tacot, ni le soûlon sur l'autoroute, ni même mère Nature.

Un tremblement de terre survient ! Évidemment, vous subirez des dommages à votre maison si votre balance ne penche que légèrement vers le positif, mais vous serez en sécurité. Autrement, vérifiez votre soupape (quand vous serez rétabli). Il est toujours possible d'évaluer votre degré de connexité à l'énergie source et l'ouverture de votre soupape par les préjudices causés à votre maison, à votre corps, à votre voiture, à votre emploi, etc. Votre maison a été cambriolée, vous êtes sérieusement malade ou une tornade a frappé ? Votre soupape est dangereusement fermée !

Par contre, une fermeture de soupape ne signifie pas nécessairement que vous soyez désagréable ou méchant. Si une personne a été tuée par un ouragan ou par l'explosion d'une bombe, elle n'était pas nécessairement déplaisante et hostile. Elle était seulement enveloppée des vibrations négatives de la conscience de masse qui occasionnent des difficultés.

Toutefois, quand notre soupape est ouverte et que notre balance vibratoire penche légèrement plus vers le positif que le négatif, nous revêtons littéralement une armure divine. Ainsi, quand nous sommes branchés, allumés, et que notre flux à haute fréquence circule librement, il nous est impossible de nous inquiéter de quoi que ce soit pouvant engendrer l'inquiétude.

Quand votre soupape sera ouverte, quand vous prendrez la décision d'être heureux quoi qu'il arrive, vous revêtirez automatiquement un habit d'impénétrable bien-être ; rien ne pourra vous atteindre. Il est tout simplement impossible que quelque chose de mal vous arrive lorsque vous êtes en haute fréquence.

En plus d'éviter plusieurs désagréments, nous béné-ficions de tous ces adorables petits riens, comme ce sursis accordé à mes précieux arbres.

Par exemple, s'il y a des taupes dans votre jardin, elles se feront discrètes et n'abîmeront jamais votre terrain aménagé à l'avant de la maison.

Les écureuils videront les mangeoires d'oiseaux des voisins mais pas les vôtres.

Si vous avez des termites à la maison, le problème se résorbera de lui-même.

À l'occasion d'une pluie torrentielle, les arbres abîmeront peut-être la maison du voisin, mais la vôtre demeurera intacte.

Les chiens errants déféqueront sur le terrain du voisin plutôt que chez vous.

Vos amis seront peut-être surpris par une tempête de neige, mais vous arriverez sain et sauf à la maison.

Il pourrait y avoir des vols de courrier dans votre quartier, mais votre boîte aux lettres sera épargnée.

Si votre réservoir d'essence est presque vide à des kilomètres de la civilisation, un bon samaritain vous portera secours. Si le microbe du rhume se propage rapidement, vous serez épargné. De surcroît, vous manquerez toujours l'avion qui s'écrasera.

Tout cela, et bien plus encore, pour vous être enveloppé de l'énergie du bien-être, cette haute fréquence qui garantit le bonheur.

Les désagréments

Chaque fois que je présente une allocution sur la circulation d'énergie, des questions à propos de l'état du monde et d'événements regrettables en cours ou passés font surface. « Pourquoi tant de gens souffrent de la faim ? », « Qu'arrive-t-il avec les autochtones ? », etc.

Je ne veux pas m'étendre sur le sujet parce que, d'une certaine façon, il a déjà été abordé. Analysons rapidement certaines questions courantes afin de comprendre une fois pour toutes que, depuis la nuit des temps, chaque expérience de vie est polarisée par un flux énergétique individuel ou collectif.

Sachez que je ne suis pas une sadique sans cœur, suggérant qu'on peut voir quelqu'un se faire battre et se sentir bien, pas plus que je ne lance un « Hum, c'est dommage ! » aux atrocités de par le monde.

293

Je ne fais que relever les causes des événements. La conclusion est toujours la même : quand nous nous sentons bien (heureux, satisfaits, enthousiastes ou amoureux), individuellement ou collectivement, nous invitons des expériences agréables ; quand nous nous sentons mal (amers, coupables, rancuniers ou affligés), individuellement ou collectivement, nous captons des expériences désagréables. Il en va de même pour chacun de nous.

Le viol

Quelqu'un est préoccupé par ses appréhensions. Ailleurs, quelqu'un d'autre vibre à la même fréquence négative, mais avec hostilité plutôt qu'avec inquiétude. Ce dernier songe à un moyen d'apaiser sa rage et de combler son vide. L'un vibre de peur ; l'autre, de fureur. Par leurs fréquences sœurs, ils deviennent cocréateurs d'un incident terrible.

Si vous ignorez vos appréhensions, ces dernières ne pourront pas devenir partie intégrante de votre expérience puisqu'elles seront exclues de vos vibrations. Vous ne pourrez polariser le violeur, le meurtrier ou le voleur qu'en pensant émotionnellement à en être victime ou en vibrant d'émotions négatives à la même fréquence que lui. Chacune de vos émotions est créatrice de vos expériences de vie.

Les préjugés

Il va sans dire qu'il y a d'innombrables préjugés de race, de religion, de couleur de peau, de sexe, de poids, d'éducation, etc. Toutefois, la victime de préjugés tient le gros bout du bâton cocréateur, émettant de fortes vibrations négatives de persécution, de rejet, de brutalité ou d'injustice.

Veuillez noter que je ne plaide pas le bien-fondé ou la légitimité des récriminations d'un groupe. Je ne fais que souligner qu'une attention persistante aux injustices n'en attire que davantage. Toute création dérive des sentiments.

Les jeunes enfants

Qu'en est-il des jeunes enfants qui se font violer ? de ceux qui naissent handicapés ? de ceux qui sont victimes de la famine en Afrique ou d'une guerre régionale ?

Il est désolant de constater qu'ils ont généralement intégré les vibrations négatives de leurs parents bien avant leur naissance. Ces vibrations leur restent et grandissent en corrélation avec les vibrations des adultes qui en prennent soin. C'est ainsi jusqu'à ce que les jeunes soient assez grands pour décider qu'ils ne veulent plus d'expériences désagréables dans leur vie. Ces enfants sont des victimes par défaut.

Comment aider un jeune qui meurt de faim de l'autre côté de la planète ou un tout-petit à la maison qui ne comprend pas encore un traître mot ? Serrez-le dans vos bras, physiquement ou en pensée, transmettez-lui des vibrations apaisantes du genre « Tout va bien, ça ira, tu es aimé, etc. », sans jeter le blâme sur qui que ce soit, ce qui ne ferait que renforcer l'énergie de l'assaillant (ou de la situation) de même que celle de l'abusé.

Le plus gros problème vient de ceux qui se rendent à l'âge adulte et continuent à revivre vibratoirement la sourde colère de leur enfance, par exemple d'avoir été victime des abus de leurs parents, de l'environnement, etc. Une personne peut espérer ne pas reproduire les sévices de son enfance en rejetant ces vieilles réactions systématiques de haine et de méfiance. Nous obtenons ce que nous gardons dans notre point focal. Focalisez sur la laideur du passé et elle se matérialisera dans votre présent et dans votre avenir.

Les adolescents

Il est souvent question de suicides, d'accidents de voiture, de grossesses, de drogues et d'armes à feu. Quand les adolescents grandissent entourés d'énergie négative (habituellement sous-jacente), ils apprennent à se méfier et agissent a priori en état de vulnérabilité craintive. Se sentant en perte de contrôle, ils vivent par désirs négatifs en quête d'une connexion à l'énergie vitale positive. Les drogues, le sexe et autres tabous ne sont qu'un moyen de combler le vide de leur naissance, la faiblesse de leur connexion à leur énergie source.

Mourir dans un accident de voiture apparemment anodin peut être le résultat d'une vulnérabilité déconnectée, mais la cause n'en est jamais accidentelle, qu'il s'agisse de la jeune et pétillante reine de l'école, du joueur de football étoile ou des jeunes assis sur le siège arrière. Une vie de peurs, de contraintes ou d'anxiété attire des cocréations d'une incommensurable douleur.

L'économie

Par temps difficiles, tout le monde parle des problèmes économiques, ce qui est extrêmement néfaste. Pourtant, même à une époque plus glorieuse, nous nous sentons obligés d'attaquer quelque chose : la hausse des prix, la gourmandise des entreprises, la spécialisation des emplois, la sournoiserie du président ou encore l'inertie et la corruption du gouvernement.

En pointant tout et n'importe quoi du doigt avec les vibrations négatives du reproche ou en un retentissant « C'est épouvantable ! » vous stimulez et renforcissez le problème, qui devient d'autant plus dangereux qu'avant vos jérémiades.

Si vous attendez que l'économie, le gouvernement ou quoi que ce soit d'autre s'améliore pour être heureux, l'attente risque d'être longue. Toutefois, vous n'avez pas à joindre les rangs vibratoires qui augmentent un problème déjà de taille et scellent hermétiquement votre soupape.

Si vous prenez part à ce jeu de négativité, retirez votre parole et votre point focal du sujet et changez de propos, ou éloignez-vous-en. Ensuite, quand vous serez seul et que vous voudrez réellement faire une différence, diffusez de l'énergie du bien-être en direction du gouvernement dont vous rêvez, de la présidence telle que vous l'entendez, des géants de l'industrie tels qu'ils devraient se comporter.

Nous ne pouvons nous dissocier du flux de conscience. Nous ne pouvons dire : « Ce n'était pas MA faute. » Bien sûr que ça l'était ! C'était et c'est la faute de chacun de nous. Nous sommes partie intégrante du flux de conscience et nos énergies affectent le tout, aussi clairement que quelques gouttes de colorant rouge teinteront un verre d'eau. Nous sommes partie prenante du tout ! Tout ce que nous pensons et ressentons a un impact monumental sur les vibrations générales de la conscience de masse.

Ainsi, voyez et ressentez les choses ainsi que vous les aimeriez. Quelques minutes, régulièrement, de cet exercice initiera les changements désirés. L'objectif est noble, soit, mais c'est mieux que d'empirer la situation par des protestations larmoyantes.

Les conflits mondiaux et les guerres de bandes rivales

Les membres d'un groupe qui exprime de la haine ou de la colère sont coupés de leur flux de bien-être et sont en totale discordance avec leur moi authentique. Vivre d'amertume et de rage, c'est déployer une grande quantité d'émotions négatives la soupape scellée.

Quand nos soupapes sont ouvertes, aucune justice de bande ni aucun ultimatum gouvernemental ne peuvent être assez forts pour dresser un homme contre son frère, même dans le contexte de l'éternel ressentiment du Proche-Orient.

Les questions de morale

Si vous jetez votre dévolu sur l'avortement, le massacre des dauphins, la forêt équatoriale, la couche d'ozone, les droits des animaux, la supercherie évangéliste, le meurtre de miséricorde, les espèces menacées, etc., n'y discernant que l'horreur, ressentant les transgressions, sentant l'alarme et prenant part aux doléances, vous contribuez au problème, vous le rendez plus fort. Pour changer les choses, vous devez modifier votre façon de les aborder, tout simplement. Les incidents prennent tant d'ampleur parce que les médias en parlent avec un appétit gargantuesque et que nous leur emboîtons le pas.

Par des « Oh ! », des « Mon Dieu, non ! », des « Je n'y crois pas », des « C'est épouvantable ! », des « Que ferons-nous ? », des « De quel droit ? », des « Effrayant ! » et des « Révoltant ! », nous prenons part aux incidents et les conditions empirent.

Vous opposer à la situation ne la fera pas disparaître, bien au contraire puisqu'elle fait maintenant partie de vos vibrations et que vous émettez des doléances qui rejoignent celles des autres, qui vibrent à la même fréquence.

Si vous croyez que pour être favorable à une cause il faut s'opposer à une autre, reformulez votre pensée. Plutôt, voyez et ressentez l'objet de votre campagne ainsi que vous l'aimeriez. Parlez-en, écrivez sur le sujet, prenez-y plaisir, retirez votre point focal négatif et son énergie destructrice de la condition négative et trouvez le moyen d'ouvrir votre soupape. Autrement dit, laissez les appréhensions en plan et centrez-vous sur les désirs. Dès que vous refuserez de vous vautrer avec le reste de la planète dans cet interminable mécontentement, vous serez de ceux qui font une différence notable en déversant la magnitude de vos vibrations les plus élevées.

Les massacres

Bon, venons-en au cœur du problème : les génocides, les tueries, les holocaustes et les massacres. Depuis la nuit des temps, l'humain tue l'humain. Cela cessera-t-il un jour ? Non, pas tant que nous nous agripperons à nos sentiments intimes de persécution comme s'il s'agissait d'un noble héritage familial.

Si nous désirons vraiment mettre un terme à ces incidents haineux, il serait sage de retirer notre point focal des événements sordides du passé et de centrer notre attention sur le bien-être plutôt que sur la haine. Cette énergie, cette répugnance et cette colère amère au sujet d'injustices révolues contribuent à perpétuer les tristes massacres que l'on constate de nos jours sur la planète. Nous récoltons ce que nous semons.

La loi de l'attraction n'est pas sélective. Ce qui est bon pour l'un l'est pour le groupe, peu importe la culture, la religion, la race ou la secte. Un point focal négatif entraîne des conséquences négatives, aux autres et à nous-mêmes. Qui se ressemble s'assemble… et nous attirons selon nos vibrations, pas selon nos pensées.

La planète miroir

Ce n'est pas une question de justice contre injustice, de bien contre mal. C'est plutôt soupape ouverte contre soupape fermée, connexion contre déconnexion, bonheur contre malheur.

Les gens les plus mesquins et les plus avides sont ceux qui désirent être heureux sans savoir comment y parvenir.

Ils vivent l'enfer sur terre sans savoir où est la porte de sortie, sans même savoir s'il y en a une. Une chose est sûre, notre haine envers eux, peu importe ce qu'ils ont fait ou ce qu'ils font, ne fait qu'empirer la situation... pour tous.

Toutefois, comment pouvons-nous voguer vers le soleil couchant et vivre heureux en étant conscients des atrocités de par le monde ? Comment pouvons-nous laisser ces injustices se perpétuer ? Comment être heureux tandis qu'il y a tant de souffrance ? Comment tourner le dos avec indifférence ?

La sentence est dure, mais ces expériences sont nécessaires à notre apprentissage, que l'on soit bon garçon ou dur à cuire. Une injustice est toujours une leçon pour les deux parties.

D'une manière ou d'une autre, peu importe la dévastation ou la perte pour nos frères et sœurs du monde entier, il est impératif d'accepter que les laides cocréations se produisent afin que certains individus apprennent ce dont ils ont besoin, en fonction de leur flux énergétique. Aussi révoltantes que puissent paraître les circonstances, en prenant part à la souffrance des autres, nous la renforçons de même que les éléments déclencheurs, sans parler que nous nous exposons ainsi aux désagréments.

Vous pouvez être triste que des gens meurent de faim, mais cette fermeture de soupape pourrait vous causer un accident de voiture, tout en décuplant les problèmes.

Vous pouvez trouver horrible qu'il y ait encore des essais nucléaires sur la planète, mais cette fermeture de soupape risquerait de vous faire attraper le rhume.

Vous pouvez être horrifié du traitement qu'un pays réserve à un autre, mais cette fermeture de soupape pourrait vous causer une crevaison.

Plutôt, imaginez ces gens affamés éclatant de santé et heureux d'exister. Cette ouverture de soupape pourrait concrétiser ce nouvel emploi, tout en offrant à ceux que vous enveloppez de haute fréquence les couleurs et les pinceaux nécessaires. (Nous ne pouvons peindre leur canevas ; nous ne pouvons que leur offrir une aide énergétique.)

Vous pourriez imaginer la planète guérie de toutes ces plaies, et cette ouverture de soupape pourrait faire croître vos semences et celles qui nourrissent la planète.

Vous pourriez imaginer ces deux pays s'entendre à merveille et cette ouverture de soupape pourrait améliorer votre mariage tout en contribuant à établir de nouvelles relations internationales.

Par contre, il est à la mode de parler des travers plutôt que des bienfaits ; nous sommes ainsi plus facilement attirés vers des vibrations négatives que positives, glissant par habitude vers les doléances, faute de mieux. Ces vibrations, jointes à d'innombrables autres issues de l'humanité, se transforment éventuellement en ravage et en chaos à l'échelle planétaire. C'est la somme de toutes ces petites pulsations plaintives qui cause les guerres, les émeutes, le terrorisme et l'anarchie. De telles pulsations émergent autant de vous que de moi.

Nous ne pouvons pas nous laver les mains des déboires du monde entier, puisque la planète reflète la vibration prédominante qui l'englobe. Nous ne pouvons pas dire que l'horreur est le résultat du mal d'autrui, de l'injustice ou encore de l'ignorance. Ce qui se passe dans le monde et la souffrance des gens n'ont qu'une source : les vibrations, celles de nos propres pensées et de nos sentiments et celles de tous et chacun, pas seulement des Hitler, des Custer, des Hussein ou des Kahn.

Donc, plutôt que de chialer en affirmant que rien n'est plus important que de se sentir bien, nous pouvons mettre un terme à ces modèles de discours négatifs et destructeurs. Ensuite, par la grâce de Dieu, nous commencerons vraiment à faire une différence dans le monde.

Prenez par exemple la forêt équatoriale. Plutôt que de faire comme les autres et de constater à quel point sa destruction est désolante, déversant davantage d'animosité envers ceux qui la détruisent, adorez la beauté de ce qui en reste. Faites circuler votre appréciation pour la vie qu'elle nourrit, pour l'oxygène qu'elle produit, et tenez à distance les récriminations qui épuiseraient notre réserve d'oxygène plus rapidement que ceux qui procèdent à l'abattage des arbres. Si seulement quelques-uns d'entre nous s'y mettaient, la destruction cesserait sous peu !

Il y a une inquiétude grandissante face à la pénurie de ressources énergétiques, la baisse des réserves d'eau potable, la coupe à blanc, la pollution de l'air et Dieu sait quoi encore. Évidemment, nous devrions être inquiets, puisque nous abordons ces choses de la même façon que l'argent : « Zut ! on risque d'en manquer ! », « Zut ! il n'y en a pas assez pour tout le monde ! » et « Zut ! ou en trouverons-nous davantage une fois le filon épuisé ? »

Devinez donc un peu qui est responsable de cette pénurie ! C'est nous, évidemment ! Ce satané souci du manque diminue nos réserves. Chacun de nous est responsable de cette pénurie, alors qu'en fait il ne manque de rien, ni d'emploi, ni de forêt, ni d'eau, ni d'or, ni même d'amoureux. L'univers ne progresse pas en fonction du manque ; le manque est une création de l'homme. Si nous diffusons de la reconnaissance pour ce qui est et si nous ressentons l'extraordinaire abondance de cette planète parfaitement équilibrée, plutôt que de nous préoccuper des ressources décroissantes ou de l'avidité des pilleurs, l'abondance reviendra ensemencer ce terrain de jeux divin que nous habitons.

Si ce sont les gens qui vous inquiètent, ouvrez votre soupape à un amour magnifié et propagez-le dans leur direction. Voyez-les en état de grâce plutôt que de manque. Voyez-les heureux et satisfaits, loin des horreurs de la guerre, de la peste et de la famine. Vous viendrez plus rapidement en aide à ceux qui ont désespérément besoin de ce chargement de denrées qui n'arrive jamais à bon port, les extirpant du coup du rôle de victime (si telle est leur intention profonde) et leur montrant le chemin du bien-être. Vous leur offrirez ainsi couleurs et pinceaux. Une fois cette invitation émotionnelle lancée, si un changement est désiré par l'ensemble des participants, il se produira. Ainsi, des murs s'effriteront, des pays seront bâtis, des bandes s'évanouiront, le terrorisme battra de l'aile et les déserts seront labourés pour nourrir la planète.

Si c'est l'état de la planète qui vous tient à cœur, imaginez-la en santé plutôt que moribonde. Elle baigne depuis si longtemps dans l'énergie négative qu'il est inutile d'en ajouter en parlant des horreurs que nous lui faisons subir. Abordez ce qui est bon pour elle plutôt que ce qui lui est nocif. Abandonnez l'énergie plaintive. Ainsi, les dauphins se multiplieront, les forêts seront luxuriantes, le trou dans la couche d'ozone sera réparé, les réserves d'eau seront purifiées et les océans se referont une beauté. Imaginez votre univers et ses habitants riches et prospères ; vous prendrez part à la réussite.

Imaginez la planète en paix et le calme perdurera.

Seule cette force phénoménale de vibrations négatives perpétuelles qui nous éloigne de l'énergie du bien-être empêche nos désirs globaux de fleurir. Cette force énergétique est si achevée et si absolue que si seulement quelques-uns d'entre nous maintenaient cette vision, soutenue par une réelle joie vibratoire, elle outrepasserait les vibrations languissantes de milliards de gens et cette planète ferait promptement volte-face !

Omniprésent et intime

À vrai dire, la majorité des gens se portent plutôt bien. Regardez vos collègues de travail, vos voisins, vos camarades de classe, vos associés au club, etc. La plupart d'entre eux n'ont pas été agressés dans la rue récemment. Ils ont des emplois et des maisons convenables. Ils sont généralement en bonne santé et, si vous y regardez de plus près, vous constaterez peut-être que certains sont même modérément heureux. C'est presque partout pareil sur la planète.

Une surabondance de statistiques nous indique toutefois le contraire. Nous sommes bombardés quotidiennement par les médias de chiffres alarmants qui nous maintiennent nerveusement centrés et connectés sur les conditions horribles de la planète :

« Tel pourcentage de l'économie mondiale s'effondre. »

« Tel pourcentage de la population mondiale souffre déjà de telle maladie et le nombre augmente mensuellement de tant pour cent. »

« Tel pourcentage des adolescents se font avorter et se suicident. »

« Tel pourcentage des jeunes ont des armes à feu en classe. »

« Tel pourcentage des nouvelles maladies sont incurables. »

« Tel pourcentage des hommes aux yeux mauves perdront leur bronzage avant le mariage. »

« Abominable ! Épouvantable ! »

Oubliez ces satanées statistiques ! Elles ne sont que le résultat d'un bon nombre d'entre nous déversant de l'énergie craintive à tout venant. Si vous ne voulez pas en devenir une, oubliez-les ! Tant que vous demeurerez dans l'énergie du bien-être, rien ne vous affectera, ni l'économie, ni un microbe, ni un fusil, ni même un déluge, à moins que votre vibration ne les convie.

Il est tout simplement impossible de s'en sauver ; l'écrasante balance des puissances planétaires penche vers le bien-être parce que c'est l'état naturel et omniprésent de ce qui est ! Aussi horrible que cela soit, la souffrance n'est qu'une infime partie d'un tout de bien-être. Elle n'est que le résultat magnétique des vibrations de quelqu'un ou d'un groupe de personnes rejetant le bien-être qui pourrait être leur, si seulement ils savaient passer en mode bonheur. Le message est clair ; toute fermeture de notre soupape est totale. En fermant notre soupape à quoi que ce soit, des enfants affamés aux espèces menacées d'extinction, nous empêchons le bien-être achevé de pénétrer dans quelque partie de notre vie que ce soit.

Si c'est plutôt parce que vous en avez assez d'attendre en file, parce qu'on a livré la mauvaise pizza ou encore parce que vos ancêtres ont péri dans l'holocauste, une fermeture étant une fermeture, vous excluez automatiquement tout ce qui vibre à haute fréquence, de l'abondance à une joie singulière, en passant par la santé. Sincèrement, une stupide contrariété ou quelque ancienne et permanente rancune valent-elles une telle privation ?

Au cœur d'un divorce, à la perte de l'être aimé ou à l'occasion d'une tragédie, il est évident que votre humeur s'assombrira. Toutefois, vous devez décider de n'être de mauvaise humeur que pour un temps. Ensuite, dites-vous que ça suffit, qu'il est temps de vous submerger, ainsi que tous ceux qui sont affectés par l'événement, d'amour et de reconnaissance. Il est temps de vous sentir bien et de poursuivre votre route.

Dès que vous prendrez la décision de modifier votre énergie, que ce soit en raison de la tristesse, d'un divorce ou de la colère face à un lac pollué, l'univers tout entier déversera instantanément des cascades de bien-être dans chaque crevasse de votre existence physique, partout sur vous, autour de vous et en vous. Vous n'avez qu'à acquiescer et à constater combien il est agréable de vous sentir bien.

Ainsi, vous saurez dans votre for intérieur que tout va vraiment pour le mieux. Peu importe l'apparence et les rapports médiatiques affirmant le contraire, vous et votre précieuse planète, ainsi que la majorité de ses habitants, vous porterez beaucoup mieux.

Douzième chapitre

Trente jours vers la liberté

Si je tombe sur une solution miracle en trente jours dans un bouquin que j'ai acheté il y a quelques années, je me débarrasse sur-le-champ du bouquin. Je ne suis pas une fervente de ce genre de programmes. En fait, je les déteste. C'est de toute évidence pourquoi j'ai formulé mon propre programme à peine quelques jours après m'être familiarisée avec les lois de la création délibérée !

Cela étant dit, je dois avouer que, bien que ces trente jours aient bouleversé mon existence en me prouvant qu'une révolution était possible, les premiers dix jours se sont avérés cauchemardesques. En fait, traverser cette période a été plus difficile que d'arrêter de boire, de cesser de fumer ou de mettre un terme à une relation (ce à quoi j'excelle particulièrement).

Toutefois, les résultats ont été renversants, sinon je n'aurais pas persévéré. Jamais je n'aurais cru qu'il était possible de vivre sans une once d'inquiétude, sans mentionner le stress et la panique. Pourtant, c'est précisément ce qui m'arrivait. J'apprenais à exister sans souci. J'étais stupéfaite. Il semble que j'avais trouvé le moyen de vivre dans un état totalement antinomique à ce que je considérais comme la normalité.

Maintenant, je mets chaque jour en pratique les quatre étapes de la création délibérée, ce dont je n'aurais probablement pas réussi à faire si ce n'avait été de ce programme introductif. Mon attachement maladif aux émotions négatives était trop bien ancré ; il faisait trop partie de moi pour que je l'abandonne en un clin d'œil. Je n'aurais pas su par où commencer, peu importe la valeur que j'accordais à ces enseignements.

Ces premiers trente jours m'ont donné une telle longueur d'avance dans l'apprentissage de la prise en charge de mon flux énergétique que j'ai presque banni les craintes, évidentes ou secrètes, de mon existence. Évidemment, je suis encore un peu craintive à l'idée de conduire dans des conditions hivernales et je ne m'y aventure qu'en pleine possession de mes moyens. J'ai encore de la difficulté à me défendre dans des situations intimes ; donc, je ne le fais qu'avec une soupape ouverte. Dans cet état, tout va de soi. Par grand cafard, je verrouille parfois ma porte pour me sentir mieux, mais la peur du cambriolage ne fait tout simplement plus partie de ma vie.

Qu'en est-il de mes finances ? L'argent entre avec régularité depuis un certain temps déjà, mais je me suis rendu compte très tôt que les revenus et les dépenses étaient intimement liés à mon flux énergétique. Si les sous se faisaient rares, je savais que ma soupape était bloquée par l'inquiétude et la peur. Au contraire, quand le fric était en abondance, elle était assurément entrebâillée. Quand les revenus diminuaient, je devais avoir recours à la commutation, ce rapide transfert de l'énergie négative en énergie positive ; je devais me départir de mes vieilles habitudes d'inquiétude et ouvrir grand ma soupape. Alors, tant que je gardais ma soupape le moindrement plus ouverte que fermée, l'argent coulait à flots proportion-nellement à la quantité d'énergie de bien-être que je déversais.

Bien sûr, je focalise parfois encore négativement, mais seulement pendant un court laps de temps, voire quelques instants, quelques heures et même quelques jours si je tiens à vivre à l'ancienne. Toutefois, quand j'en ai assez, je fais volte-face. Je ne suis tout simplement plus prête à sacrifier mes désirs, mes rêves et mon bien-être à des sentiments négatifs liés à un quelconque incident stupide. Je refuse de passer à l'attaque, à l'instar du justicier solitaire, contre les conditions non désirées en voulant tout régler. En fait, les vieux singes peuvent assurément apprendre à faire de nouvelles grimaces.

Que vous soyez un vieux singe, un jeune singe ou un singe d'âge mûr, il n'y a absolument aucune raison, pas une excuse au monde, qui vous empêche de réussir si vous le désirez. Une grande liberté d'existence vous attend, une latitude si étrangement extraordinaire que quelqu'un ne peut la connaître qu'en en faisant l'expérience.

Je fais ici référence à une autonomie totale : la libération de l'ennui et de la monotonie, de tout besoin de prouver ou de justifier, de l'anxiété, et des obligations que nous nous imposons si résolument.

Il est ici question de cette liberté d'exister selon nos désirs, d'acquérir, de choquer, de prospérer et même d'exceller si telle est notre volonté. Je parle ici de créer votre propre utopie, pas l'an prochain ni dans la prochaine décennie, mais dès maintenant. C'est là que m'ont conduite mes premiers trente jours. Petit à petit, mes émotions se transforment ; c'est un processus de longue haleine qui se poursuivra tant que j'occuperai mon enveloppe charnelle. Certains jours sont meilleurs que d'autres, mais chaque journée m'apporte plus de joie durable que je ne l'aurais cru possible, puisque j'ai les outils nécessaires. J'ai le choix de m'en servir ou non, mais il est certain que je n'ai plus d'excuse pour justifier les rechutes.

Une petite mise en garde s'impose tout de même. Si vous décidez de foncer à plein régime dans ce programme de transformation en trente jours, vous aurez probablement à surpasser vos peurs. Les vieilles coutumes ont la vie dure, et vos craintes n'apprécieront pas d'être larguées de la sorte. Honnêtement, vous aurez aussi la vie dure. Pourtant, il ne s'agit que d'habitudes, tout simplement, que de vieilles habitudes confortables.

Les besoins nécessaires

Cette infatigable manie négative est si bien intégrée à notre conception de la normalité qu'autrement nous ignorerions qui nous sommes et nous perdrions pied puisque, vibrer à cette fréquence, c'est comme être sous l'emprise d'une drogue. Une fois intoxiqué, il est difficile de vivre sans sa dose.

Je prononçais récemment une allocution sur la loi de l'attraction devant une vaste assistance d'alcooliques anonymes en rémission. J'ai observé une étonnante dichotomie. D'une part, il y avait cette acceptation enthousiaste des principes, voire une envie d'en apprendre plus ; d'autre part, il y avait une peur évidente de lâcher prise de cette nécessité de ressentir le besoin.

Une dame qui trouvait mon propos intéressant m'a dit que je négligeais un point : l'impérativité viscérale des rencontres. Elle avait besoin de personnes aux prises avec le même problème qu'elle pour ne pas sombrer. Sa soupape n'était pas ouverte il y a six ans quand elle est entrée chez les Alcooliques Anonymes et ces gens l'ont aidée à l'entrebâiller. Si elle devait quitter maintenant... hum, elle n'oserait pas, de crainte de se retrouver toute seule.

Sa soupape était hermétiquement fermée. Son attachement maladif à la peur s'était transformé en besoin. L'inquiétude était sa dose. Elle tomberait des nues si quelqu'un osait prétendre qu'elle pouvait faire table rase juste en se sentant un peu mieux. Le simple fait d'aborder le sujet la terrifiait profondément. La peur était sa raison d'être, sa doudou et son cas n'était pas unique ; sa réaction trouvait écho chez bien d'autres. « Donne-moi les clés du bonheur, mais ne touche pas à mon insécurité car je me sentirais nu et vulnérable. » Ce sempiternel besoin de besoins.

Ensuite, il y a cette conception erronée généralisée qu'avant de pouvoir se remettre d'un attachement maladif ou d'un désordre émotionnel il faille déraciner les débris du passé. Au cours de cette rencontre, quelqu'un d'autre a dit qu'il ne pouvait concevoir de se sentir mieux sans avoir à régurgiter (ce sont ses mots !) toute l'horreur dont il a été victime dans son enfance. Son obsession négative s'était transformée en besoin.

Cette nécessité de souffrance émotionnelle, voire ce léger inconfort, pour se sentir vivant est le pire des attachements maladifs de la race humaine. De toute évidence, nous n'arrêterons probablement jamais de réagir négativement puisque les contrastes font partie de notre existence. Toutefois, nous pouvons certainement apprendre à composer avec les contrastes, nos désirs et nos appréhensions sans subir le flux énergétique de tant de négativité.

Trois mois de frénésie

Toutefois, je n'avais pas encore appris cette leçon. Ainsi, quand les intérêts sont montés en flèche et que mon entreprise de courtage s'est mise à battre de l'aile, j'ai grimpé aux rideaux. Les prêts se sont évanouis du jour au lendemain et je suis rapidement passée en mode négatif, blâmant les conditions et la faiblesse du marché pour mon humeur et mes états d'âme. J'étais passée de « C'est extraordinaire ! » à « Mon Dieu, que faire ? »

Avec mon point focal centré sur le déclin du marché et de mon compte bancaire, j'ai nerveusement songé à ce publireportage qui était presque prêt à passer en ondes. De toute évidence, il me sortirait de ce marasme économique, ce serait ma bouée de sauvetage. Les nombreuses commandes pour ce programme remarquable assureraient sa survie et la mienne.

Comme cela avait été le cas ma vie durant, mon attachement maladif aux problèmes est devenu cette fois encore ma doudou. Je ne me sentais en sécurité que bien emmaillotée de ces vibrations négatives familières. J'ai tenté de bourdonner sans succès et j'ai rapidement baissé les bras. Pas une seule fois n'ai-je écrit un nouveau scénario ; je n'étais pas au courant de cette possibilité. Je n'ai réussi qu'à perdre le sommeil, consommer trop de café, lever le ton avec mes chiens et devenir de plus en plus terrifiée à l'idée des dépenses encourues et de la richesse qui tardait à venir.

Ensuite, je suis passée en mode conditionnel. Si le publireportage n'atteignait pas son but ? Si j'avais dépensé l'équivalent de cinq années de travail et que les commandes ne justifiaient pas la poursuite de l'aventure ? Comment ferais-je pour gagner ma vie ? Comment, comment, comment...

Encore une fois, je créais un vortex chargé à bloc d'énergie magnétique négative qui grandissait à chaque nouvelle crainte. J'étais persuadée que les choses n'auraient pas roulé si rondement par les années passées, tandis que je gagnais beaucoup d'argent tout en produisant le programme et la présentation, si la réussite du projet n'avait pas été assurée. Hum !

Le message publicitaire d'une demi-heure est passé en ondes au cours d'un long week-end dans vingt différents marchés des divers États, d'Hawaii à New York. La suite se passe d'explications. Aucun désir n'aurait traversé l'épaisse vibration d'appréhension qui suppliait d'éviter l'échec ! Ma soupape était scellée, mon coffre à jouets était fermé à clé et ma résistance à tout ce qui ressemblait de près ou de loin au bien-être était plus vaste que la Voie lactée.

La taille du désastre m'a enfoncée davantage dans la crainte. Pendant trois mois frénétiques, j'ai couru comme un poulet sans tête en mode « Allez, hue ! », ma soupape hermétiquement fermée, en tentant désespérément de générer des revenus tout en gardant mon point focal bien branché sur mes appréhensions. Jamais je n'ai lâché prise de mes reproches et de mon anxiété en regard du marché, de l'absence d'économies, du manque à gagner, du désastre commercial, des factures de production à payer, etc. Je n'aimais pas cette image. Néanmoins, plus je m'y attardais, plus elle se concrétisait !

Finalement, en réponse à mon angoissant appel de détresse, j'imagine que l'univers a eu pitié de moi et a décidé de m'aider en me lançant un genre d'ultimatum. Il n'était pas question d'argent, ni de nouvelles idées, pas même d'aide extérieure, juste de quelques enseignements. Les principes de la loi de l'attraction me sont tout simplement tombés dessus, sans cérémonie.

L'introduction au commencement

Aussi excitée que je l'étais à propos de ces nouveaux préceptes, le grand saut vers les quatre étapes de la loi de l'attraction tenait a priori de l'utopie. J'étais trop imprégnée de peur. Avec dix-huit heures par jour d'intense anxiété, mon point focal, mes émotions et mes vibrations étaient si négatifs que, sans programme de départ, j'aurais abandonné avant même de commencer.

Ainsi, je me suis dit : « Bon, ça ne devrait pas être si compliqué. Je n'ai qu'à trouver le moyen de cesser de m'inquiéter. Pas de problème, j'arrête de penser à tout ce qui me dérange pendant trente jours ; ensuite, je pourrai franchir les quatre étapes. »

Je rêvais ! C'était plus problématique que cela. Toutefois, avec la détermination de quelqu'un qui a maintes fois atteint le fond du baril, j'ai plongé tête première en refusant de baisser les bras.

Si, en effet, vous désirez prendre part à ce cheminement pour devenir un créateur délibéré, je vous recommande fortement de suivre le programme avant d'entreprendre quoi que ce soit d'autre. Si vous persévérez, il vous permettra de cerner vos habitudes négatives et deviendra votre tremplin. Du moins, ça été le cas pour moi. Je devais trouver mon tertre de départ avant de me lancer dans la course ; il est devenu d'une telle évidence !

Je partais donc de ma propre impatience naïve qui commençait à déstabiliser l'état vibratoire dans lequel je me morfondais depuis des décennies. Voici le programme en trente jours que j'ai conçu moins d'une journée après avoir pris connaissance de la loi de l'attraction. Je citerai directement de mon journal ce qui a fonctionné pour moi et ce à quoi vous attendre.

Il n'y a que deux étapes à mon programme d'introduction :

1) Retirez votre point focal de vos principales sources de peur (l'inquiétude, les soucis, l'anxiété, le stress, etc.) et gardez vos distances !

Remarquez que je n'ai pas dit de retirer votre point focal de toutes vos pensées négatives, seulement des plus courantes puisqu'elles sont faciles à cerner et à ressentir ! Ce sont toujours des appréhensions de taille qui vous sautent à la gorge et qui causent votre nervosité.

Si votre compte bancaire en souffrance vous stresse, arrêtez immédiatement d'y penser et passez tout de suite à la deuxième étape (à la page suivante). Si de songer à votre imminent divorce vous chamboule, cessez immédiatement et commutez (à la page suivante) le plus rapidement possible. Si votre prochain examen vous crispe, cessez de vous en préoccuper sur-le-champ et passez en mode commutation.

Au cours de mes premiers trente jours, je ne me suis pas parlé doucement et je n'ai pas écrit de nouveaux scénarios ; c'était au-dessus de mes forces. Toutefois, si vous désirez le faire, n'hésitez pas. Souvenez-vous seulement qu'au cours de ce premier mois il est crucial d'avoir à portée de la main un sujet vers lequel commuter rapidement pour changer de vibrations. C'est ainsi que j'ai commencé à mettre un terme à mon habitude insidieuse de négativité.

2) Déterminez un sujet commutateur pour chaque journée en choisissant de nouveaux points personnels à apprécier.

Un sujet commutateur est un sujet quotidien. Vous le préparez et y avez recours dès que vous sentez un peu d'anxiété, une saute d'humeur ou simplement une déviation de votre objectif. Vous le gardez à proximité pour ne pas avoir à chercher frénétiquement une raison pour ouvrir votre soupape.

Ne croyez pas que ce soit chose facile ; c'est ardu. Quelle que soit notre position dans la vie, la plupart d'entre nous n'apprécient pas la reconnaissance de leurs propres aptitudes et de leurs talents. L'idée de jongler avec un sujet par jour pendant trente jours peut être ingrate. Heureusement, c'est justement cette aversion qui rend l'exercice salutaire puisque le processus de recherche d'un sujet quotidien, joint à l'effort déployé pour le maintenir dans notre point focal, nous investit si intensément que nous cessons de nous préoccuper des soucis externes.

Alors, quoi apprécier ? Bon, pourquoi pas vos cheveux, votre manucure, votre voix plaisante, votre savoir-faire avec les chiffres, votre passion des oiseaux, votre corps de rêve, votre aptitude à diriger, vos talents d'acteur, votre force manuelle, votre art de la parentalité, vos prouesses à ski, votre poste dans l'entreprise, votre compétence de vendeur, etc. ?

Si vous ne croyez pas pouvoir trouver trente choses à apprécier, cherchez encore. Ensuite, quand de vieilles inquiétudes s'insinueront dans votre quotidien et que vous focaliserez de façon hypnotique sur celles-ci, vous aurez un sujet en attente pour commuter votre point focal. Goûtez immédiatement la saveur du jour.

Maintenant, et ceci est crucial, ne déviez pas de ce sujet, si idiot soit-il. Autrement dit, ne jonglez pas avec votre sujet quotidien d'autoappréciation parce que vous vous sentez bête ou que vous en préféreriez un autre. Avec l'aide de votre guide, vous l'avez judicieusement choisi. Il est donc vôtre pour vingt-quatre heures. Gardez-le !

Ensuite, songez à ce sujet d'appréciation quand vous ne ressentez aucune peur. Retournez-y chaque fois qu'une crainte refait surface. Ce genre de concentration vibratoire vous aidera plus que vous le croyez à vous départir de vos pulsations habituelles d'inquiétude.

Les premiers dix jours

C'était l'essence même de mon programme :

1) Retirer mon attention de l'objet de mes inquiétudes (habituellement d'origine financière).

2) Remplacer immédiatement, par commutation, l'objet de mes inquiétudes par la saveur appréciative du jour.

Au cours des trois premiers jours, toutefois, je n'arrivais pas à développer le processus de commutation. Ces journées ont donc été particulièrement difficiles. J'étais renversée par la durée et l'intensité de mon champ d'attention négative. Je me suis rendu compte que je retombais en mode inquiétude en moins de deux. J'étais constamment agitée. Je n'avais pas de revenus, que des dépenses. Mes petites annonces ne fonctionnaient pas plus que le piètre vendeur que j'avais engagé sur un coup de tête. J'ai tenté de cerner mes désirs, mais je n'obtenais que des appréhensions. J'ai donc mis cette routine de côté jusqu'à ce que j'en comprenne mieux le principe.

Il semble qu'une vague inquiétude ne me quittait jamais, même quand je souriais aux gens ou que j'avais une agréable conversation téléphonique. Je raccrochais le combiné et j'étais subitement préoccupée par le prochain prêt. J'en prenais conscience et je tentais désespérément de trouver un sujet quelconque auquel penser. Puisque cela ne fonctionnait pas, je pataugeais.

Durant ces trois premiers jours, les heures s'écoulaient lentement. J'étais sidérée du nombre de fois où je songeais au manque. J'avais de la difficulté à me départir de cette habitude puisqu'à peine quelques mois plus tôt l'argent coulait à flots. Par contre, maintenant que j'avais les outils nécessaires, je devais trouver le moyen de m'en défaire.

Le troisième jour, j'ai réalisé que près de 97 % de mes journées étaient centrées sur l'inquiétude, les soucis, l'anxiété et la peur. Cette prise de conscience m'a déprimée. Ensuite, je suis devenue enragée, ce qui à coup sûr n'aidait pas. Je ne savais pas pourquoi, mais j'étais régulièrement inquiète. Me parler doucement était inutile, tandis que l'écriture d'un nouveau scénario était chose impossible dans l'état où j'étais. C'est alors que j'ai compris que je devais avoir une idée toute prête vers laquelle commuter, quelque chose de simple mais de hautement vibratoire. Grâce à mon guide, j'ai choisi l'autoappréciation en croyant que ce serait un jeu d'enfant. Bien sûr ! Non seulement c'était plus difficile que prévu, mais j'avais beaucoup de difficulté à rester branchée sur le sujet... ce qui décupla ma détermination.

De fait, après avoir choisi l'autoappréciation, j'ai constaté que commuter du négatif au positif était relativement facile. J'avais dès lors quelque chose de solide vers quoi me tourner, bien que je trouvais toujours difficile de ressentir l'appréciation avec une intensité qui pourrait déclencher un bourdonnement même si le sujet du jour n'était que mes jambes rasées de près.

Parfois, je devais aller me promener au parc, m'évader de mon environnement de travail et m'installer sous un arbre pour survolter mon énergie d'un sourire aux lèvres avant d'extirper mon sourire intime et d'évoquer un sentiment d'appréciation.

Vers le cinquième jour, j'ai senti le renversement de la vapeur. Quelque chose se mettait doucement en branle. Je ne passais en mode joyeux que 25 % du temps, mais le reste de la journée se déroulait généralement sans que mon point focal ne soit centré sur le manque.

Au cours des dix premiers jours, je ne croyais pas y parvenir. Plus je devais commuter, plus je déprimais à l'idée que cette vibrante personne (moi) que les gens avaient toujours considérée comme positive, joyeuse et heureuse, n'était autre qu'une commune boule d'inquiétude, exactement le genre de personne que j'intimais aux autres de cesser d'être !

Plus le temps avançait, plus je doutais de pouvoir survivre de seize à dix-huit heures sans l'ombre d'un souci. Parfois, j'étais si découragée que j'engueulais l'univers, que je fondais en larmes et que j'enfonçais mes poings dans mes poches pour aller bouder dehors en me promenant. En effet, à maintes reprises, la possibilité d'apprendre à vivre sans cette familière et réconfortante vibration d'inquiétude qui m'avait accompagnée ma vie durant me semblait hautement improbable. Une affligeante constatation de la quantité de peur qui était mienne me causait beaucoup d'angoisse.

Bon, je m'étais défaite d'autres attachements maladifs et, nom de Dieu, je me débarrasserais aussi de celui-là, coûte que coûte.

Le sixième jour (non, non, je n'énumérerai pas les trente), sans raison apparente, j'ai sombré dans une profonde dépression et j'ai fondu en larmes. Sans savoir pourquoi, j'étais frustrée et en colère. (J'ai découvert plus tard que c'était à cause des changements chimiques à l'intérieur de mon corps.) Finalement, je suis sortie et me suis assise au pied de mon arbre préféré, le temps de me calmer et de commuter vers mon appréciation du jour. Il m'a fallu environ quarante-cinq minutes avant de réussir à me connecter, mais j'y suis parvenue et, à mon grand ravissement, les sentiments désagréables ont disparu pour le reste de la journée.

Aujourd'hui, si je dérape émotionnellement, je me demande automatiquement sur quelle appréhension est centré mon point focal ? Qu'est-ce qui me dérange ?

Habituellement, la réponse est assez évidente. Ensuite, je me parle doucement pour lâcher prise. À l'époque, par contre, sitôt dans la première manche, mon objectif n'était que de changer d'émotion.

Tandis que les premiers dix jours tiraient à leur fin, je sentais une troublante métamorphose s'exercer en moi. Ces pressentiments issus de nulle part qui me tombaient dessus à cœur de jour étaient maintenant au nombre de deux plutôt que de douze. L'accablante prépondérance des vibrations négatives avait cessé et cette constatation m'élevait plus que la conquête de l'Everest! J'étais euphorique!

De plus, durant ces premiers jours, je me suis rendu compte de la difficulté que j'avais à fantasmer, à vouloir, à désirer. Bien sûr, j'évoquais les traditionnels tourments pécuniaires, le besoin de temps pour accomplir mon travail et ainsi de suite, mais je ne me suis que rarement permis de plonger au cœur de mes rêves. Si une fantaisie me venait à l'esprit, comme ce vieux désir d'une résidence secondaire isolée près d'un lac en montagne, je soupirais et la reléguais aux oubliettes avec tous ces autres espoirs interdits.

J'ai décidé de mettre un terme à ces idioties et, le huitième jour, je suis sortie couper du bois, une de mes passions. J'ai commencé à me gronder à voix haute (par la méthode forte). Il était grand temps de faire sortir ce vieux souhait des bas-fonds et de le transformer en désir avoué, de m'autoriser l'excitation, sans restriction.

C'est ce que j'ai fait. Pendant une heure extraordinaire, après avoir mis le bourdonnement en branle et être passée en mode bien-être, j'ai bûché et parlé aux chiens de ma cabane dans les bois en bordure du lac. Je leur ai décrit l'odeur, les arbres, le quai, le décor et les reflets de l'eau au coucher du soleil. L'heure s'est écoulée en quelques secondes. J'avais brisé le mur jusqu'à présent impénétrable, cette palissade contre l'approbation personnelle. Je m'étais autorisée à étreindre mon fantasme et à le transformer en désir. J'étais certaine d'avoir gravi un nouvel échelon.

À coup sûr, la synchronie a débuté la semaine suivante. J'ai vu « mon lac » à la télévision dès le lendemain. Ensuite, je l'ai vu dans un magazine, comme si l'univers me disait « Je t'ai entendue, ne lâche pas et ce lac sera tien ! » (Tandis que j'écris ces mots, c'est presque vrai !) Une fois de plus, j'étais aux anges.

Le neuvième jour, l'heure de payer les factures avait sonné et j'étais anxieuse. Comment me sentirais-je ? Pourrais-je tenir la peur du manque à distance ? Pourrais-je commuter mon point focal ?

Fermement déterminée à porter une attention particulière à mes sentiments, je me suis assise à mon bureau. Dieu merci, le processus mensuel était plus simple que d'ordinaire, bien que j'aie eu de la difficulté à commuter vers un point focal de reconnaissance et à le maintenir. Je me suis donc mise à chanter. Pourquoi pas ? J'étais prête à tenter l'impossible pour faire craquer cette ancienne routine d'appréhension qui se pointait le dix de chaque mois. Ça a plutôt bien fonctionné, mais j'ai dû sortir dans mon champ et profiter du calme de l'après-midi pour enclencher mon bourdonnement. Il n'y a plus eu de sentiments négatifs du reste de l'après-midi, ni de la soirée. Dans mon carnet de bord, cette dernière phrase est soulignée !

Je savais que j'étais sur la bonne voie. Les idées fusaient de toutes parts. Je tentais volontairement de faire surgir un sentiment négatif, en vain ! Par contre, dès que l'un deux se pointait le bout du nez, je souriais à m'en fendre l'âme, me félicitant d'avoir reconnu l'émotion, et j'embrayais en deuxième vitesse vibratoire.

Finalement, le jour tant attendu est venu où je me suis sentie calme en regard de mes finances (bien que je n'avais toujours pas de revenus) à un point tel de n'être pas du tout inquiète. Quel sentiment fantastique !

Après des années, je sens encore surgir des notions négatives du genre : « Non, désolée, je ne peux pas t'accompagner. Je n'ai pas les moyens de le faire ! » Évidemment, dès qu'une telle pensée surgit, je me sens maussade, mais il n'en faut pas plus pour trouver la cause (qui est toujours une appréhension) et la commuter positivement.

Jour difficile après jour difficile, je voyais toute une vie de pensées inconscientes et d'émotions négatives se dissoudre. Je me libérais de cet attachement maladif si bien ancré en moi que je ne m'en rendais pas compte. Il n'y a rien à redire ; le changement de point focal et de sentiments était non seulement possible, il se produisait. J'attendais impatiemment de récolter les bénéfices… Quelle bêtise !

De dix à trente

Les vingt journées suivantes tenaient des montagnes russes. Les jours de crête, j'avais des idées extraordinaires pour décupler mes revenus. Par contre, les autres jours, je n'étais pas qu'un peu dépressive ; mon humeur chutait plus profond que le Grand Canyon et les soubresauts étaient incroyables. Personne ne m'avait mise en garde contre cette occurrence désagréable apparemment courante qui se produit tandis que vous intégrez davantage d'énergie en haute fréquence.

Nous savons maintenant que les variations d'humeur viennent de l'acclimatation du corps aux périodes prolongées de hautes vibrations qui, en retour, entraînent un dramatique changement de la composition chimique du corps. Puisque l'émotion, qui est négative et physique contrairement au sentiment qui est positif, est provoquée chimiquement, les sautes d'humeur ne sont qu'une question d'ajustement. Certaines personnes ont intensément ressenti ces cahots, d'autres plus modérément, mais toutes semblent avoir une opinion à leur sujet. Heureusement, cela ne fait qu'un temps. En fait, après environ six semaines, le phénomène se dissipe graduellement pour disparaître habituellement en deçà de trois mois.

Ces secousses surgissaient de nulle part et me frappaient à l'estomac quand je m'y attendais le moins. Honnêtement, certains jours difficiles, j'étais prête à jeter l'éponge. En fait, je pensais ne pas pouvoir changer de fréquence. Toutefois, en une journée ou deux, le nuage se dissipait et je reprenais le dessus.

Cependant, peu importe l'humeur de la journée précédente, il y avait un rituel matinal que j'adorais et auquel je ne me dérobais jamais. Je commençais chaque journée par une conversation agréable avec mon moi authentique. Agenouillée par respect pour la vie que je suis (et pour m'immobiliser en place le temps de cet entretien), je dressais la liste de mes désirs du jour, de la semaine et de la décennie en m'arrêtant suffisamment longtemps sur chacun d'eux pour m'imprégner de leur coloration émotive. Il y avait des moments révérencieux, des moments humoristiques et des moments poignants que je chérissais en tant que partie intégrante de mon programme. Dès que je négligeais ce cérémonial, ce que je fais encore beaucoup trop fréquemment, je sentais en moi un vide et un manque de direction.

Au cours des bonnes journées, je pouvais augmenter ma fréquence en un rien de temps et me glisser avec aisance dans le sentiment de reconnaissance du jour. Durant les jours plus sombres, les choses prenaient un peu plus de temps. Le plus excitant était que, par jour clair ou obscur, toute notion de peur s'estompait progressivement. Les jours ombrageux, mon point focal n'était pas nécessairement centré sur des appréhensions particulières ou sur le stress ; j'avais simplement le cafard. Mon pas était plus léger, mon cœur plus joyeux ; j'avais presque en permanence un sourire aux lèvres ; la vie me ravissait et la création m'émerveillait. Ce dont je n'avais pas fait l'expérience depuis... plus longtemps que je ne me souvienne.

Bien que je m'étais entraînée l'année précédente à bourdonner sans vraiment savoir ce que je faisais, à cause du déclin du marché, j'avais encaissé tant de négativité que j'avais oublié ce principe depuis belle lurette. Toutefois, en rafraîchissant ma technique, j'étais aussi excitée qu'une recrue à l'entraînement.

Je comprenais maintenant qu'« allumer » signifiait retirer mon attention des appréhensions. Que je polarise un désir ou que je me branche en mode reconnaissance sur le sujet du jour, j'étais consciente de finalement mettre un terme à l'attraction par défaut. Ainsi, je bourdonnais, j'étais amoureuse (un de mes sentiments préférés), la vie m'enchantait et cette suprême énergie de joie m'électrisait.

Dès lors, je pouvais commuter vers un désir particulier ou vers le sujet du jour. Si je me surprenais à penser au prochain prêt, je percevais immédiatement ce lourd nuage au-dessus de ma tête, je me rendais compte que j'étais centrée sur le manque et j'abandonnais immédiatement cette inquiétude. C'était génial.

Je m'amusais à observer ces extraordinaires synchronies qui se produisaient dès qu'un désir était lancé. C'était devenu quasi obsessionnel. Je décidais, en un bourdonnement positif, de trouver un nouveau restaurant avec une vue splendide, un menu extraordinaire et de charmants serveurs et, en un jour ou deux, un ami me téléphonait sans raison pour m'inviter dans un tel endroit !

J'avais mis sur ma liste de désirs une veste de travail blanche qui n'était plus disponible en magasin. Trois semaines plus tard, j'ai eu le pressentiment que je devais me rendre à ce magasin de rabais à bonne distance de chez moi pour me procurer du papier d'impression… et ma veste était là, sur le présentoir. C'était la seule en magasin ! Bien que je consommais peu de viande, j'avais une grande envie d'un hamburger. J'ai eu l'intuition de visiter une nouvelle quincaillerie et j'ai découvert qu'un nouveau marché venait d'ouvrir juste à côté et qu'on y vendait la plus délicieuse des viandes hachées ! Coup sur coup, il y avait d'évidentes confirmations qu'une existence en haute fréquence fonctionnait à merveille.

Ma proportion mensuelle était habituellement de 30/30 (30 jours sur 30 d'inquiétude ou d'anxiété). Maintenant, je me situais davantage autour des 17/0/13 (17 jours de bonne humeur, 0 de peur et 13 de cette drôle de déprime). Peu importe l'approche, l'amélioration était de taille.

Toutefois, mon empressement à vouloir récolter les fruits me gardait en cale sèche. En y repensant, je comprends que je prévoyais des gains monétaires en moins de deux semaines. C'était plutôt idiot, puisque je centrais ainsi mon attention sur le manque.

Finalement, le trentième jour est arrivé. Où était ce compte bancaire débordant ? Pourquoi le téléphone restait-il silencieux ? Pourquoi l'implantation de mes idées était-elle si laborieuse ? Encore une fois, j'étais déçue de ce qui ne s'était pas encore produit. Mon point focal négatif était seulement déguisé.

En fait, l'argent commençait à entrer, même si c'était au compte-gouttes. J'observais avec fascination cet étrange flux de toute évidence proportionnel à mon point focal vibratoire. Du moins, avec une soupape plus ouverte que fermée, je ne pouvais qu'aller de l'avant ! Mon compte de chèques demeurait le même (allez comprendre !) ou augmentait légèrement. Il n'a jamais plus été en souffrance !

Il m'a fallu quelques mois avant d'ouvrir grand les vannes, mais j'y suis parvenue, graduellement. Un après l'autre, les désirs cognaient à ma porte, de même que quelques souhaits imposants et beaucoup de petites aspirations agréables.

De plus, sans autre aide de ma part qu'une profonde reconnaissance de la qualité du produit, *Life Course 101*, ce programme audiovisuel que j'avais créé durant cette période de joie accidentelle, prenait son envol à travers le monde.

J'aimerais vous dire que mes vieilles habitudes étaient disparues en deçà de trente jours, mais ce n'était évidemment pas le cas. À ce jour, avec l'argent entrant abondamment, toute ma concentration est encore nécessaire pour me souvenir que ce que j'ai accompli n'est pas dû à mon ardeur au travail ou à mon intelligence, mais plutôt à mon flux énergétique. Je persiste donc à rédiger de nouveaux scénarios, à me parler doucement et à commuter.

Maintenant, plutôt qu'un sujet de reconnaissance du jour, j'opte pour un désir du mois, un désir qui sert deux causes : créer davantage de temps vibratoire, donc de passion, afin que l'énergie soit dirigée vers quelque chose de particulier, et constituer une bouée de sauvetage à laquelle m'accrocher en cas de besoin.

En formation

Cela devient-il plus facile avec le temps ? Bien sûr, fort heureusement ! Par contre, si vous décidez de prendre les rênes de votre vie, d'obtenir ce que vous désirez, de devenir ce dont vous rêvez d'être, quand et avec qui vous le voulez, vous devez accepter d'être en perpétuelle formation !

Vous aurez de bonnes journées, des mauvaises, des extraordinaires, des merdiques, des émotionnelles et d'autres où vous serez prêt à baisser les bras. Pourtant, je suis prête à jurer que vous n'abandonnerez jamais, pas avec ce que vous savez maintenant. Que cela vous plaise ou non, il est peu probable que vous ressentiez encore un élancement d'émotion négative sans être conscient que vous venez de fermer la porte à vos aspirations, que ce soit sur le plan matériel, physique, émotif ou spirituel.

Ainsi, oui, c'est un projet de vie et vous ne saurez pas tout dès les trente premiers jours. Vous pouvez définitivement vous défaire de la peur et de l'inquiétude au cours de ce premier mois mais, par la suite, vous devrez vous retrousser les manches et plonger tête première au cœur des quatre étapes de la création délibérée, du moins si vous désirez la prospérité, la sécurité, la santé, la liberté, la joie, la vitalité, l'ingénuité, l'indépendance et l'accomplissement. Bref, si vous êtes prêt à y mettre l'effort nécessaire, vous saurez ce qui est dans votre nature, ce que vous êtes et ce que vous pouvez être.

Maître à bord

Votre vie vous appartient ; elle a toujours été vôtre et le sera toujours. Personne ne vous tient par la main. Personne d'autre n'aura jamais le contrôle de votre existence. Vous en êtes responsable depuis le début. Vous l'avez créée à l'image de votre flux énergétique, ainsi que de vos émotions de chaque instant de chaque jour.

Maintenant, il en retourne de ce que vous désirez pour le restant de vos jours ainsi que de votre volonté à fournir l'effort émotionnel nécessaire.

Voici donc quelques trucs expéditifs pour sauter à pieds joints dans l'univers de la création délibérée.

D'abord, voici les étapes principales :

1re étape – L'identification de l'appréhension
2e étape – L'identification, par le fait même, du désir
3e étape – L'immersion dans l'émotion du désir
4e étape – La revendication, l'écoute et l'aboutissement du désir (*ainsi que le maintien de votre point focal fleurissant à distance de ces satanées conditions !*)

Voici les principales appréhensions :

- Ne tenez pas les comptes trop rapidement. Si vos désirs ne se sont pas encore manifestés, relaxez-vous et gardez votre soupape ouverte.
- Cessez de vous préoccuper d'autrui, c'est une fermeture de soupape. Vous n'avez rien à régler, seulement à ne pas vous en faire.

- Cessez de penser que l'univers doit changer avant que vous puissiez être en sécurité et heureux. Vous pouvez créer votre propre aplomb par votre flux énergétique.
- Ne tenez rien pour acquis, que ce soit bien ou mal, anodin ou important. Tout fait partie de votre existence parce que vous l'avez polarisé. Portez donc attention à ce que vous créez.
- Cessez de songer aux conditions inchangées, d'y réagir ou de vous en préoccuper. Cela ne fera qu'empirer la situation.
- Ne tentez pas d'apposer une étiquette à vos sentiments moroses. Cessez de les qualifier de culpabilité, de frustration ou de quoi que ce soit d'autre. Sachez simplement que vous êtes désynchronisé et cherchez l'harmonie.
- Cessez d'avoir des rêves de second ordre. Voyez grand et loin ! Créez toujours de nouveaux désirs. L'extrême énergie que vous êtes a besoin de circuler. Laissez-vous aller !
- Cessez de croire que c'est impossible. Vos vibrations feraient en sorte que ce le soit.
- N'attendez pas de vous sentir bien pour lancer les moteurs. Faites-le à cœur de jour. Bourdonnez uniquement pour maintenir votre fréquence en hauteur, votre soupape ouverte, et votre résistance basse aux hautes énergies.
- Ne prenez pas tout ce que je vous raconte trop au sérieux ; vous bloqueriez votre soupape. Relaxez-

vous, amusez-vous et tout se produira plus vite que prévu.

- N'entreprenez jamais d'actions non inspirées en ayant la soupape fermée ; vous vous retrouveriez au cœur du problème. Entrebâillez d'abord votre soupape et écoutez votre guide avant d'agir.
- Ne cherchez pas les causes horribles et affreuses de ce que vous croyez mauvais en vous. Arrêtez ! Vous ne faites que porter attention à vos appréhensions.
- Ne vivez pas dans l'attente du résultat en vous disant : « Je n'irai pas bien tant que telle chose ne se produira pas. »
- Ne vous apitoyez pas sur votre sort si votre moral est bas ou si votre soupape est fermée. Vous ne feriez que retomber dans vos appréhensions. Plutôt, félicitez-vous d'avoir su reconnaître cet état. Sans cerner vos appréhensions, comment pourriez-vous déterminer vos désirs ?
- Cessez de penser à ce qui ferme votre soupape, peu importe la personne, la situation, l'événement, la circonstance, l'endroit, le film, la nourriture, le chauffeur, le patron ou la scène !
- Cessez de vous ranger du côté des lamentations de tous ces gens chargés à bloc et déconnectés. Déversez votre énergie vers vos désirs et ayez un impact sur l'ensemble.
- Cessez de parler de ces maux responsables de votre décrépitude physique. Parlez plutôt de la vigueur

renouvelée de votre corps et entrebâillez votre soupape pour permettre la régénérescence.

- Mettez un terme au petit jeu des « problématiques » qui ne sont qu'une excuse pour vous vautrer dans des vibrations négatives.
- Ne vous languissez pas. Ce n'est que la conscience négative du manque.
- Cessez de croire qu'une force extérieure fait ou peut faire une différence.
- N'ayez crainte de regarder vos appréhensions en face. Observez-les sous toutes leurs coutures ; ensuite, passez en mode désir ou intention.
- Ne justifiez pas vos sentiments par « J'ai raison et tu as tort », peu importe que ce soit vrai ou non. Cela ne fait que fermer votre soupape et empêcher le flux énergétique de pénétrer dans les autres zones de votre vie. Souvenez-vous que, si vous bloquez une porte, toutes les autres se fermeront.
- Faites fi des regrets, cette exceptionnelle force négative.
- N'entreprenez jamais un nouveau projet, une nouvelle affaire, une nouvelle activité, une nouvelle relation interpersonnelle ou quoi que ce soit d'autre avant de l'avoir scénarisé et d'y avoir déversé de l'énergie passionnée pendant un bon bout de temps.
- N'y pensez pas à votre désir ; ressentez-le.
- Ne réfléchissez pas à vos réactions ; ressentez-les.

- Soyez clément envers vous-même. Il importe peu que vous ayez gaffé ; vous n'avez qu'à décider de renverser la vapeur.
- Cessez de vous chercher. Commencez plutôt à vous laisser vivre. Vous avez droit à une vie grandiose. Vous êtes votre vie et vous y avez droit.
- N'oubliez jamais que vous n'êtes pas n'importe qui. Vous êtes une force de vie ; soyez-en fier !
- N'abandonnez jamais, au grand jamais !

Voici les principaux désirs :

- Chaque jour, autorisez-vous à rêver, à désirer, à imaginer, à avoir l'intention, à vouloir, et prenez le temps d'y déverser quantité d'énergie.
- Quand vous vous sentez moins bien, arrêtez, reprenez pied et trouvez le moyen d'aller de mieux en mieux. Chaque infime amélioration augmente vos vibrations.
- Tentez par tous les moyens possibles de commuter des énergies négatives vers un sentiment plus agréable.
- Énoncez quotidiennement vos désirs et leurs raisons d'être : les grands comme les petits, même les absurdes. Plus vous aurez d'aspirations, plus vous serez excité et plus intensément circulera votre énergie.
- Chaque jour, prenez davantage de décisions en regard de votre humeur, de votre sécurité, de votre travail, de vos relations, de vos espaces de

stationnement, de vos achats, etc. Tout comme les désirs, les décisions rassemblent l'énergie et lui donnent des portes de sortie.

- Demandez-vous sans cesse « Comment est-ce que je fais circuler mon énergie ? »
- Prenez plus de temps pour votre sujet et oubliez le fait qu'il ne se soit pas encore matérialisé. Ça mijote ; ça s'en vient. Croyez-y !
- Chaque jour, parlez-vous doucement à voix haute.
- Guettez les signes de matérialisation que sont les cooccurrences et la synchronie.
- Rédigez des scénarios extravagants.
- Portez attention à vos émotions.
- Remplacez votre liste « À faire » par une liste « À ressentir ».
- Trouvez de nouveaux trucs pour vous sentir quotidiennement un tantinet mieux. Soyez créatif. Soyez inventif. Soyez extravagant.
- Félicitez-vous pour chaque obstacle que vous constatez. Sans eux, vous ne pourriez déterminer vos désirs.
- Songez à vos aspirations plutôt qu'à leur absence.
- Reconnaissez une fois pour toutes être le créateur de votre existence.
- Commencez votre journée avec l'intention de noter le positif de tout et de tous. Ensuite, ayez l'intention de le trouver.
- Ignorez le flux énergétique d'autrui ; ne portez attention qu'au vôtre.

- Souvenez-vous que rien, absolument rien, n'est plus important que de vous sentir bien, même si ce n'est qu'un peu mieux.
- Utilisez votre « désir du mois » comme une bouée de sauvetage puisque c'en est une.
- Commutez du négatif au positif à petits pas. Cette pensée prendra rapidement la vitesse de croisière nécessaire pour s'envoler vers le bien-être.
- Exigez vos désirs. Attendez-vous à ce qu'ils se matérialisent.
- Apprenez à lancer les moteurs à volonté, peu importe comment. En embrayant ainsi, vous ouvrez votre soupape, vous réduisez votre résistance, vous vibrez franchement et vous polarisez le positif.
- Soyez alerte ! Portez attention à vos sentiments et le reste suivra le rythme.
- Oubliez le passé révolu.
- Prenez connaissance de votre ton émotif de la journée, celui qui vous accompagne de l'aube au crépuscule. Soyez vigilant et averti.
- Glissez-vous dans l'émotion de votre désir du jour.
- Respirez le bien-être et observez la vitesse de matérialisation de vos désirs.
- Si vous vous levez de bonne humeur, profitez-en. Si vous vous levez du mauvais pied, faites volte-face.
- Calmez-vous, relaxez-vous, adoucissez-vous, soyez naturel et vibrez plus près de votre moi authentique.

- Découvrez cette extraordinaire douceur intérieure. Trouvez-la ; ressentez-la ; permettez-la et attisez-la. Homme ou femme, elle est en chacun de nous.
- Écoutez votre guide et passez à l'acte, jamais, au grand jamais l'inverse.
- Suivez vos impulsions, c'est votre guide.
- Apprenez à regarder les contrastes en face sans sombrer dans le négatif.
- En voiture, pratiquez-vous à déverser votre reconnaissance aux panneaux routiers, aux édifices, aux feux rouges ou à tout autre objet qui se trouve sur votre route.
- Portez attention aux obstacles bien réels que vous créez en résistant à votre énergie source.
- Si rien n'y fait, affichez un sourire factice. Ce simple mouvement provoquera des vibrations.
- Si quelque chose vous déplaît, oubliez-le.

Ohé, capitaine !

Vous ne pouvez pas rater votre coup. Vous ne pouvez pas commettre une erreur ou prendre une mauvaise décision. C'est virtuellement impossible. En fait, vous n'avez jamais commis d'erreurs ; vous n'avez qu'appris des leçons pour vous sortir du marasme négatif. Vous le savez à présent !

Toute cette histoire de création par la circulation de l'énergie en haute fréquence est nouvelle pour nous. C'est une magistrale volte-face, une réorientation de notre vie.

Soyez indulgent avec vous-même, allez-y doucement, jouez avec les énergies, soyez curieux, riez davantage, souriez davantage et expérimentez. Testez la durée d'un bourdonnement ou sa vitesse d'apparition. Découvrez ce qui vous fait plaisir et passez à l'acte. Amusez-vous de vos désirs. Jouez-vous de tout, mais souvenez-vous que vous êtes encore novice et ne vous découragez pas trop vite. Nous sommes comme des bambins apprenant à manœuvrer avec des roues stabilisatrices. Comme un gamin, nous voulons embarquer et aller de l'avant. Allez-y donc, encore et encore, peu importe les chutes. C'est ce qu'on appelle la passion... et la pratique.

L'entraînement fait partie intégrante de cette nouvelle façon d'aborder la vie. Il doit en être ainsi puisque c'est encore tout nouveau et si étranger pour vous. Pour l'instant, ce concept n'est qu'une série de mots alignés sur du papier qui titille votre intérêt, mais la confirmation vient avec l'usage.

Entraînez-vous à faire circuler votre énergie. Déversez-la dans la direction de vos désirs ou juste pour le plaisir. Apprenez à l'utiliser à volonté, dans n'importe quelle situation, n'importe où, avec n'importe qui, peu importe les circonstances. Vous êtes à la barre de votre vie puisque vous maîtrisez vos réactions. Alors, allez-y, pratiquez-vous !

Après ces premiers trente jours, concevez votre propre programme pour maintenir le niveau d'intérêt. Peut-être choisirez-vous une semaine de reconnaissance, suivie d'une semaine d'émerveillement, de vénération, de respect ou d'excitation. Il pourrait également y avoir une semaine

d'amusement, d'enthousiasme, d'amour ou de reconnaissance d'être en vie peu importe ce qui se produit autour de
vous.

Entraînez-vous dans des situations inhabituelles : assis
sur la toilette, en disciplinant vos enfants, en complétant
votre déclaration de revenus, en animant une réunion du
conseil ou en travaillant sur la chaîne de production.
Ce qui est si novateur, c'est d'en venir à ce concept
réactionnaire que la vie est d'abord faite d'émotions et
ensuite d'actions. C'est absolument contraire à nos mœurs.
Seul l'entraînement portera les fruits de ce scandaleux
concept.

Arrêtez de penser ; ressentez ! Ainsi, entraînez-vous à
être amoureux. Si vous désirez passionnément quelqu'un
ou quelque chose, aimez-le partout ; caressez-le tendrement avec une ardente vibration ; étreignez-le avec une
dévotion fervente ; bercez-le contre votre sein ; enveloppez-le d'un amour brûlant, enflammé et beau à en couper
le souffle, bref pratiquez-vous à déverser de l'amour
passionné, ce sentiment chaleureux et doux par excellence !

Évidemment, la vie sera tout de même cahoteuse pour
un certain temps puisqu'en augmentant vos désirs vous
augmentez votre énergie magnétique. Toutefois, les désirs
s'accompagnent de l'authenticité de l'existence.

Ainsi, apprenez à ressentir, le bien et le mal, le positif
comme le négatif. Si un sentiment ouvre ultimement la
porte aux trésors de l'univers, comment pourrait-il être
mauvais ? Si vous le désirez ardemment, vous apprendrez
à le ressentir.

Ensuite, apprenez à vous sentir bien, quoi qu'il arrive. Cette approche globale doit être consciente et délibérée. Les réflexes ne sont plus de mise. Si vous désirez transformer les conditions de votre existence, vous devez modifier vos vibrations. Ainsi, pratiquez-vous jusqu'à ce que vous puissiez les convertir en deux temps trois mouvements. Si vous ne sentez pas une douce chaleur, c'est sans intérêt ou c'est moche et, d'une manière ou d'une autre, vous émettez des vibrations négatives.

Si un problème se présente, parlez-vous-en à voix haute pendant dix à quinze minutes par jour. Faites-en le tour à voix haute jusqu'à ce que vous ayez découvert ce qui vous dérange et que vous l'ayez amenuisé. Chaque fois, vous laissez un peu plus de résistance en plan. Bientôt, vous aurez suffisamment distancié le problème pour permettre à vos vibrations, de même qu'à votre expérience, de se métamorphoser.

Souvenez-vous toutefois que votre pensée dicte vos sentiments et que vos émotions contrôlent vos vibrations, qui déterminent à leur tour votre pouvoir d'attraction !

Donc, si vous désirez vraiment quelque chose, ressentez-le jusqu'à ce qu'une exquise fièvre vous envahisse. Si vous pouvez le ressentir, il sera vôtre. Vous avez droit à tout, en autant que vous éprouviez d'abord.

L'univers devient votre terrain de jeux. Vous n'avez qu'à porter attention à ce qui s'en vient plutôt qu'à ce qui n'est pas. Quand vous serez à l'aise, par les pouvoirs suprêmes et ceux qui sont en vous, vous vivrez l'existence qui vous est due ; vous réaliserez votre raison d'être.

Tout est question d'énergie, autant ce monde que l'univers. Vous pouvez en être maître ou victime. En apprenant à contrôler le sens général et le flux de votre énergie électromagnétique, vous saurez diriger votre destin, vous serez à la barre de votre navire. Si la tempête se lève, vous saurez d'où elle vient et comment y faire face. Vous aurez le contrôle absolu et récolterez les délicieux fruits d'une existence vécue au maximum !

Annexe

Le sujet de cet ouvrage mettra à rude épreuve l'intellect et la logique de tout individu. « Attirer des événements, ça n'a aucun bon sens ! » « Empêcher le plaisir et créer le déplaisir ? Franchement ! » Ceux qui se sentent défavorisés, comme je l'étais à une certaine époque, trouveront peut-être bien utile cette trousse amusante de révélation énergétique.

Prenez deux cintres métalliques et taillez-les en « L » d'environ trente centimètres de long par douze centimètres pour la poignée. Taillez ensuite une paille de plastique que vous installerez autour des poignées pour que ces dernières puissent bouger aisément. Repliez le bout des poignées afin que les pailles tiennent bien en place. Les poignées oscilleraient sans les pailles, mais pas aussi librement.

Vous avez ainsi en main ce que j'appelle des « baguettes de fortune ». Tenez les baguettes mollement devant vous à la manière d'un fusil, à la hauteur de la poitrine à environ vingt-cinq centimètres de vous. Au début, elles s'agitent dans toutes les directions. Donnez-leur quelques instants pour se calmer et cesser d'osciller à tout venant. Ensuite, vous êtes prêt pour le jeu.

En regardant droit devant vous, rappelez-vous émotionnellement un événement désagréable de votre passé. En fonction de l'intensité de votre émotivité, les baguettes pointeront droit devant (faible intensité) ou vers l'intérieur, bout à bout. Les baguettes réagissent aux ondes électromagnétiques qui vous entourent et se sont contractées en réaction à la fréquence négative générée par votre pensée et vos émotions désagréables.

Maintenant, élevez votre fréquence au positivisme en songeant à quelque chose d'absolument merveilleux, de plaisant ou de joyeux, à l'un de vos enfants ou encore à votre animal de compagnie et enveloppez-le littéralement d'amour. Très rapidement, les baguettes se dirigeront vers l'extérieur tandis que votre champ énergétique prendra de l'expansion en réaction au flux énergétique positif.

Pour démontrer comment l'énergie accompagne les pensées, centrez votre attention sur un objet situé sur votre gauche ou sur votre droite et voyez les baguettes suivre votre réflexion, ou encore songez à votre moi authentique, à votre guide, et observez les baguettes s'éloigner en réaction à la hausse énergétique engendrée par votre pensée.

Plus vous vous amuserez à ce jeu, meilleur vous serez à ressentir le transfert vibratoire qui se produit en commutant d'une fréquence à l'autre.

À propos de l'auteure

 Lynn Grabhorn se questionne depuis longtemps sur l'influence de la pensée et des sentiments sur l'existence. Après avoir grandi à Short Hills dans le New Jersey, elle a entamé sa carrière dans le domaine de la publicité à New York. Puis, elle s'est rendue à Los Angeles où elle a fondé et dirigé une maison d'édition spécialisée en éducation audio-visuelle. Elle est aujourd'hui propriétaire et gestionnaire d'une entreprise de courtage en prêts hypothécaires dans l'État de Washington.

Le premier ouvrage de Mme Grabhorn, *Beyond the Twelve Steps*, et son révolutionnaire programme multi-média, *Life Course 101*, ont été acclamés dans le monde entier. L'auteure habite près d'Olympia où elle continue à écrire, à animer des ateliers et à « tondre la pelouse ».